Maurice Nédoncelle:

Una filosofía de la historia

Catalogación de obra

Benítez Mestre, Pedro Antonio

Maurice Nédoncelle: Una filosofía de la historia
1a. ed., 2019

ISBN: 978-607-9845-92-6

Editorial Notas Universitarias, S. A. de C. V.

Formato: 15 × 21 cm

340 pp.

Editorial Notas Universitarias, S. A. de C. V.

Xocotla 17, Tlalpan Centro II, alcaldía Tlalpan,
Ciudad de México, C. P. 01400

www.editorialnun.com

Versión impresa. ISBN: 978-607-9845-92-6

Los textos aquí presentados fueron arbitrados (doble-ciego) y dictaminados por especialistas nacionales. Posteriormente, fueron revisados, corregidos y modificados por los autores antes de llegar a su versión final.

Dirección editorial y diseño de portada: Miryam Meza Robles
Diagramación: Carlos A. Vela Turcott
Edición y corrección de estilo: Felipe G. Sierra Beamonte

Impreso en México

Maurice Nédoncelle:

Una filosofía de la historia

Pedro Antonio Benítez Mestre

Índice

PARTE II. Una filosofía de la historia

Tabla de abreviaturas

AP Nédoncelle, Maurice, *Vers une philosophie de l'amour et de la personne*, París, Aubier-Montaigne, 1957.

CL Nédoncelle, Maurice, *Conscience et logos: horizons et méthodes d'une philosophie personnaliste*, París, Éditions de l'Épi, 1961.

PN Nédoncelle, Maurice, *Persona humana y naturaleza. Estudio lógico y metafísico*, Madrid, Fundación Emmanuel Mounier, 2005 (*Personne Humaine et Nature. Étude logique et métaphysique*, 2a ed., París, Aubier Montaigne, 1963, edición francesa). Exceptuado el Prefacio, citado según la página, esta obra se cita siguiendo la numeración de los apartados hecha por el autor, señalando, tras la abreviatura, el número de apartado precedido por el signo numeral. Por ejemplo: PN, #31, indica el apartado 31 sea del original francés o de la traducción.

RC Nédoncelle, Maurice, *La reciprocidad de las conciencias. Ensayo sobre la naturaleza de la persona*, Madrid, Caparrós, 1996 (*La réciprocité des consciences, essai sur la nature de la personne*. París, Aubier, 1942, edición francesa). Se cita esta obra según la numeración de los parágrafos hecha por el autor, señalando, tras la abreviatura, el número de parágrafo precedido por el calderón. Por ejemplo: RC, §16, indica que es el parráfo 16, sea del original en francés o de la traducción.

Nota: en todas las citas, si no se indica el traductor, entonces la traducción es mía.

Introducción

Es conocido entre los historiadores de la filosofía que a principios del siglo XX surgió en Francia una corriente de pensamiento que habría de llamarse *personalismo*. Fue tanto un movimiento con inquietudes políticas —especialmente el grupo en torno a Emmanuel Mounier— como una coincidencia intelectual entre pensadores preocupados por valorar a la persona y justificar su dignidad filosóficamente. Entre estos últimos ocupa un lugar Maurice Nédoncelle, autor cuya filosofía se ha ido conociendo cada vez más. Al igual que los demás personalistas, Nédoncelle reflexionó sobre aquellos temas más directamente vinculados a la antropología, por ejemplo, la conciencia,[1] las relaciones entre las personas, los sentimientos, el amor, etc. Todo esto en Nédoncelle es analizado con preocupaciones auténticamente metafísicas. A fin de cuentas, sus disertaciones filosóficas agregaron al personalismo francés un ingrediente metafísico necesario para dar sustento a las reivindicaciones del movimiento.

También es conocido que desde las primeras décadas del siglo XX y pasado su meridiano un tema ocupaba a los filósofos: la historia. En Francia

1 Quede dicho desde ahora que al hablar de conciencia no nos referimos a la conciencia moral, sino al acto reflejo de conocer. Es este el sentido que le da Nédoncelle. Claramente se entiende así a lo largo de su obra. Para mayor aclaración puede verse el artículo escrito con Pucelle donde, a modo de ejemplo, aparece esta cita de Samuel T. Coleridge: "Brutes may be, and are, *scious*, but those being only, who have an I, *scire possunt hoc vel illud una cum seipsis*; that is, *conscire vel scire aliquid mecum*, or to know a thing in relation to myself, and in the act of knowing myself as acted upon by that something", en *Essay on faith*, Bohn's Standard Library (ed.), vol. 4, Londres, George Bell & Sons, 1913, p. 343. Citado en Maurice Nédoncelle y Jean Pucelle, "Je et Tu", en *Vocabulaire technique et critique de la philosophie*, 7a ed., Andrè Lalande (ed.), París, PUF, 1956, p. 1240.

la reflexión sobre la historia era tema obligado en las facultades de filosofía, y autores como Kojève e Hyppolite, relanzando la filosofía de la historia de Hegel, originaron vivas discusiones en las que intervenían autores cuyos intereses filosóficos podían ser diversos. Con esto quiero señalar que la filosofía de la historia era, por aquella época en Francia (aunque también en Alemania, Inglaterra e incluso en México), el tema en el que muchos filósofos convergían, abordando asuntos relacionados con este tema desde los más variados ángulos.

Uno puede decir entonces que, mientras Maurice Nédoncelle estaba ocupado en sus preocupaciones filosóficas sobre la persona y les daba cauce a través de sus ensayos sobre el amor y las relaciones interpersonales, la filosofía de la historia estaba, a su vez, en el centro de los debates filosóficos. Estas dos instancias son las que originan este libro. En pocas palabras, a lo largo de estas páginas sostengo que Nédoncelle, no obstante estar ubicado entre los personalistas, se ocupó de la filosofía de la historia. Mi argumento nace de la simple constatación de que en los ambientes intelectuales de la Francia de Nédoncelle nadie podía desentenderse de la filosofía de la historia. Más todavía, me atrevo a decir que la filosofía de la historia no ocupa un lugar marginal en las disquisiciones filosóficas de Maurice Nédoncelle. Si bien existen ya varios estudios sobre el pensamiento de Nédoncelle, esta relación entre su filosofía personalista y la filosofía de la historia no ha sido puesta en evidencia. De manera que este trabajo arroja luz para comprender mejor el pensamiento de este personalista francés. De hecho, aunque excede los límites de esta obra, creo que uno podría argumentar que no sólo Nédoncelle sino el conjunto de los llamados personalistas, al menos en Francia, mantuvieron un vivo interés por cuanto se decía en la cátedra de Filosofía de la historia, aportando asimismo ideas, conceptos y propuestas.

Al indicar la pertenencia de Nédoncelle al personalismo, sin embargo, se deben hacer algunas consideraciones. De un lado, su peculiar quehacer filosófico lo sitúa en lugar aparte respecto al grupo de personalistas adheridos a Mounier y su movimiento. Asimismo, uno puede señalar cómo en Nédoncelle no hay interés por proponer un programa social o el de hacer críticas al régimen político, cosa que sí hace Mounier a través de su revista

Esprit. Estas y otras consideraciones permiten ubicarlo sin confusiones en el panorama del personalismo. En fin, se puede mencionar cómo Nédoncelle, gracias a su familiaridad con la filosofía anglosajona del siglo XIX fue capaz de engarzar los planteamientos de filosofía de la historia de corte anglo-hegeliano con los elaborados en Francia por quienes eran en aquel entonces sus propios profesores, vinculando todo aquello con los temas de interés del personalismo.

¿Cuáles eran los temas que acaparaban la atención de los personalistas? Desde luego la identidad y estatuto de la persona misma. De ahí derivaban cuestiones de ética y de política. Están además los análisis de la estructura de la persona humana. Igualmente, las consideraciones sobre las relaciones interpersonales, muchas de ellas en la estela de Martin Buber o de Emmanuel Lévinas. Cabe también mencionar la atención suscitada por el método fenomenológico de Edmund Husserl aplicado, luego, al estudio de la persona. En esta línea podría citarse a Max Scheler. Otro tema señero, sobre el cual Nédoncelle intervino directamente, es el del amor.[2] Sobre este último giraban también estudios de las emociones y la afectividad, recuperando, en cierto modo, para la filosofía, aspectos de la realidad personal que se habían ido dejando a la atención de los psicólogos. En suma, puede decirse que el personalismo se distinguía por su particular interés en defender la singularidad del ser personal por encima del orden material e ideológico.

No sobra indicar cómo las pretensiones de los personalistas en sus estudios varían de autor a autor. Basta considerar los ámbitos en que se mueve cada uno para notar también las diferencias. Si en Alemania el personalismo, mejor conocido como filosofía del diálogo, se opone al idealismo; en Francia se las ve con el espiritualismo y con el positivismo. En Polonia, por ejemplo, y en otros países del llamado bloque comunista establecido a mediados del siglo XX, el personalismo es reacción directa contra el comunismo considerado ideología denigrante de la condición personal. En México encontrará portavoces entre los

2 Hemos analizado el pensamiento de Nédoncelle sobre el amor en otro estudio previo al cual remitimos, dando por supuestas aquí muchas cosas útiles para comprender la relación entre su visión del amor y su concepción de la historia. Véase Pedro A. Benítez, *Una filosofía del amor: Maurice Nédoncelle. Estudio sobre el amor humano*, Saarbrücken, Editorial Académica Española, 2018.

académicos de la Universidad Nacional, sean nacionales, como Antonio Caso, o bien españoles en el exilio, como José Gaos; siendo también una reacción frente a ideologías consideradas totalitarias.[3] Se puede hablar, empero, de un cierto denominador común, esto es, la desilusión provocada por los sistemas de pensamiento que prometían, en aras del progreso, un éxito rotundo para la civilización occidental. Dos guerras mundiales, aunadas a las civiles en varios países, junto con las graves crisis económicas de las primeras décadas del siglo XX, comenzaron a desquebrajar el optimismo puesto en el sistema, propiciando una reflexión más atenta sobre el individuo, sus aspiraciones y su dignidad.

La verdad es que estas mismas vicisitudes recién enunciadas avivaron igualmente la reflexión sobre la historia, su sentido y significado. No es de extrañar entonces que los mismos autores que se preguntaban por el sentido de la existencia de los seres humanos en un mundo que parecía ir a la ruina, se preguntaran también por el sentido del devenir histórico.

De hecho, lo que me interesa descifrar en esta obra es la relación entre amor y tiempo. Habiendo encontrado en Nédoncelle un esbozo de esta relación, me sirvo de sus disquisiciones para ensayar una respuesta que, al acercar estas dos instancias —filosofía del amor y filosofía de la historia— arroje luz sobre algunos de los problemas filosóficos más acuciantes. Pienso que al final se mostrará la pertinencia de este acercamiento entre amor e historia para una mejor comprensión del pensamiento nedoncelliano, pero también para descifrar algunas interrogantes de nuestros días sobre el sentido mismo del devenir.

1. Las concepciones del amor

Dos grandes disquisiciones sobre el amor pueden ilustrar esta relación entre amor e historia. Ambas sirven para encuadrar el pensamiento de Nédoncelle,

---

3 Véase Marcus Cuevas Perus, "Antonio Caso, el personalismo y nuestra América", en *Latinoamericana. Revista de estudios latinoamericanos* 48 (enero de 2009): 87-109; Antonio Zirión Quijano, "Un vistazo a la pluralidad de la realidad desde el personalismo gaosiano". Conferencia presentada en Jornadas de filosofía José Gaos: la actualidad de un filósofo, Facultad de Filosofía de la UNED, 4 y 5 de febrero de 2011.

a más de dejar planteadas algunas de las cuestiones a las que pretendo responder a lo largo de estas páginas.

En primer lugar, la concepción del amor en Hegel. Como ha puesto de relieve Axel Honneth (1949-), el vínculo entre amor y devenir temporal había sido ya planteado por Hegel en sus escritos de juventud. Sin embargo, en este devenir el amor es visto sólo como un escalón en el "proceso de formación de la autoconciencia"; es sólo un "presentimiento del ideal en la realidad".[4] Ahora bien, como señala el mismo Honneth, aquí el amor no produce un sujeto jurídico y, por ende, tampoco puede ser considerado como elemento integrador de toda la sociedad. Para Hegel tiene primacía la sociedad por encima del individuo y esto marca también el lugar que ocupa la relación amorosa. De hecho, es significativo que, al decir de Honneth, hay un cambio entre los primeros escritos de Hegel, donde el amor ocupa un lugar en la formación de la sociedad, a los escritos posteriores donde deja de hablar de amor para hablar de solidaridad como un "sentimiento más abstracto y más racional".[5]

En todo caso la experiencia del amor recíproco en Hegel está en función del cuerpo social. Para Hegel sólo tendría valor el amor, incluida la relación erótica, en la medida que hace al individuo capaz de intuir la posibilidad de formar un todo social; pues "sin el sentimiento de ser amado no podría formarse una huella psíquico-interna de la representación unida al concepto de comunidad ética".[6]

Vista así, la experiencia del amor —de ese amor romántico entre varón y mujer— sólo tendría un valor instrumental en función de un bien mayor: la constitución del todo social. Sin embargo, uno pudiera preguntarse si un énfasis cada vez mayor en la experiencia romántica conduce a dicha constitución o si no más bien sucede lo contrario. ¿Acaso no sería más lógico dejar de lado el romanticismo del amor y desde el principio educar en función del bien social? La pregunta parece indiferente, pero las respuestas concretas ofrecidas por los sistemas totalitarios no parecen haber ignorado

---

4 Axel Honneth, *La lucha por el reconocimiento. Por una gramática moral de los conflictos sociales*, Barcelona, Grijalbo Mondadori, 1997, p. 53.

5 *Ibid.*

6 *Ibid.*, p. 54.

esta cuestión, implementando programas de educación pública con el fin de lograr esos objetivos donde el cuerpo social es visto como una meta por encima y a veces en contra del individuo.[7]

Dejadas otras consideraciones aparte es claro que Hegel subordina la experiencia del amor al movimiento general del espíritu absoluto. Un movimiento, por cierto, marcado fuertemente por la dialéctica del amo y el esclavo, o bien, la lucha por el reconocimiento. Esta situación destacada por Honneth permite, como se verá en el contenido de este trabajo, discutir si verdaderamente la dialéctica entre el amo y el esclavo es el motor de la historia, o si habría que revalorar el amor como fuente del devenir temporal.

Además de lo que observa Honneth sobre el lugar del amor en el sistema hegeliano, está igualmente el estudio de Charles Taylor, quien atinadamente observa cómo la idea de amor en Hegel está identificada con el amor romántico. Al menos esta visión del amor es totalmente negativa en la doctrina hegeliana, como aparece en su obra sobre los fundamentos para una filosofía del derecho. Allí "asesta un golpe a las teorías románticas de la libertad que 'quieren excluir al pensamiento y remiten al sentimiento, al corazón, al ánimo y a la inspiración'".[8] Este desprecio de Hegel por los sentimientos y el "corazón" tiene su repercusión en el lugar que pudiera ocupar el amor dentro del despliegue del espíritu.

De hecho, a mi juicio, el lugar que Hegel concede a los sentimientos podría estar en el fondo del interés que suscitó la fenomenología de los sentimientos en la línea de Max Scheler. Sea como fuere, me parece que las filosofías de inicios del siglo XX se vieron en la necesidad de llenar el espacio dejado por Hegel al no conceder importancia a lo sensible en la configuración del individuo y de las sociedades. Pero esto a su vez habría hecho que las filosofías del amor del siglo XX sean, casi todas, ensayos que exploran "los

7 Véase al respecto, a modo de ejemplo, el breve cuaderno de Gilberto Guevara, quien fuera subsecretario de Educación Básica en México, que incluye bibliografía sobre las políticas educativas. Gilberto Guevara Niebla, "Democracia y educación", en *Cuadernos de divulgación de la cultura democrática* 16, México, Instituto Federal Electoral, 1998.

8 Charles Taylor, *Hegel y la sociedad moderna*, México, FCE, 1983, p. 151. La cita es de Hegel, *Líneas fundamentales para una filosofía del derecho*, §21.

sentimientos y el corazón", dejando de lado la relación del amor con el proceso histórico que Hegel quería explicar.

Todo sumado puede decirse que una filosofía de la historia basada en las ideas maestras del "anti-romántico Hegel"[9] no concede valor a las historias individuales; historias en las cuales el amor juega un papel primordial.[10] En una visión así, el individuo queda relegado o al menos sólo es visto en función de una totalidad que lo excede. Así, cuando Hegel está hablando del despliegue del espíritu está pensando en las colectividades y no en los individuos tomados separadamente. Siendo esto así se comprende que para Hegel la verdadera historia del espíritu es la historia de los pueblos y no la de un individuo en particular. Justamente en este punto está una de tantas discrepancias de Nédoncelle con Hegel.

Habida cuenta de lo anterior podrá entenderse por qué Nédoncelle tenía la necesidad de ahondar en el análisis fenomenológico del amor, a fin de no reducirlo a un mero sentimiento. Justamente el estudio de Nédoncelle tiene pretensiones metafísicas. Esto significa que, como Hegel, busca dar razón no sólo del amor como fenómeno sino de la identidad del sujeto amante. Además, teniendo en frente la herencia hegeliana a través de sus comentadores, especialmente los anglohegelianos, Nédoncelle tenía servida la mesa de una reflexión sobre el valor del individuo en relación con el gran movimiento del espíritu. Si el amor ocupa en Hegel un lugar propedéutico, en Nédoncelle es definitorio. Como se verá a lo largo de este texto, el amor ocupa el lugar que ocupa en la mente de Nédoncelle, porque es conclusión necesaria de su tesis sobre la reciprocidad de las conciencias y no simplemente por un prurito romántico.

En segundo lugar, la vieja disputa sobre el amor puro. Como ha mostrado Jacques Le Brun, la polémica sobre el amor puro gira en torno a una simple pregunta: ¿puede haber un amor que no sea egoísta? Pregunta formulada en el

9 Charles Taylor, *Fuentes del yo. La construcción de la identidad moderna*, Barcelona, Paidós, 2006, p. 414. Con la expresión *anti-romántico* Taylor quiere remarcar que para Hegel el individuo, con todo y serlo, es ante todo una parte de un proceso objetivo y racional, más que fuente de una creatividad absoluta y sin reglas.

10 Sin embargo, sería equivocado atribuir semejante posición a Marx quien, al decir de Fromm, habría combatido el comunismo vulgar que propugnaba la *comunización* de todas las relaciones entre varón y mujer. Véase Erich Fromm, *Marx y su concepto de hombre*, Trad. Julieta Campos, México, FCE, 1962, pp. 41-42.

prefacio de una célebre obra de Pierre Rousselot,[11] obliga a plantearse si la búsqueda de la propia felicidad se consigue a expensas de los demás o no. Más todavía, si el amor implica amar más al otro que a uno mismo. Acertadamente Le Brun observa que esta pregunta es, desde otro punto de vista, la misma pregunta que desde Aristóteles se planteaba en torno a la felicidad. En pocas palabras, el asunto aquí es el del eudemonismo.[12] Dentro de este contexto se puede apreciar el interés por la filosofía del amor de Nédoncelle. De un modo u otro nos reconduce a la pregunta por el sentido de la propia existencia.

Ahora bien, la cuestión sobre el amor puro expone una serie de cuestiones que el mismo Nédoncelle tuvo que afrontar. De entrada, la naturaleza misma del amor. Si se sigue el texto de Le Brun, uno encuentra que ya Rousselot apelaba a una naturaleza, entendida como la "propensión de todos los seres a buscar su bien".[13] No se trata, pues, de un amor en sentido corporal como opuesto a espiritual; se trata de la concepción según la cual todo hombre por naturaleza desea ser feliz. Dicho lo cual resulta fácil responder que, al amar, uno no hace sino seguir su propia naturaleza. Para Rousselot, incluso en el caso del amor a Dios, que sería por definición un amor desinteresado, uno puede amar más a Dios que a uno mismo y no estaría haciendo otra cosa que seguir la propia naturaleza y por ende buscando el bien propio. Según Rousselot es impensable en santo Tomás imaginar una oposición entre la búsqueda de la propia felicidad y el amor a Dios.[14] Pero como comenta Le Brun: "Desde un punto de vista filosófico la tesis de Rousselot se centraba en torno a una concepción de la naturaleza que el autor encontraba en santo Tomás y elaboraba a partir de él. Pero la noción de naturaleza en el siglo XVII es objeto de una verdadera mutación cuyas grandes líneas ha trazado Robert Lenoble".[15] En efecto, la idea de naturaleza,

---

11 Cfr. Pierre Rousselot, *Pour l'histoire de problème de l'amour au Moyen Age*, Münster, Aschendorff, 1908, p. 1.

12 Cfr. Jacques Le Brun, *El amor puro de Platón a Lacan*, Tucumán, Ediciones Literales/El Cuenco de Plata, 2004, p. 336. Véase también André Lalande, "Amour", en *Vocabulaire technique et critique de la philosophie*, 7a ed., André Lalande (ed.), París, PUF, 1956, pp. 46-49.

13 *Ibid.*, p. 337.

14 Esta dualidad que sería contradictoria, sin embargo, es aclarada por santo Tomás cuando afirma que, si por hipótesis "Dios no fuera el bien del hombre, el hombre no tendría razón alguna para amar a Dios", Tomás de Aquino, *S. Th.* II-II, q. 26, a. 13, ad 3. Citado en *ibid.*, p. 338.

15 *Ibid.*, p. 355. Remite a Robert Lenoble, *Esquisse d'une histoire de l'idée de nature*, París, Albin Michel, 1969.

como la entendemos ahora, no permite explicar el amor simplemente como un *appetitus naturalis*. Nédoncelle, como se verá, tuvo que afrontar esta cuestión.

Además de esto, la disputa del amor puro supone tratar con una concepción del amor que parece anular la reciprocidad. El amor puro sería aquel que dejaría al amante imperturbable en su amor, independientemente de ser correspondido por el amado. Precisamente porque no habría ningún egoísmo al amar, se ha llamado a este amor, amor puro. Rousselot piensa que en esta explicación del amor falta un verdadero análisis metafísico. Sin lugar a dudas el amor puro fue una cuestión muy debatida; sin embargo, separada de su contexto teológico, enfrentó a los pensadores con auténticas encrucijadas sobre el amor. Nédoncelle en su ensayo sobre el amor, a propósito de esta cuestión, respondió a las posturas de Anders Nygren y de Jean-Paul Sartre, para quienes la antinomia entre amor propio y amor al otro aparece irreconciliable.

Todo considerado, sea la disputa del amor puro, bien conocida por Nédoncelle en la presentación de Rousselot;[16] como la concepción hegeliana del amor, permiten ofrecer un cuadro de referencia para indicar cuáles eran las cuestiones que acuciaban a nuestro autor. Las preguntas por el sentido de la vida, de la realización y felicidad del individuo, tanto como la de su valor y destino, así como las relaciones entre los sujetos, marcan varios de los puntos de reflexión que se desean explorar en estas páginas.

2. Problemas de filosofía de la historia

Tanto como las cuestiones en torno al amor marcan la reflexión nedoncelliana, así también hay una serie importante de cuestiones que la filosofía de la historia acopia sobre el sentido de la existencia, tanto individual como colectiva. Son estas mismas preguntas las que el presente libro quiere abordar ofreciendo líneas de pensamiento en parte convergentes y en parte no, con el pensar de Nédoncelle. A modo de introducción, interesa aquí indicar los asuntos que toda esa reflexión planteaba a los filósofos. De esta manera se podrá percibir mejor cuáles son las cuestiones que se tratan en estas

16 Cfr. AP, p. 85, n. 4.

páginas y cómo, a propósito del pensamiento de Nédoncelle, uno mismo se ve interpelado por ellas.

Ahora bien, a fin de presentar agrupadas las cuestiones sobre filosofía de la historia que se debatían a principios del siglo XX, es oportuno echar mano de un texto de 1949 de Alfonso Reyes. La presencia de este ensayista mexicano sirve a un doble propósito. Primero, como prueba fehaciente de que la filosofía de la historia suscitaba, por aquel entonces, el interés de los pensadores de muchas latitudes, incluido México. Segundo, sirve para mostrar resumidos los problemas a los que nos enfrentaremos más adelante.

Reyes recordaba, como tantos otros, que el ingente material con el que se las ve el historiador, o la simple observación de los hechos pasados, sólo puede abordarse desde un cierto punto de vista; una perspectiva que está lejos de ser la visión completa. Las cosas del tiempo, podría uno decir, "suelen llegar a la mente torcidas y refractadas".[17] Sin embargo Reyes está lejos del escepticismo histórico, "esa posición que declara la falsedad del conocimiento de nuestro pasado",[18] y da por sentado además que no hay modo de investigar el pretérito. Las cosas, sin embargo, no se pueden despachar tan fácilmente. A mi juicio, uno de los méritos de Nédoncelle, como espero se apreciará a lo largo de estas páginas, es obligar a la filosofía a vérselas con un objeto de estudio vasto y variable que no puede ser esquivado. La historia, hecha de acciones e intenciones humanas, no puede ser excluida del filosofar, simplemente por ser demasiado amplia y estar condicionada por las libertades de las personas. Sería tanto como negarse a hacer ética, porque intervienen demasiados factores humanos. Alfonso Reyes detectaba esto mismo denunciado a quienes querían obligar a la sabiduría humana en ámbito histórico a renunciar a todo saber y a todo método.

Concuerdo con Reyes cuando arguye que la historia es sobre todo interpretación. Así, al referirme en todas estas páginas a la filosofía de la historia estoy propiamente hablando del pensar filosófico sobre la historia y no meramente de la enunciación de datos. "No realiza obra histórica el que únicamente

17 Alfonso Rangel Guerra, "Alfonso Reyes y su idea de la historia", *Universidad* 14, núm. 15 (1957): 33.

18 *Ibid.*

reúne materiales", diría Reyes, pues de ser así la historia sería "labor de picapedreros y no de arquitectos".[19] De esta forma Reyes está también criticando el positivismo histórico, otra de las coordenadas en las que se movía el tema de la historia por la época a la que nos referimos. Nos encontraremos con la crítica al positivismo que hace Nédoncelle. Ese positivismo histórico que pretende acercarse neutramente al pasado e imagina que no es preciso interpretar nada, pues todo está ya allí. "Pero es inútil: las piedras y los documentos nunca hablan por sí mismos, y el figurarse otra cosa delata una grave deficiencia de sentido común y una irrisoria escasez de sentido metafísico".[20] La falta de sentido metafísico será, a mi juicio, la crítica más severa lanzada por Nédoncelle a los sistemas de pensamientos con los que debatirá. Por cuanto se refiere al campo de la filosofía de la historia, uno encontrará en la polémica de Blondel contra el modernismo, retomada por monseñor Nédoncelle, un empeño muy serio por desterrar esa falta de sentido metafísico en el estudio de la historia.

Me parece además interesante la relación que establece Reyes entre historia y literatura, misma que encontraremos en Paul Ricoeur. Se trata de una relación sumamente útil para superar ciertos escollos del saber histórico. "Escribir mal y mentir —opina Reyes— son dos monstruos gemelos".[21] Esta lacónica observación empata con las ideas que encontraremos más adelante en el anglohegeliano Bosanquet, quien considera un fracaso vital la falta de lógica, la cual debería expresarse naturalmente en las proposiciones escritas. En todo caso, uno entiende que pensar la historia es hacerse con una narración coherente, hecha de "dato comprobado, interpretación comprensiva y buena forma artística".[22] Estos pilares presentados por Reyes ofrecen además obvias consideraciones sobre el estatuto mismo del pensar filosófico.

Mucho se ha dicho sobre la relación entre filosofía y literatura, pero quizás al plantear esta relación desde la reflexión sobre la historia se ofrecen pautas de resolución más claras. En efecto, la pretensión del pensamiento filosófico sobre la historia se basa en una narración coherente armada con

19 *Ibid.*, p. 35.

20 Alfonso Reyes, "Mi idea de historia", en *Obras completas*, vol. 22, México, FCE, 1989, p. 207.

21 *Ibid.*, p. 206.

22 *Ibid.*, p. 208.

datos comprobados; mientras que la literatura tendría coherencia y buena forma artística, pero no datos. A su vez la filosofía es interpretación comprensiva y dato comprobado; cuando además tiene arte se está ante la prueba del genio creador. Si, como dice Reyes y compartiría Nédoncelle, "la inteligencia humana es de suyo perezosa" no es de extrañar que se arroje con "voracidad sobre las recetas del pensar que prometen algún ahorro de esfuerzo";[23] mas termina sacrificando la verdadera obra del espíritu. No se puede, a mi juicio, mirar el acontecer histórico con ojos filosóficos y limitarse a encasillarlo en fórmulas trilladas. Precisamente hablar de buena forma artística es hablar del *ars* forjado con ardua disciplina, aprendizaje de una técnica con todos sus rudimentos, hasta dominarla y, en última instancia, realización de una obra nueva.

Traigo todo esto a colación porque deseo evitar el malentendido de que se considerase a la filosofía de la historia como mera aplicación mecánica e impersonal de reglas.[24] Mi pensar aquí es que Nédoncelle reflexionó sobre la historia filosóficamente, pero eso no quiere decir que se limitó a las sendas trazadas por sus antecesores. Desde su particular punto de aproximación, es decir, desde el personalismo, pensó la historia. Que se trate o no de una reflexión a la que le convenga la etiqueta de filosofía de la historia tal como se entendía en su tiempo o como querrían entenderla algunos, es algo que se puede discutir. Pero que se trató de una reflexión sobre el tiempo y el sentido del devenir en su conjunto al que llamamos historia, me parece que quedará claro a lo largo de estas páginas.

El caso es que pensar la historia es vérselas con la realidad de nuestra temporalidad y, como quiera, forma parte de nuestro ser, tanto en lo individual como en lo colectivo, no veo por qué habría de quedar fuera del campo de nuestro pensar filosófico. Desde luego, se puede abordar de un modo u otro. Resta ver cuál es mejor.

Volviendo al texto de Reyes, encontramos ahí indicadas otras coordenadas en las que se mueve la filosofía de la historia. Están las tesis del finalismo absoluto y las del pragmatismo absoluto. Sean las ideas heredadas de san

---

23 *Ibid.*, p. 210.

24 Cfr. *Ibid.*

Agustín, pasando por Paulo Orosio hasta Bossuet, donde cada acontecimiento sucede por algo y para algo. O bien, las de Theodor Lessing, que ve la historia como atribución de sentido a lo que carece de sentido. A estas se agregan las tesis sobre el progreso de la razón, al modo de Voltaire, y la contra réplica de Herder; la pretensión de dividir la historia en etapas fijas y predecibles como en Comte, hasta esa especie de "imperialismo metafísico"[25] de Hegel, para quien la historia es el implacable devenir dialéctico de la Idea. Entre unos y otros "todos los matices del iris".[26] A lo largo de estas páginas nos encontraremos con varias de estas ideas. Mi intención al mencionarlas no será, desde luego, analizarlas todas, sino mostrar la opinión que a Nédoncelle le merecen. Pero además servirá para valorar la particular aportación nedoncelliana al conjunto de todas estas reflexiones.

3. Aclaraciones

Para terminar esta introducción deseo dejar en claro que este estudio no pretende afirmar que Nédoncelle escribió un tratado de filosofía de la historia; más bien que, en medio de sus intereses filosóficos y a lo largo de sus escritos, profesó una. Desentrañarla y ponerla en evidencia ha sido el objetivo primario de esta obra.

El lector de estas páginas encontrará frecuente mención de los nombres de los autores cuyo pensamiento influyó en Nédoncelle o le sirvió para contrastar sus ideas. Asimismo, traigo a colación otros nombres, bien para corroborar o bien para refutar las ideas de Nédoncelle e incluso para darle cauce a mi propio pensar. Todo esto es deliberado, pues comparto con el autor estudiado la tesis de que la filosofía es un diálogo con personas que se hacen presentes por los escritos que nos han dejado. Uno no puede dejar de constatar que el pensamiento plasmado en unas letras como éstas, por ejemplo, tiene detrás a una persona y no una fuerza vaga e impersonal. Ausentes por la distancia espacial y temporal, los autores mencionados se hacen presentes por sus ideas,

25 *Ibid.*, p. 213.

26 *Ibid.*, p. 212.

las cuales realmente no están en los caracteres tipográficos de un libro, sino en las conciencias de quienes las hacen suyas para entablar —como en un diálogo interior— el gran discurso del pensamiento humano. No son las ideas las que conversan, sino las personas. He querido, pues, ir mencionando los nombres de los autores, además de por la debida precisión académica, para darle reconocimiento al decano Nédoncelle, quien a su modo ayuda a no preterir a la persona cuyas palabras recogidas en los textos no son sino una parte de algo más grande y más íntimo, o sea, la persona misma. Es con esa persona —con cada una— con quien realmente, al hacer un trabajo como este, uno querría estar dialogando. Desde luego, pretendo que a propósito de estas páginas otras personas entablen ese diálogo interior que es ya signo de una relación interpersonal, y prueba suficiente de la causalidad intersubjetiva cuya pretensión más noble —también para mí— es la voluntad de promoción.

El hecho de la relación entre dos sujetos, o la de la sociedad como conjunto, debe poderse explicar más allá de unos mecanismos físicos. Justamente, con su tesis sobre la reciprocidad de las conciencias, hace del amor la esencia de toda relación. Mas como una afirmación del género suscita interrogantes, será lógico detenerse a explicarla con más detalle. A fin de cuentas, Nédoncelle hace del amor el quicio de las relaciones intersubjetivas, y esto lo coloca en un lugar especial dentro del panorama de los personalistas.[27]

La primera parte de este estudio, articulada en cinco capítulos, se abre con un análisis sobre el acceso al ser, cuya finalidad es mostrar el alcance del filosofar de Nédoncelle cuando debe enfrentar las cuestiones más profundas sobre ese ser que es la persona y el sentido de su existencia. En efecto, si se va a hablar de historia, no puede obviarse el estudio del sujeto de la historia, a saber, el ser humano. Como se verá en este trabajo, era necesario dedicar un par de capítulos a desglosar el camino recorrido por Nédoncelle: camino que va del acceso fenomenológico al ser, hasta la metafísica del ser personal. Así, tras el estudio de la ontología personalista se pasa al estudio de la

---

27 "Al colocar al amor como el punto basilar de la intersubjetividad nedoncelliana, tocamos la dimensión definitiva del personalismo de Nédoncelle, el cual, en ese horizonte del pensar ocupa un lugar que no es imprudente calificar de privilegiado": Crispino Valenziano, "Maurice Nédoncelle filosofo per il nostro tempo", en *Filosofia e Vita* 3 (1965): 61.

naturaleza, poniendo así de relieve el contraste entre la naturaleza y la persona. Sigue, luego, el estudio sobre el Absoluto, con el cual se pretende mirar más de cerca el sentido del devenir de la persona. Si el estudio de la persona abre las preguntas sobre el sentido de la existencia y de la temporalidad, el de la naturaleza muestra la insuficiencia de una respuesta a nivel de los seres naturales. Por ello se da paso a la reflexión sobre el Absoluto. Además, de esta forma se conecta con el horizonte de pensamiento de los anglohegelianos, especialmente Bosanquet, quienes intentan responder a la pregunta por el valor y destino del individuo. Precisamente preguntas de esta índole ponen inmediatamente ante la vista el hecho de que el sujeto se constituye en el tiempo; es, en definitiva, un ser temporal. Así que, para concluir la primera parte, se estudia la concepción del tiempo para Nédoncelle.

La segunda parte es, como anunciado, el asunto central de este trabajo. Compuesta de cuatro capítulos, se abre con una visión panorámica sobre la filosofía de la historia. De esta manera se procura explicar brevemente en qué consiste esta parte de la filosofía y cuáles son sus temas medulares. Con todo, el interés es entresacar los asuntos más importantes que, a su vez, serán tratados en los siguientes capítulos. Así, los siguientes dos capítulos versan sobre dos cuestiones de filosofía de la historia analizadas directamente por Nédoncelle, a saber, la reciprocidad en la historia y la historia del devenir. Es ahí, ciertamente, donde se ha buscado mostrar la pertinencia del filosofar de Nédoncelle, los límites de las posturas que contrastan con la suya y el alcance y límites de su propia posición. El último capítulo cierra todo el conjunto con una reflexión un tanto más propia, donde he querido resaltar la importancia de todo el estudio. La cantidad de cuestiones que se fueron presentando a lo largo de los capítulos anteriores son aquí agrupadas, no tanto para solucionarlas una por una, sino para mostrar la importancia de pensarlas filosóficamente y, hasta cierto punto, para mostrar cómo el horizonte de una congruente filosofía de la historia permite ofrecer, si no respuestas exhaustivas, al menos respuestas coherentes, las cuales —parafraseando a Nédoncelle— si no nos es permitido demostrar rotundamente, al menos nos es posible aceptar razonablemente.

PARTE I

Una filosofía de la persona

Capítulo 1

El realismo superior

1.1. La filosofía personalista y el problema del ser

Cuando, abanderado por Emmanuel Mounier (1905-1950), el personalismo entra en escena en el panorama de las filosofías del siglo XX, se trató para muchos de una mera corriente circunstancial destinada a desaparecer cuando desaparecieran las coyunturas a las que pretendía hacer frente.[1] Este parecer ha llevado, casi hasta nuestros días, a tener que esclarecer el estatuto filosófico del personalismo. Joseph Seifert, por ejemplo, se ha visto obligado a distinguir entre el auténtico "personalismo y los personalismos",[2] llamando a los últimos "falsos personalismos", como para salvar al personalismo de una descalificación generalizada.

Naturalmente para entender esta discusión es preciso conocer las coyunturas aludidas y esclarecer la naturaleza de esta corriente filosófica. Si el personalismo fue meramente una *actitud*[3] adoptada a mediados del siglo XX para responder a algunas circunstancias de época es claro que al haber cambiado las circunstancias el personalismo ya no tiene nada que decir; en cambio,

1 Cfr. Burgos, *Reconstruir la persona*, pp. 14-15; Emmanuel Mounier, "¿Qué es el personalismo?", en *Obras*, vol. 3, Salamanca, Sígueme, 1990, p. 199.

2 Cfr. Seifert, "Personalism and Personalisms".

3 Cfr. Ricoeur, *Amor y justicia*, pp. 87-95; Maritain, *La personne et le bien commune*, p. 170.

si se trata de una auténtica filosofía, obviamente que también para los problemas de hoy esta filosofía tiene una palabra válida.[4]

Un autor señero en rechazar el personalismo fue Paul Ricoeur quien, en un artículo de 1983, precisamente en la revista *Esprit* fundada por Mounier, declaraba la muerte del personalismo.[5] Ahora bien, Juan Manuel Burgos ha resumido los principales argumentos esgrimidos por Ricoeur y ha argumentado a su vez por qué lo dicho por Ricoeur no se queda en pie.

Según Burgos "el error fundamental consiste en que Ricoeur identificó sustancialmente el personalismo con la corriente mouneriana. Pero esta identificación es incorrecta y, por tanto, invalida sus conclusiones".[6] Así y con todo conviene considerar la crítica fundamental de Ricoeur al personalismo de Mounier, a saber, que el personalismo carece de suficiente aparato conceptual, como lo habrían tenido el marxismo, el existencialismo o el estructuralismo, y por ende estaba condenado a perder la "batalla del concepto".[7] Al respecto, Burgos comprueba que un repaso de la historia permite constatar cómo las "filosofías que supuestamente derrotaron al personalismo —el marxismo, el estructuralismo— están completamente agotadas y superadas, mientras el personalismo, por el contrario, goza de una salud respetable".[8] Pero es sobre todo en el tema del aparato conceptual donde se concentra el juicio de valor sobre el personalismo.

Según Ricoeur era mejor deshacerse del personalismo como corriente filosófica demasiado enredada en planteamientos coyunturales y volver a la persona sin más. De ahí el título de su artículo: "Muere el personalismo, vuelve la persona...". En esta tesitura el mismo Ricoeur se pregunta cómo hablar de la persona —pues está buscando un lenguaje adecuado— sin el vocabulario del personalismo, o sea, sin voces como "conciencia", "sujeto", "el yo", etc. Sólo ve una respuesta: dar estatuto epistemológico a una "actitud",

4 Cfr. Mounier, "El personalismo", p. 451.

5 Véase Paul Ricoeur, "Meurt le personnalisme, revient la personne", en *Esprit*, enero de 1983. Sigo aquí la versión en español aparecida en Ricoeur, *Amor y justicia*, pp. 87-95.

6 Burgos, *Reconstruir la persona*, p. 19.

7 Ricoeur, *Amor y justicia*, p. 87.

8 Burgos, *Reconstruir la persona*, p. 16.

en el sentido dado por Éric Weil. La réplica de Burgos a semejante propuesta es que, si el pensamiento de Mounier flaqueaba por falta de aparato conceptual, esta propuesta de Ricoeur, que invoca una mera "actitud-persona", no "hace otra cosa que apelar a que cada uno estudie a la persona desde su propia perspectiva, excepto por una difuminada orientación común que no se traduce en ninguna indicación conceptual concreta".[9]

De igual manera, es necesario no identificar el personalismo con el pensamiento de Emmanuel Mounier, pues ciertamente los autores llamados personalistas son más y se expresan de un modo que va más allá de Mounier. En realidad, al decir de Burgos, "el personalismo es, ante todo, una filosofía en el sentido estricto del término".[10] Si en general la lectura de las obras de los autores personalistas basta para probar este aserto,[11] en el caso de Nédoncelle es todavía más claro, pues este autor tiene la ventaja de haber explicitado su pensamiento en torno al estatuto mismo de la filosofía.

Así que una de las primeras cosas que se debe hacer aquí es mostrar cómo el personalismo de Maurice Nédoncelle se libra de este ataque de falta de aparato conceptual. Con la debida consideración, creo que Ricoeur no podría haber englobado a Nédoncelle en su crítica por dos razones. La primera es que Nédoncelle no se identificó con el personalismo de Mounier, e incluso cuando tuvo que aceptar la etiqueta de personalista siempre mantuvo reservas al respecto; y la segunda es que Nédoncelle no rehúye la reflexión filosófica, en el sentido sistemático y conceptual.

1.2. El personalismo como filosofía en Nédoncelle

Nédoncelle toma las cosas donde las había dejado Descartes para desenmascarar la falsedad del *cogito* solitario. Así que puede decirse que tanto como Descartes buscó y encontró en el *cogito* el punto de apoyo para construir todo un edificio conceptual, Nédoncelle adopta como punto de partida el *cogitamus*.

9 *Ibid.*, p. 37.

10 *Ibid.*, p. 21.

11 Cfr. *Ibid.*, p. 22.

Mi tesis aquí es que este punto de partida es correcto. Desafortunadamente el pensamiento de Nédoncelle, como dice Yves Labbé sucesor de Nédoncelle en la cátedra en Estrasburgo, no parece haber hecho escuela ni "dejado huellas en la literatura filosófica: no hay herencias, ni vestigios ni influencias";[12] lo cual evidentemente lleva a tener que plantearse el valor actual de la filosofía de Maurice Nédoncelle. En este punto comparto la opinión de Labbé para quien hace falta analizar con calma el pensamiento de Nédoncelle a fin de valorar los caminos que abrió y los que cerró.[13] En este sentido el valor del pensamiento del decano Nédoncelle se aprecia en el conjunto del personalismo que comenzó a circular por los años treinta del siglo pasado.

Ahora bien, en este panorama del personalismo el pensamiento de Nédoncelle aparece como un conjunto coherente y en algunos puntos, original. Si es verdad que todo el personalismo valora la dignidad de la persona y pone énfasis en las relaciones interpersonales; el personalismo de Nédoncelle se caracteriza por plantearse de lleno el estatuto metafísico del ser personal. Esa reflexión lo condujo por varios caminos, entre ellos el de la filosofía del amor. Se puede entonces decir que el pensamiento de Nédoncelle obligó a otros pensadores, algunos de mayor fama, a tener que abordar conceptos más complejos de los que antes se habían planteado.

En este capítulo quiero exponer en sus rasgos generales la filosofía personalista de Maurice Nédoncelle. Se trata de captar que, si bien su filosofía no pretende ser un sistema,[14] para nada carece de coherencia. Sobre las huellas de Maurice Blondel, monseñor Nédoncelle abordó el problema del conocimiento para mostrar que analiza la realidad siguiendo un método, al que llama "realismo superior".

Más adelante se hablará con mayor detalle sobre este realismo superior, pero ahora conviene detenerse en explicar cómo, para Nédoncelle, era preciso evitar dos polarizaciones en el análisis de la realidad. Una era la fenomenología y la otra la metafísica.

12 Yves Labbé, "Une relecture de Maurice Nédoncelle. Une philosophie religieuse de l'intersubjectivité", en *Revue des sciences religieuses* 83, núm. 2 (2009): 156.

13 Cfr. *Ibid.*, p. 157.

14 Cfr. Valenziano, *Introduzione*, p. 44.

1.2.1. *Fenomenología y metafísica*

Nédoncelle conocía la fenomenología desarrollada por Edmund Husserl (1859-1938), pero no se identificó con ella. En el remoto 1932 Nédoncelle afirmaba que Husserl se había quedado donde se había quedado Descartes.[15] Como se dijo, Nédoncelle estaba insatisfecho con el planteamiento cartesiano, luego se entiende que también lo estuviera con el de Husserl. Conociendo las reservas de los críticos sobre el carácter inconcluso de la obra de Husserl, Nédoncelle consideró que se podía objetar a Husserl su modo de hacer aparecer al otro, al apelar a un sujeto trascendental.[16] Con todo Nédoncelle usó el término "fenomenología" aplicándolo a su propio método, aun y cuando no fuera la fenomenología en boga. A decir verdad, en la primera mitad del siglo XX, tras Husserl aparecieron muchas corrientes de pensamiento que se atribuían la etiqueta de fenomenología, al grado que las diferencias entre las mismas podían ser mayores que los rasgos comunes.[17] De entrada, Nédoncelle se desmarcó de Husserl en la fenomenología tanto como de Kant en la metafísica. "Todos saben que hay muchas maneras de definir la fenomenología y la metafísica. Y todo el problema viene de que el sistema kantiano para la metafísica y el de Husserl para la fenomenología son considerados modelos intocables y que ejercen una especie de terrorismo intelectual".[18]

Nédoncelle por tanto se desmarca de una fenomenología que pretende "operar una *reducción eidética* que se conseguiría al descubrir esencias intemporales, perfectas, formales y acósmicas".[19] De esta forma critica aquella posición que reserva para la fenomenología el conocimiento de un sujeto y objeto totalmente irracionales, mientras que confina a la razón pura y la objetividad absolutas al reino de la metafísica. No dejaba de sorprenderle, comentaba Jean Pucelle, la disociación entre metafísica y fenomenología

---

15 Nédoncelle (Desbiens), "Le mouvement philosophique en Allemagne", p. 153.

16 Cfr. Maurice Nédoncelle, "Intentionnalité de la conscience", en G. Jacquemet (dir.), *Catholicisme, hier, aujourd'hui, demain*, vol. 5, París, Letouzey et Ané, 1962, pp. 1867-1870.

17 "The varieties excel the common feature": Herbert Spiegelberg, *The phenomenological movement, a historical introduction*, Hague, Nijhoff, 1960, p. 27.

18 Nédoncelle, *Sensation séparatrice*, p. 161.

19 *Ibid*, p. 162.

operante por aquellos años. El mismo Pucelle se lamentaba de que la "descripción concreta no tuviera la metafísica que merece".[20]

Por su parte Nédoncelle aboga por una fenomenología que capta lo real sin necesidad de hacer una suspensión (*epojé*) absoluta del juicio en todos los sentidos, pues cuando se juzga sobre lo real, la comprensión nunca está totalmente cerrada sobre sí misma, ni desde el punto de vista del sujeto ni del objeto. Por el contrario, lo que hay es una experiencia que es reflexión, un aparecer que no es meramente sensación, ni está encerrada en un circuito hermético de significados. El procedimiento fenomenológico de Nédoncelle es "análisis interior, esclarecimiento 'reflexivo' sobre el hecho de conciencia, fenomenología y a la vez interpretación. Su discurso, empero no se agota en describir e interpretar, sino que conduce a los principios según los cuales interpretar, del mismo modo que la reflexión conduce a la fuente del juicio".[21] El conocer hace referencia tanto al objeto conocido como al sujeto que conoce. Justamente la fenomenología de Nédoncelle pretende mantener la presencia del sujeto a lo largo de todo el proceso de conocimiento.[22]

De ahí que se pueda entender la fenomenología de Nédoncelle como un acercamiento a la persona a partir de las manifestaciones que son captadas por la conciencia del sujeto y a las que se puede llamar "fenómenos". El pensamiento nedoncelliano procede siempre de análisis fenomenológicos de la conciencia y de sus datos inmediatos, pero para llegar a conclusiones metafísicas sobre la persona.[23] Por ello acierta Amadini cuando explica que, respecto al método de Nédoncelle, en general se "pueda hablar de método fenomenológico, siempre y cuando se lo entienda en sentido amplio. Es decir, como una descripción que progresivamente busca alcanzar las raíces del aparecer. Tal es la impostación empleada por Hegel en la *Fenomenología del*

20 Jean Pucelle, "Maurice Nédoncelle. Vers une philosophie de l'amour et de la personne", en *Archives de Philosophie* 1, núm. 1 (1959): 141.

21 Armando Rigobello, "Maurice Nédoncelle", en *Grande antologia filosofica*, vol. XXVI, Umberto Antonio Padovani (ed.), Marzorati, Milán, 1954, p. 479.

22 Cfr. Nédoncelle, *Sensation séparatrice*, p. 162.

23 Cfr. Amadini, *Ontologia della reciprocità*, p. 59.

espíritu y que el filósofo debe tener si pretende captar la realidad en su singularidad y complejidad".[24]

A este respecto se dirán cosas más adelante en relación con la obra de Steven Pinker, pero ahora conviene notar que Nédoncelle sostiene que el concepto no se elabora automáticamente en una habitación aséptica desligada totalmente del sujeto que piensa. En su obra puede apreciarse un "enlace estrecho entre la intuición de un problema, la experiencia que se tiene de éste y que él describe siempre magistralmente, y las raíces ontológicas que esta experiencia deja transparentar al acto de la reflexión".[25] De igual manera, como se verá enseguida, las ideas de Nédoncelle sobre la fenomenología recogen las inquietudes de Maurice Blondel al respecto, para quien también era necesario elaborar una fenomenología que diera cuenta del ser personal y no se limitase a los objetos.

En todo caso es preciso captar la diferencia, para nada pequeña, entre la fenomenología de Husserl y la de Nédoncelle.[26] Para este último la fenomenología de Husserl parte y se detiene en el objeto, dejando fuera al sujeto, de donde resulta una fenomenología incompleta. Dicho más extensamente, al criticar la postura de Husserl, Nédoncelle está objetando que el "razonamiento por analogía no nos permite conocer la existencia personal del otro, ya que este tipo de razonamiento se fundamenta únicamente en una lógica de asociación".[27] De ahí que en Nédoncelle tenemos una fenomenología concebida como un acercamiento a la realidad habido en la experiencia del propio yo tal como aparece a la conciencia. Así vista la fenomenología es una descripción del ser personal a un primer nivel, esto es, al nivel de la apariencia concreta y singular. A la vez esta descripción se abre al dato superior que es el ente, revelando así al yo como ente. Se puede decir entonces que en Nédoncelle la fenomenología

24 *Ibid*, p. 60.

25 Marini, *La relazione interpersonale*, p. 12.

26 Cfr. Flores, "La posibilidad de reflexión sobre el otro", pp. 80-99. No pretendo aquí dar cuenta del pensamiento de Husserl, el cual por cierto, en este punto sobre la "experiencia del otro", fue evolucionando. Me limito a indicar la lectura que hace Nédoncelle al respecto y que le sirve para exponer su propio pensar.

27 *Ibid.*, p. 96.

es un método de acceso al ser, pero al ser que él considera paradigmático, es decir, el ser personal.

A semejante concepción de la fenomenología Carlos Díaz le ha objetado que al estar tan lejos de la tradición hegeliana, ensancha tanto "la manga de las realidades no éticas" que "todo resulta posible"; de donde hubiera sido mejor para Nédoncelle no presentar su filosofía como fenomenología, sino más bien como "una visión del mundo amplia y discutible, pero pensada y sólida".[28] Más aún Díaz arguye que se debería rechazar la caracterización de "fenomenológica" para la filosofía de Nédoncelle porque en general "el personalismo no es filosofía fenomenológica estricta".[29] A lo cual añade que "hasta el presente siglo XX apenas ha habido ninguna filosofía rigurosa [sic]. O tal vez, lo que es ya más discutible, que la filosofía no podrá ser nunca rigurosa".[30]

La objeción suscitada consiste en decir que la concepción de fenomenología utilizada aquí no es rigurosa, por lo cual no es posible calificar al personalismo de Nédoncelle de fenomenológico. Es por ello que Carlos Díaz opinaba, sin rodeos: "Después de lo dicho hubiera sido mejor —a nuestro juicio— para Nédoncelle hablar de opción teórica personalista que de 'fenomenología' del personalismo, como él mismo acaba reconociendo en cabeza ajena".[31] Así que Díaz piensa que el mismo Nédoncelle estaría rechazando el uso de la fenomenología dentro de su mismo quehacer filosófico. Mas lo que Nédoncelle rechaza es la separación radical entre fenomenología y metafísica. Sólo si se tiene una concepción de la fenomenología totalmente incapaz de abrir el acceso al ser, entonces se debe rechazar esa fenomenología; en cambio, para Nédoncelle es válido hablar de fenomenología entendiendo este término a la manera de Bradley en su método filosófico, tal como muestran estas palabras:

> El punto de vista de Bradley parecía más defendible que el de aquellos de quienes hemos hecho el examen [los fenomenólogos que separan totalmente fenomenología y metafísica]: él se contentaba con exigir que

28 Díaz y Maceiras, *Introducción al personalismo actual*, pp. 121-122.

29 *Ibid.*

30 *Ibid.*, p. 122.

31 *Ibid.*, p. 124.

los datos no fuesen contradictorios [en la objeción que se viene comentando Díaz copia este párrafo, pero omite esto que sigue] a fin de que lo aparente se desvanezca ante la realidad. Por ello no excluía *a priori* el enraizamiento del dato en el absoluto, sino que estimaba por el contrario que, si hay un absoluto, debe ser perceptible en el dato.[32]

Como es de esperar discrepo de la crítica que Díaz hacía a Nédoncelle en aquella época,[33] pues en el fondo reproduce la crítica de Ricoeur ya mencionada y merece la misma respuesta. A fin de cuentas, si no hay filosofía rigurosa, ¿con qué criterio se juzga la validez o no de una propuesta como la de Nédoncelle? Nédoncelle mismo se ha hecho cargo de la objeción al explicar que no admite el modelo husserliano de fenomenología como único. Se puede ir más allá de la fenomenología de Husserl, sin por ello renunciar al rigor de la reflexión y de la especulación filosóficas. Así que resulta más coherente hacer como Liddle, llamando "meta-fenomenología"[34] a la propuesta de Nédoncelle, simplemente para desmarcarla de la fenomenología de Husserl.

Por lo demás se entiende, como se verá enseguida, el problema planteado por Nédoncelle al hablar de fenomenología si, en vez de querer empatarla forzosamente con la fenomenología de Husserl, se la encuadra en las reflexiones de Blondel. Así que al margen de la fenomenología husserliana es posible decir que a partir de una experiencia sensible tanto del mundo físico exterior como de la propia conciencia —experiencia que Nédoncelle califica de fenomenológica— se accede ya en un primer grado al ser. Este acceso al ser es llamado ontología o metafísica. Sobre todo esto es preciso aclarar que a principios del siglo XX en filosofía había una oposición férrea entre psicología y ontología, de modo que no fue sino por obra de la fenomenología

32 "Il se contentait d'exiger les donées ne fussent pas contradictoires pour que l'apparence s'effaçât devant la réalité": PN, Prefacio, pp. 17-18.

33 La crítica de Díaz llegaba hasta este extremo: "Y dicho esto, que por nuestra parte supone una enmienda a la totalidad del método nedoncelliano, vemos sin más preámbulos", Díaz y Maceiras, *Introducción al personalismo actual*, p. 124.

34 Cfr. Liddle, "The personalism of Maurice Nédoncelle", pp. 117-118.

que las cosas cambiaron.[35] Justamente Nédoncelle se adhirió a este cambio a fin de superar la oposición. Así que en último término hay, en Nédoncelle, un camino que va de la fenomenología a la metafísica. Toca, pues, hablar de esta metafísica.

1.2.2. *Algo de metafísica*

De entrada, es preciso recordar que Nédoncelle durante mucho tiempo se declaró antimetafísico, rechazando así una concepción de la metafísica corriente en su tiempo y que podríamos identificar como aquel sistema de pensamiento que se aferra a una serie de conceptos heredados de la tradición filosófica, pero que no dan razón del ser concreto. Más adelante Nédoncelle hablará de metafísica, pero dándole otro sentido. De allí que, como dice Burgos, sea "importante precisar que Nédoncelle no hizo metafísica en el sentido clásico de la palabra. Lo que le interesaba era el 'estudio fenomenológico y filosófico de la persona', es decir, una profundización teórica en la estructura del hombre".[36] Es precisamente aquí donde conecta Nédoncelle con Blondel y éste a su vez con Leibniz, pues los tres al elaborar una metafísica estaban en busca de una noción de substancia que diera cuenta del ser personal y no meramente del ser físico.

Ahora bien, Nédoncelle piensa que se accede al ser personal a través de la fenomenología. Al punto debe enfatizarse que dicha fenomenología no se detiene en el puro *aparecer* sino que es el auténtico camino hacia el ser, ser que identifica con la persona. Con esto dicho, una vez más queda claro que "cuando Nédoncelle habla de fenomenología no se está refiriendo al método técnico de Husserl de intuición de las esencias, sino a algo más general, a un modo de acercarse a la realidad a través de la riqueza de la experiencia, sin reduccionismos conceptuales y con la apertura necesaria para intentar introducir en la propia filosofía lo que la experiencia demuestra".[37]

35 El mismo Nédoncelle refiere esto al hablar de la época de Henri Bremond. Véase Nédoncelle y Dagens, *Entretiens sur Henri Bremond*, p. 63.

36 Burgos, *El personalismo: autores y temas de una filosofía nueva*, p. 81.

37 *Ibid.*

Si se preguntara por qué Nédoncelle ha rechazado hacer metafísica en el sentido clásico, se encontrará la respuesta en sus observaciones sobre el dato de conciencia. A su modo de entender los conceptos usados por la metafísica no se han creado a sí mismos, sino que dependen del sujeto que los ha elaborado. Sólo un realismo ingenuo creería que el concepto es tal cual la realidad externa. La metafísica que Nédoncelle critica es la que piensa que el concepto con el que se designan los objetos de conocimiento no depende ni en su origen ni en su consistencia del sujeto cognoscente. En realidad, es todo lo contrario, pues cuando la persona conoce, todo parte de su propia experiencia personal, y por tanto se debe decir que la metafísica comienza allí donde empieza el estudio de las experiencias personales. Ciertamente este punto de partida es el más remoto, pero no debe ser descuidado. Nédoncelle lo explica en estos párrafos.

> Los metafísicos evitan ordinariamente entrar en el dominio del psicólogo. No tienen ninguna gana de abandonar el orden de las cosas e ideas impersonales. Quizás esta tímida actitud ha sido una de las razones (y es la menos legítima) por las cuales la psicología se ha podido separar tan fácilmente de la filosofía. Cuando el metafísico se fatiga de especular, ensaya justificar la pausa que se concede creando una pretendida impenetrabilidad de lo cognoscible.
>
> En revancha, la mayoría de los progresos filosóficos se han conseguido por la apropiación de un campo que había sido reputado no-filosófico. Por esto es oportuno remontar la corriente que entraña el divorcio de estas dos disciplinas, y llevar lo más lejos posible en filosofía la consideración psicológica por excelencia, la de la persona.[38]

En último término se advierte el peligro de querer colocar la reflexión filosófica en la periferia del conocimiento, en una especie de zona neutral respecto al sujeto cognoscente;[39] si bien esto no significa reducir la filosofía

38 PN, #1.

39 Amadini, *Ontologia della reciprocità*, p. 63.

a un mero conocimiento pre-reflexivo o a la experiencia vulgar. En efecto, no faltaron en vida de Nédoncelle quienes observaban este peligro y argüían que con este énfasis en el dato de conciencia no hay metafísica posible, pues todo conocer es subjetivo. De donde, advertido ese peligro, habría que darle prioridad a la metafísica por encima de la fenomenología. Sobre lo cual escribía Nédoncelle lo siguiente:

> Se me ha puesto alguna dificultad al método que yo preconizo. Algunos dicen que una metafísica general precede a la filosofía de la persona y que a partir de los resultados obtenidos por una y por otra se puede llegar a determinar la naturaleza del amor. El orden que yo he seguido es a la inversa. Es más inductivo que deductivo; supone un vaivén e incluso una ósmosis entre la fenomenología y la metafísica [...]. Es toda la cuestión de la experiencia metafísica que se nos pone aquí y que no puede ser esquivada.
>
> Consideremos en primer lugar la objeción. La misma objeción ha sido hecha al autor del Ser y la nada. ¿Acaso Jean Paul Sartre, no transforma su experiencia particular en ontología? En cuanto describe y ordena aquello que él siente o quiere lleva a cabo una fenomenología, y está en su derecho. Pero, ¿con qué derecho canoniza los datos de su descripción y nos los impone como si fuesen absolutos? Una dificultad parecida puede oponerse a todos los fenomenólogos con pretensiones filosóficas. Se viene a decir que no hay paso de la fenomenología a la metafísica.[40]

Mas justamente esto es lo que Nédoncelle niega. Para él es importante recalcar que toda metafísica (es decir todo aquel conocimiento que se precie de ser acceso al ser como tal) procede de una fenomenología. En este sentido afirma que si bien "no toda fenomenología es metafísica, toda metafísica es fenomenológica".[41] Por más que se le dé vueltas al problema, es imposible despreciar la experiencia, que en sus orígenes es experiencia sensible, en la

40 PN, Prefacio, pp. 16-17.

41 Nédoncelle, *Explorations*, p. 39.

vía de conocimiento del ser.[42] Por ende no hay metafísica sin experiencia. Lo cual permite a Nédoncelle hablar de una experiencia metafísica, esto es, del papel que juega el *aparecer* fenomenológico a la conciencia a la hora de establecer los supuestos metafísicos.

Claro está que siempre se puede objetar que no hay experiencia metafísica, porque toda experiencia es parcial y por tanto sólo puede extraer sus conclusiones a partir de unas premisas particulares cuyo resultado es forzosamente particular. Ante esta afirmación uno se pregunta si es necesariamente así o si, por el contrario, se trata de una conclusión precipitada que cierra de entrada el acceso al ser a través de la experiencia fenomenológica. Esto último es lo que piensa Nédoncelle al hacerse cargo de la objeción.

> La objeción dirigida a los fenomenólogos supone que todo dato es sentimental y que la reflexión no puede extraer nada último de allí: doble postulado que transforma la conclusión en petición de principio. Si se decreta que los datos de experiencia están siempre más acá del ser y que también lo están sus implicaciones epistemológicas, resulta muy evidente que la ciencia del ser estará siempre más allá de los datos de experiencia y que incluso quizá la ciencia del ser será imposible.[43]

Así se nos está invitando a no dar la espalda a la experiencia individual en el camino de la metafísica. Con todo uno puede entender las dificultades que se presentan. De un lado quienes, ante la insistencia en la experiencia personal, verían diluirse las esencias dando lugar, en última instancia, a la negación de una "naturaleza" de las cosas. Será interesante ver cómo Steven Pinker retoma esta inquietud para reafirmar la existencia de una naturaleza humana. Por otro lado, estarían quienes, quedándose únicamente con las experiencias, se cierran al acceso al ser, terminando por izar —como en la mencionada referencia a Jean Paul Sartre— su propia experiencia en un absoluto. Nédoncelle sabe bien que el "paso del condicionado al incondicional ha sido

42 Cfr. Amadini, *Ontologia della reciprocità*, p. 63.

43 PN, Prefacio, p. 17.

siempre un tormento múltiple para los filósofos", poniendo ante nuestra vista una historia "compleja, ambigua e interminable, donde se cruzan peligrosamente las líneas dialécticas más diversas".[44]

Si se quiere insistir en la pertinencia de todo este asunto, puede recogerse la inquietud de Habermas en el debate sobre la eutanasia. Allí salta la tensión entre una experiencia subjetiva y la posibilidad de erigir en norma tal o cual experiencia. Habermas entonces se preguntaba por qué la filosofía habría de ceder el campo al psicoanálisis, en problemas que tienen de hecho una envergadura filosófica.[45] En este debate Habermas se las ve con la necesidad de un vocabulario netamente metafísico que no se conforma con unas descripciones fenomenológicas. Allí radica la crítica que hace este autor a las pretensiones del psicoanálisis en este debate; pretensiones que, llevadas a sus lógicas derivaciones, hacen que el psicoanalista deba hablar de realidades que no son meras apariencias.[46] Quiérase o no hay un punto en que se debe hablar de una realidad esencial, so pena de hacer imposible una auténtica ciencia. Se estaría, al decir de Nédoncelle, cerrando el paso a todo método epistemológico, reduciéndolo a un recuento de experiencias que van de paso.

En todo caso Nédoncelle ha querido mostrar la existencia de una experiencia metafísica, entendiendo con ello el camino que parte de la experiencia para desembocar en una ontología;[47] evitando una escisión fatal entre el aparecer y el ser. Justamente la disociación entre metafísica y fenomenología está en el blanco de las críticas de Nédoncelle a la filosofía de su tiempo. Será, en efecto, tras la lectura de las obras de Blondel que nuestro autor apelará a un realismo superior el cual escape a dicha disociación arbitraria.

---

44 PN, Prefacio, p. 18.

45 "¿Por qué la filosofía habría de hacerse para atrás en temas con los que el psicoanálisis, por ejemplo, cree poder lidiar? Este asunto concierne la claridad en torno a nuestra comprensión intuitiva de los aspectos clínicos respecto a una vida lograda o no lograda. Más todavía el texto citado de Mitscherlich deja ver su deuda con los filósofos existencialistas como Kierkegaard y sus sucesores. Esto no es accidental": Jürgen Habermas, *The future of human nature*, Cambridge, Polity, 2003, p. 5.

46 "El núcleo filosófico del psicoanálisis emerge cuando Alexander Mitscherich entiende por enfermedad psicológica la incapacidad de realizar un modo de existencia específicamente humano", *ibid.*, p. 4.

47 Cfr. Amadini, *Ontologia della reciprocità.*, p. 63.

Aprovecho aquí además para notar cómo este problema entre metafísica y fenomenología se refleja también en el clásico problema desde Aristóteles, entre lo contingente-particular y lo necesario-universal. Sólo esto último permitiría hablar de ciencia, dejando sin dicho estatuto a todo lo demás. Siendo este el caso resultaría que la historia, por estar del lado de lo contingente, no merecería ser objeto de una auténtica filosofía.

1.2.3. *Nédoncelle y el giro lingüístico Pertinencia de un debate antiguo*

Una presentación del personalismo como filosofía en Nédoncelle quedaría incompleta si no se alude a sus tesis sobre el diálogo intersubjetivo. Si bien habría que exponer ampliamente su método filosófico en general, enunciado en los principios de "correspondencia" y "correctibilidad"[48] que preconiza; aquí basta decir que Nédoncelle imagina la filosofía como un gran diálogo. Un diálogo coherente entre todos aquellos que se llaman filósofos. Naturalmente este diálogo es posible porque habría una correspondencia entre los distintos sistemas filosóficos. Así que en el punto de partida de todo filosofar está este pensamiento que dialoga. O, dicho de otro modo, es a partir de la constatación del intercambio de ideas que nace la filosofía. Lo primero en filosofía es el "dialogamos". Quiero, empero, subrayar que para Nédoncelle esta idea del diálogo es a la vez la afirmación del "yo pienso" y por ende del "nosotros pensamos". Hace falta, sin embargo, explicar cómo el intercambio de ideas es la base de la filosofía. Para ello es pertinente mostrar el nexo entre el giro lingüístico y el personalismo de Nédoncelle.

En 1990, en la revista *Esprit* Paul Ricoeur publicaba un ensayo titulado "Aproximaciones a la persona".[49] Allí observaba: "El retomar contemporáneo de la idea de persona tiene todo por ganar en un diálogo con las filosofías inspiradas en lo que se ha venido en llamar *linguistic turn*".[50] Se debe estar de acuerdo con Ricoeur en esta afirmación y valorar el giro lingüístico en la

48 Cfr. CL, pp. 193-220.

49 Paul Ricoeur, "Approches de la personne", *Esprit* 160 (1990): 115-30; publicado en español en Paul Ricoeur, *Amor y justicia*, Madrid, Caparròs, 2001, pp. 97-115.

50 Ricoeur, *Amor y justicia*, p. 103.

construcción de una filosofía que quiera en todo derecho ser llamada personalista. Pues bien, sin exagerar los méritos de Nédoncelle, pienso que este autor ofreció en su momento la dirección adecuada en la cual debían insertarse las adquisiciones del giro lingüístico en el personalismo.

El contexto en el cual Nédoncelle se ocupó de este asunto es la disputa de Santo Tomás de Aquino con los averroístas latinos sobre el intelecto separado.[51] El problema del intelecto separado permite identificar dos posturas antagónicas: o hay interlocutores o no los hay. Si bien la disputa es antigua recorre toda la historia de la filosofía y reaparece en la oposición entre "Pascal y Spinoza, o Kierkegaard y Hegel, o entre Blondel y Brunschvicg"; y desde luego entre los tomistas y los averroístas.[52]

Según los averroístas existe un único intelecto para todos los hombres; pero para el Aquinate esto es absurdo, pues es patente que quien piensa es cada hombre: *hic homo intelligit*.[53] De esta simple observación Tomás de Aquino y Nédoncelle con él podrán concluir que la intelección es un acto individual. Sin embargo, es precisamente al hilo de la argumentación de Tomás que aparece la intelección como un acto interpersonal. O, dicho de otro modo, no nos podríamos preguntar sobre la unidad del intelecto si no hubiéramos captado que cada uno piensa por separado.

> Es patente que cada hombre singular entiende. La dialéctica —escribe Nédoncelle— que se sigue de allí se apoya sobre un *cogitamus* donde pueden coincidir el yo y el tú, pues justamente se nos dice: *nunquam enim de intellectu quaereremus nisi intellegeremus*.[54]

51 Nédoncelle, *Intersubjectivité*, pp. 287-319. En estas páginas se recogen dos artículos aparecidos previamente: "L'unité de l'intellect et la pluralité des personnes: actualité d'un débat medievale", en *Communication pour le Congrès international du VIIº centenaire de saint Thomas d'Aquin*, Roma-Napoli 17-24 avril 1974, y "La réfutation des averroïstes par saint Thomas d'Aquin", en *Rivista di Filosofia Neoscolastica* 66 (1974), num. spécial du VII centenaire.

52 *Ibid.*, p. 290.

53 Tomás de Aquino, *De anima* I, III, 7.

54 Nédoncelle, *Intersubjectivité*, p. 307.

Sigamos paso por paso el análisis que hace Nédoncelle de la argumentación del Aquinate, pues esto nos permitirá ver cómo, hasta cierto punto, ya nuestro autor había visto bien el papel del lenguaje en la identificación del ser personal.

Siger de Brabante había partido al hombre en dos, a saber, un alma intelectiva común a toda la especie y un alma sensitiva individual. La unión entre estas dos sería meramente operativa y no sustancial. De ahí resulta que, estrictamente hablando, los contenidos intelectuales (*intellecta*) están en nosotros, pero no son nuestros. En cambio los contenidos del alma sensitiva serían netamente individuales, pero en absoluto intelectuales. De donde, en rigor, no debería decirse que el hombre piensa, sino únicamente que produce imágenes (*fantasmata*).

De semejante posición se desprende que para Siger de Brabante yo no soy un hombre que piensa (*cogito*), sino que más bien un intelecto común piensa (*cogitat*) en mí. La respuesta de Tomás, citada por Nédoncelle, dice así:

> Estas palabras [se refiere a las de Aristóteles en el *De Anima*] han sido ocasión de que algunos, llevados a engaño, hayan sostenido que la potencia intelectiva existe separada del cuerpo, como una sustancia separada. Lo cual es absolutamente imposible. Es patente que este hombre piensa. Si alguno lo niega es claro que él mismo no ha entendido nada y por ende no merece ser escuchado.[55]

Se debe reparar en esta última frase donde el Aquinate estaría retirándole el habla al interlocutor que sostiene existir un único intelecto. Tomás no estaría retirando la palabra por un mero capricho retórico, sino como consecuencia estrictamente lógica. Nédoncelle ha visto con claridad el argumento lógico formulándolo de la siguiente manera: "Por un lado el averroísta dice: 'el hombre individual considerado en cuanto tal no comprende verdaderamente'; del otro lado acompaña este enunciado de un juicio o razonamiento

55 *Ibid.*, p. 303. El texto referido es Tomás de Aquino, *In Aristoteles librum De Anima commentarium*, libro 3, lección 7, nº 689-690.

que conserva *in petto*: 'yo soy un hombre individual y comprendo'; en consecuencia el hombre individual verdaderamente comprende".[56]

La contradicción es patente y no admite componendas. Ahora bien, lo más relevante para el caso es mostrar cómo para afirmar que yo pienso debo al punto reconocer que existen otros pensantes, cada uno de ellos con sus propios pensamientos. Esta conciencia del 'yo pienso' (*cogito*) es para Nédoncelle el fruto del encuentro con otro que afirma pensar. En efecto, yo puedo decir que este hombre piensa y "soy yo quien lo dice al observar a otro, pero en cierta forma el otro también lo está diciendo, ya que se ha captado (a sus ojos y a los míos) que está pensando y sosteniendo una teoría inteligible".[57] Sólo a nivel de las palabras, o sea, de dientes para afuera, puede formularse la negación del pensante individual, mas al momento que el interlocutor abre la boca sus palabras "confirman lo que contiene toda palabra, a saber, la certeza de ser capaz de comprender".[58]

En este punto Nédoncelle alude a la tesis de Humboldt, según la cual todo enunciado forzosamente implica un *enunciante*, por lo cual no queda sino reafirmar la existencia del hombre pensante individual justamente al momento en que éste es el interlocutor de quien niega que cada hombre es un pensante singular. Pero, además, como ha recordado Habermas, el mismo Wilhelm Humboldt, ya en el siglo XVIII, había notado con perspicacia que todos los idiomas tienen pronombres personales, cuyo análisis es sintomático de la atestación del sujeto pensante.[59]

Con todo esto he querido explicar que para Nédoncelle la aparición del "yo" es tal cual la afirmación del "yo pienso", pero que, a diferencia de Descartes, el "yo pienso" afirmado es demostrado por vía del diálogo con quien esto niega. Así, en efecto, es a nivel de la lógica usada entre los interlocutores que aparecen al punto los diferentes pensantes. En pocas palabras, Nédoncelle ha colocado como primera piedra de todo acto de pensamiento la afirmación de que cada hombre singular piensa. Ahora bien, esta afirmación

56 *Ibid.*, p. 305.

57 *Ibid.*

58 *Ibid.*

59 Cfr. Jürgen Habermas, *Verdad y justificación. Ensayos filosóficos*, Madrid, Trotta, 2002, p. 73.

conlleva inmediatamente la afirmación de que hay muchos hombres y cada uno piensa. ¿Cómo lo sé? Justamente ha sido el diálogo, el intercambio de palabras entre mi interlocutor y yo lo que me lleva, incluso cuando mi interlocutor estuviera justamente negando eso mismo que yo sostengo, a afirmar rotundamente que tú eres un pensante y yo otro.

Aquí la solidez del silogismo sirve de bisagra entre la lógica y la metafísica.[60] A partir del razonamiento correcto Tomás de Aquino y Nédoncelle confirman la existencia del yo y el tú. Este razonamiento es un diálogo. Precisamente aquí es donde veo la asimilación del giro lingüístico en el personalismo filosófico. El binomio yo/tú no aparece como por ensalmo, sino que es tal cual la comprensión del lenguaje con todo su rigor lógico lo que conduce a la afirmación de los existentes pensantes.

Si se miran las cosas con atención puede verse el valor del análisis de Nédoncelle. Sirve al caso para valorar el argumento de nuestro autor recoger la crítica de Karl Otto Apel a Descartes y Husserl en torno al *cogito*. Ambos al insistir en la "evidencia apodíctica del *ego cogito* no se equivocaban, pero ignoraron completamente el hecho de que —incluso al pensar en solitario— ya estaban arguyendo, es decir, usando un lenguaje público y participando en un argumento discursivo".[61] Siguiendo esta línea de argumentación se debe estar de acuerdo con Habermas, quien hace notar cómo "el mismo pensamiento está acompañado por su propensión a la existencia social, el ser humano ansía [...] incluso para realizar el más puro pensamiento un tú que responda a un yo; el concepto sólo alcanza a mostrar su precisión y certeza a través del reflejo que proviene de un pensamiento reflejo".[62]

Nédoncelle, antes que Apel, no ha ignorado que el argumento es ya una dialéctica discursiva. La afirmación *hic homo intelligit* retomada por Nédoncelle implica, de hecho, que quien esto arguye está enfrascado en un argumento discursivo. Incluso si suprimo al interlocutor y "me pongo en su lugar para dialogar conmigo mismo se establece esta dialéctica", pues sin lugar a dudas sigue

60 Cfr. Nédoncelle, *Intersubjectivité*, p. 306.

61 Karl Otto Apel, *From a trascendental-semiotic point of view*, Manchester-Nueva York, Manchester University Press, 1998, p. 52.

62 Habermas, *Verdad y justificación. Ensayos filosóficos*, p. 73.

existiendo "una dialéctica entre la percepción y la reflexión o entre la intuición y el razonamiento".[63] Según esto, el mismo santo Tomás no habría pensado que existe ninguna diferencia notable entre la argumentación con otro y mi propia reflexión.[64]

Nédoncelle ha subrayado que la argumentación tiene forma de silogismo y toda argumentación puede reconducirse a alguna forma de silogismo. Sin necesidad de hacer grandes elaboraciones lógicas se puede mostrar, sin embargo, que si un hombre comprende es por algo. Y de allí se deduce forzosamente la existencia de un hombre que comprende. Al respecto es llamativo el apóstrofe que Averroes hace a Alejandro de Afrodisia, quien decía que Aristóteles sólo había presentado al intelecto como una aptitud para recibir formas, pero una aptitud sin sujeto, "lo cual —apostrofa Averroes— es absurdo".[65] Ni siquiera Averroes, que no acepta individuos de carne y hueso, puede aceptar la interpretación de Alejandro de Afrodisia.

Como se ha podido apreciar, la argumentación de Nédoncelle emparenta con lo que se ha venido llamando el giro pragmático dentro del giro lingüístico. Desde luego, no pretendo aquí decir que Nédoncelle expuso todo lo relativo a este giro pragmático. En cambio, he querido sostener que el modo en que el giro lingüístico ha de ser tenido en cuenta por el personalismo es precisamente por el camino que ya Nédoncelle trazó, o sea, la afirmación según la cual el "yo pienso" aparece mientras dialogamos. Esto lo ha dicho Nédoncelle en el contexto de la disputa sobre el intelecto separado. No obstante tratarse de una disputa antigua no ha perdido su valor, pues justamente el intercambio de ideas, es decir, la disputa entre tú y yo pone en evidencia que cada quien tiene sus ideas. Y de allí resulta la atestación: *hic homo singularis intelligit* y de allí: *hic homo est.* La disputa, repito, o si se quiere, el intercambio de ideas es la prueba de la existencia de los interlocutores. Sólo una filosofía del

63 Nédoncelle, *Intersubjectivité*, p. 305.

64 Cfr. *Ibid.*

65*Ibid.*, p. 291. Remite a E. Renan, *Averroès et l'averroïsme*, París, 1852.

lenguaje que elimina al hablante o al interlocutor, no tiene cabida en el planteamiento de Nédoncelle.[66]

El personalismo de Nédoncelle es uno donde el yo es un yo por referencia a un tú, donde cada uno tiene sus ideas. “Nadie existe solo, nadie puede pensarse a sí mismo sino es afirmando una red de personas”.[67] Felizmente he encontrado un apoyo en esta misma dirección en la obra de Charles Taylor, *Fuentes del yo,* donde escribe:

> En una forma muy diferente, también en la obra de Jürgen Habermas existe una elisión paralela. En su *Theorie des kommunikativen Handelns*, reprende a Adorno por su juicio pesimista respecto a la modernidad. La idea de un conflicto imposible entre la razón instrumental y la realización expresiva viene dada, piensa Habermas, por el defectuoso concepto de agente. Adorno continúa operando en el antiguo modelo “teoría de la conciencia” de la filosofía tradicional, que interpreta la situación humana en términos de la relación del sujeto con el objeto; cuando de hecho, el agente está constituido por el lenguaje y, por ende, por el intercambio entre agentes, cuya relación escapa así del modelo sujeto/objeto. Los relevantes otros (Habermas toma prestado mucho de George Herbert-Mead) no son simplemente agentes externos a mí; ellos contribuyen a constituir mi yoeidad.[68]

1.3. El realismo superior

En una carta de 1965 dirigida a Crispino Valenziano se lee esta anotación de Nédoncelle: “Muchas veces Blondel ha reclamado para su método el apelativo de ‘realismo superior’, como hacen los agustinianos. Evidentemente también

66 Según Nédoncelle algunas filosofías del lenguaje derivadas de las posiciones de F. de Saussure y de Wittgenstein nos ofrecen ejemplos de la eliminación del locutor, del interlocutor y de un referente metafísico en nombre de una objetividad evanescente y fantasmal. Cfr. *Ibid.*, p. 292, nota 9.

67 *Ibid.*, p. 297.

68 Taylor, *Fuentes del yo*, p. 688.

lo hago yo".[69] Blondel usa esta expresión literalmente en el título de su tesis secundaria defendida para la obtención del grado de doctor. También es utilizada por sus comentadores[70] para explicar cómo el filósofo de Aix se oponía a un falso realismo. Este último es designado por Blondel mismo con diversos vocablos: desde realismo ingenuo (*naïf*) o ilusorio, hasta otros como pseudorrealismo físico, realismo equívoco o realismo primitivo.[71] Sin ser vocablos técnicos, con ellos Blondel buscaba mostrar las insuficiencias de un conocimiento, al que llama ciencia positiva, que pretendía identificar las representaciones de las cosas que nos hacemos en la mente con las cosas mismas.

En la defensa de su tesis principal titulada *La Acción*, Maurice Blondel pretende refutar esa concepción de la filosofía que identifica lo real con el concepto.[72] Para Blondel el verdadero problema de la filosofía es el sentido de la vida humana y por ende reputaba que el modelo de conocimiento científico de corte positivista de finales del siglo XIX era insuficiente para responder a dicha pregunta. Si lo real es únicamente lo representable según las ciencias positivas, entonces ese realismo Blondel no lo acepta. Para Blondel esas representaciones sólo giran en torno al fenómeno o apariencia, pero no llegan a lo real como tal. De allí la necesidad de un acercamiento más amplio, al que bien se puede llamar "realismo superior", para captar lo real.[73]

Como explica Nédoncelle la idea de un realismo superior le fue sugerida a Blondel a partir de sus lecturas sobre Leibniz. En este sentido recuerda que Blondel presentó en latín, como tesis secundaria de su doctorado en

69 Valenziano, "Maurice Nédoncelle filosofo per il nostro tempo", p. 65.

70 Cfr. José Javier Fernández Pereira, "Ser y acción en la obra del primer M. Blondel", en *Azafea. Revista de Filosofía* 6 (2004): 165-218; Paul Favraux, "*D'Histoire et Dogme* aux *Exigences philosophiques du christianisme*: nécessité d'un réalisme supérieur", en *Blondel entre l'Action et la Trilogie. Actes du colloque international sur les 'ècrits intermédiaires' de Maurice Blondel tenu à Rome du 16 a 18 novembre 2000*, por Marc Leclerc, Bruselas, Lessius, 2003, pp. 315-330.

71 Véase Maurice Blondel, *Une énigme historique: Le "vinculum substantiale" d'après Leibniz et l'ebauche d'un rèalisme supérieur*, 2a ed., París, Beauchesne, 1930, pp. 46, 56, 58, 62, 96 y 129.

72 Cfr. Blondel, *La Acción* (1893). Especialmente el capítulo tercero de la quinta parte titulado "El vínculo del conocimiento y la acción en el ser".-

73 "Blondel ha intentado elaborar una filosofía integral que implique además un verdadero realismo integral. Lo cual supone superar el racionalismo que afirmaba la suficiencia del pensamiento y también una oscura divinización de la razón": Isasi Domínguez Prieto *et al.*, *Blondel, Zubiri, Nédoncelle*, p. 53.

filosofía, un estudio sobre el *Vinculum substantiale* en Leibniz y como el mismo Blondel explicó en *La Acción* (1893), su tesis principal se esclarecía con su tesis sobre Leibniz.[74] Blondel de hecho vio conveniente publicar en francés en 1930 esta última. Se trata empero de un texto totalmente revisado y podría decirse prácticamente nuevo basado en la correspondencia de Leibniz con su amigo jesuita Bartolomé Des Bosses.[75] Este texto en francés lleva por título *Un énigme historique: le 'Vinculum substantiale' d'après Leibniz et l'ébauche d'un réalisme supérieur.*

Maurice Nédoncelle cree que la influencia de Leibniz sobre Blondel no se agota en algunos conceptos que este último haya tomado de aquel. Más bien habría que aceptar que Blondel acogió de Leibniz una impostación general en su modo de hacer filosofía. Una impostación o *forma mentis* que el mismo Blondel adoptó. Dice Nédoncelle que ambos, Leibniz y Blondel, "habrían querido que uno encontrara en cada una de sus frases el eco de todo su sistema".[76]

Aquí la palabra "sistema" empleada por Nédoncelle se refiere al modo de hacer filosofía. Blondel tomará de Leibniz, tanto como Nédoncelle de Blondel, la idea según la cual hay dos modos de proceder en filosofía. Uno es queriendo demostrar todo, llamado *acroamático*, y otro omitiendo las demostraciones, llamado *esotérico*.[77] Este último, sin embargo, se tiene en pie porque los postulados, con todo y ser indemostrables, permiten mantener coherentemente otros datos.

También Nédoncelle argumentará que muchas cosas en filosofía se toman de principios indemostrables y no por eso quedan descalificados. A fin

74 Cfr. Nédoncelle, *Sensation séparatrice*, p. 132.

75 Las cartas aludidas se encuentran en las obras filosóficas de Leibniz editadas por Gerhardt: *Die philosophischen Schriften von Gottfried Wilhelm Leibniz*, C. I. Gerhardt (ed.), 7 vols., 1875-1890.

76 Al decir del mismo Blondel: "Una larga tesis sobre la acción ha sido como la prolongación y el complemento de mi pequeña tesis en latín", Blondel, *Le "vinculum substantiale"*, p. 131. También, Nédoncelle, *Sensation séparatrice*, p. 132.

77 Cfr. Blondel, *Le "vinculum substantiale"*, 3. Cita a Lebniz quien escribió: "Inter philosophandi modos discrimen ingens: alius nempe Acroamaticus, alius est Exotericus. Acroamaticus est philosophandi modus in quo omnia demonstrantur, exotericus in quo quaedam sine demonstratione dicuntur, confirmantur tamen congruentiis, quibusdam et rationibus topicis, vel etiam demonstratoriis, sed non nisi topice propositis...", en *Ouvres philosophiques de Leibniz*, Introducción y notas de Paul Janet, París, Félix Alcan, 1900, IV, p. 146.

de cuentas, todo filósofo ha de reconocer que parte de un dato indemostrable.[78] Quizás el lector versado en *La Acción* de Blondel no se extrañaría de encontrar allí ecos de este proceder esotérico leibniziano. En todo caso ambos modos de hacer filosofía son aceptados por Leibniz tanto como por Blondel, y sería equivocado pensar que sólo se quedan con uno de ellos.

Ahora bien, al hablar del *Vinculum substantiale* Blondel será explícito en decir que Leibniz jamás lo imaginó como una tesis esotérica. La idea de Leibniz mil veces repetida era "reformar la noción misma de substancia y criticar radicalmente tanto el simplismo popular como el dualismo cartesiano".[79] Sin decirlo explícitamente, Maurice Nédoncelle hará suya también esta tarea de reproponer una noción de substancia menos ligada al concepto de *res extensa* y más identificada con el ser personal.

Leibniz corrige la idea cartesiana de una substancia entendida como *res extensa*. En realidad, lo que critica es la idea de una substancia como ser "múltiple y pasivo", pues a su juicio lo que no es "actividad no es real".[80] De allí que, al decir de Blondel, Leibniz se opone a la idea de dos entidades (*res extensa* y *res cogitans*) que existen como dos cosas opuestas y falsamente hipostasiadas. Leibniz sustituye esta idea con la de un "realismo dinámico donde los seres son unidades de fuerza"[81] llamadas mónadas.

De esta manera Leibniz habría evitado el dualismo cartesiano que no consigue explicar la relación entre la *res extensa* y la *cogitans*. Para Leibniz el ser vivo es ya una unidad (*vinculum*), a saber, la mónada, y no dos supuestas substancias unidas. La mónada es la forma substancial, pero "vivificada por sus puntos de vista científicos y análisis filosóficos".[82] Leibniz tendrá, sin embargo, que explicar cómo podrían influirse realmente entre sí

78 "La filosofía tiene por misión conducir la reflexión a las fuentes de la experiencia. Se debe reconocer, sin tergiversar, que se trata de un punto de vista indemostrable. Esta regla no ha tenido nunca excepción y los dialécticos que han querido esquivarla han caído más duramente que los otros sobre el suelo que ellos habían querido ignorar", RC, §8.

79 Blondel, *Le "vinculum substantiale"*, p. 34.

80 *Ibid.*, p. 38.

81 *Ibid.*

82 *Ibid.*, p. 36.

las mónadas. Formuló la respuesta recurriendo artificialmente a una *armonía preestablecida*, y esta doctrina fue "a la larga su naufragio".[83]

Sin duda Leibniz ha querido refutar el dualismo cartesiano. Sin embargo, Blondel piensa que Leibniz es injusto con Descartes al simplificar demasiado la idea de la *res extensa*. Descartes imaginó una explicación que permitiera salvar la brecha entre la *res extensa* y la *cogitans*. Así, entre el mundo de lo extenso y el del pensamiento postuló un "orden medio, relativo a la unión entre el cuerpo y el alma".[84] Por lo demás, apunta Blondel, el dualismo cartesiano es más una preocupación metodológica que una postura ontológica.

Salta a la vista la inquietud de Descartes por dar cuenta del ser personal, irreductible a la materia extensa o a la materia pensante. La misma preocupación se encuentra en Nédoncelle quien, sin embargo, no ve necesario colocar a la persona en un orden medio. La idea un tanto arbitraria de Descartes en torno al orden medio, colocada según Blondel entre sus doctrinas esotéricas, ha servido, sin embargo, tanto a Blondel como a Nédoncelle para evitar este tipo de soluciones insatisfactorias. Ni siquiera Descartes pretendió explicar los fenómenos vitales con sus solas teorías mecanicistas.

En todo caso Leibniz ha creído necesario formular una nueva explicación para dar cuenta de la forma substancial. El dualismo cartesiano, como él lo ha entendido, le resulta incomprensible y piensa que la solución está en la doctrina del *vinculum*. El *vinculum* es aquí principio de unidad. Si bien la unidad de la que se está hablando se refiere al mundo físico de la ciencia moderna, Blondel piensa que esta doctrina va mucho más allá.

Llegados a este punto uno podría preguntarse si no es forzar las cosas establecer un nexo entre la postura de Leibniz y la filosofía de Blondel. Nédoncelle se hace cargo de esta objeción cuando él mismo se pregunta si no existe mucho trecho entre la física y la metafísica de los siglos XVII y XVIII

83 *Ibid.*, p. 39.

84 "Descartes, avec sa fécondité habituelle, avait imaginé une nouvelle explication. Il excellait du reste, ainsi que l'a noté Delbos, à compenser les exigences rigides de son système déductif par un recours toujours prêt à un bon sens supérieur qui l'empêchait de heurter les données de l'expérience ou de la foi. C'est ainsi qu'entre le monde de l'étendue et celui de la pensée, il avait admis un ordre mitoyen, qui concernait, disait-il, le fait de l'union de l'âme et du corps [...] Au reste il faut peut-être dire que la distinction cartésienne de la *res extensa* et de la *res cogitans* répond plutôt à une préoccupation méthodologique qu'à une visée ontologique", *ibid.*, p. 37, n. 2.

y el método de inmanencia de Blondel. "¡Estoy persuadido de lo contrario! —respondía Nédoncelle—, pues el giro espiritual que Blondel ha apreciado en Leibniz es el mismo de Blondel".[85] Justamente en la doctrina del *vinculum* Blondel ha visto, no meramente una explicación de Leibniz para los fenómenos físicos, sino una concepción general sobre la unidad del saber filosófico.

En efecto, hacia el final de su tesis Maurice Blondel se pregunta por el valor de la doctrina del *vinculum*. Aunque formulada en el siglo XVII tiene todavía a comienzos del siglo XX un valor. Según Blondel uno no puede eliminar la hipótesis del *vinculum* so pena de quedarse con componentes aislados. Uno quedaría condenado a no ver en el mundo sino una máquina de piezas yuxtapuestas. Vale la pena citar las palabras de Blondel:

> Eliminar [la hipótesis del *vinculum*], implica para nosotros quedarnos con elementos analíticamente cognoscibles y aislables, sería, en suma, condenarnos a no ver en el mundo sino un mecanismo (y esto sería ya conceder mucho, pues el movimiento mismo implica una síntesis que trasciende los puntos sucesivos o yuxtapuestos). Ahora bien, si más allá de lo que la física puede decirnos, admitimos que la belleza de los colores o de los sonidos, que los datos de la conciencia o las obras maestras de la vida social tienen un sentido y una realidad, entonces hemos de vincular toda esta ciencia, toda esta vida a un *Superadditum quid*, radicalmente irreductible: en otras palabras, existen, conforme avanzamos en la jerarquía de los seres en los que vivimos, unidades nuevas, significativas y superiormente reales, que están fundadas sobre multiplicidades prodigiosas. Es preciso que estas unidades tengan una consistencia propia.[86]

Tras esta cita uno puede decir que Blondel ha encontrado en la doctrina del *vinculum* una idea valiosa. En esencia ha visto la necesidad de postular una unidad fundante a todos los niveles de los seres, pues sin la existencia de la unidad tendría que admitirse que todo es dispersión, piezas sueltas e

85 Nédoncelle, *Sensation séparatrice*, p. 132.

86 Blondel, *Le "vinculum substantiale"*, p. 111, n. 1.

inconexas. También se encuentra en Donald Rutherford, autor contemporáneo de un estudio sobre Leibniz, una valoración similar de la doctrina del *vinculum* cuando dice que "aunque hay lagunas en este cuadro general, ha de apreciarse aquí el esfuerzo admirable de Leibniz por mostrar sus intuiciones acerca de la independencia y la espontaneidad de las mónadas a la vez que mostrar cómo juntas forman un solo mundo".[87]

1.3.1. *El ser y los seres*

Ahora bien, es importante notar, como hace Nédoncelle, que la doctrina del *vinculum* era conocida por los lectores de Francisco Suárez, entre ellos Leibniz. Así que Leibniz no la inventó como parece dar a entender Blondel.[88] Sin embargo, el estudio de Blondel sobre Leibniz es muy interesante, pues aunque no descifra el pensamiento de Leibniz, sí "esclarece el de Blondel".[89]

Así, de hecho, en otro artículo sobre la filosofía de Blondel,[90] Nédoncelle explica cómo el filósofo dijonés en su obra de 1935, *L'Être et les êtres*, ofrece un estudio ulterior sobre la unidad substancial o, en otros términos, sobre el ser. La noción de ser que Blondel maneja aquí es la de aquello que de alguna manera perdura a través del cambio, aquello que posee una "especie de armadura" resistente al cambio y que puede ser concebido como un "soporte fijo".[91] Así que se puede decir que, al hacer su búsqueda del ser, Blondel está buscando unidades substanciales o substancias individuales.

De entrada, descarta la idea de la no-existencia, por tratarse de una pseudoidea. Enseguida se dirige al estudio del ser. A Maurice Nédoncelle le parece que Blondel ha despachado demasiado pronto la cuestión de la desaparición existencial (*évanouissement*). Uno se pregunta, en efecto, por qué el ser deja de ser. Pregunta que por entonces ya trataban Martin Heiddeger y

87 Cfr. Donald Rutherford, "Metaphysics: The late period", en *The Cambridge companion to Leibniz*, por Nicholas Jolley, Cambridge, Cambridge University Press, 1994, p. 137.

88 Cfr. Nédoncelle, *Explorations*, p. 256. Remite a A. Boehm, *Le "vinculum substantiale" chez Leibniz. Ses origines historiques*, París, Vrin, 1938.

89 *Ibid.*

90 Maurice Nédoncelle, "M. Blondel's Philosophy", *Theology* 38 (marzo de 1939): 223-228.

91 Maurice Blondel, *L'Être et les êtres*, París, Alcan, 1935, p. 71.

Karl Jaspers. Pienso que con razón se aborda esta cuestión cuando se toma en cuenta que la duración en el tiempo, esto es, la temporalidad entra en la definición misma del ser. Así que hace falta un estudio del tiempo para dar cuenta de la existencia y de la evanescencia siempre; mas, sobre esto, se dirá algo posteriormente. En todo caso Blondel emprende su búsqueda del ser comenzando por la materia. Como era de esperarse no concede una auténtica unidad substancial a los seres materiales inertes. Le parece que son demasiado cambiantes y están compuestos de piezas fácilmente intercambiables.

Junto a la materia se aprecian los seres vivos. Estos presentan una consistencia e integración mucho mayor, pero de todas formas no tienen la permanencia que sería propia del ser. Enseguida Blondel habla de las personas. En este caso se trata de saber si la persona es el ser mismo, "un ser capaz de consolidarse y de bastarse como substancia constituida en su unidad, su autonomía y su persistencia definida y definitiva".[92]

Uno supondría, dice Nédoncelle, que las personas tendrían para Blondel el rango de ser, pero no es así. Cuanto Blondel arguye es que la persona tampoco tiene una unidad tal como para considerarla ser. Cuando habla de la persona se está refiriendo a la "unidad del yo".[93] Esta es en realidad aparente y "parece estar hecha de polvo".[94]

Quizás uno se sorprende de esta afirmación blondeliana. Sin embargo, enseguida se ve por qué procede de este modo. Si se tiene presente su estudio sobre Leibniz, fácilmente se aprecia cómo Blondel está evitando caer en la trampa de las mónadas incomunicables. Blondel ha sustituido con una perspectiva interpersonal la monadología que a la saga de Leibniz parecía afectar todo estudio de la persona.[95] En efecto, si hiciera de cada persona una unidad substancial acabada, luego tendría problemas para explicar sus mutaciones y, más aún, su influjo mutuo. Cada mónada tendría que ser impermeable a las variaciones causadas por agentes externos.

92 *Ibid.*, p. 98.

93 Nédoncelle, "M. Blondel's Philosophy", p. 226.

94 Blondel, *L'Être et les êtres*, p. 103.

95 Cfr. Nédoncelle, *Explorations*, p. 263. El original de este texto recogido en *Explorations*, apareció con el título "La philosophie de l'Action et les philosophies de la personne", en *Les Études Philosophiques* 1 (1952): 357-369.

Es de notar aquí que Blondel está en contra de aquella idea del ser como algo autónomo y autosuficiente. Como explica Nédoncelle, esta idea es uno de los puntos más sugerentes del trabajo de Blondel. En contra de una larga tradición filosófica que parte de Xenófanes, Blondel no piensa que se deba concebir al universo o, para el caso, a cada uno de los seres que lo componen, como un todo acabado. Nédoncelle nota que ni cada uno de los que llamamos seres ni el mundo en su conjunto es autosuficiente. La experiencia y la ciencia hacen ver que el "mundo es relativo, abierto, contingente".[96]

Quedaría incompleto el resumen hecho por Nédoncelle del texto de Blondel, *L'Être et les êtres*, si no se alude al dogma de la Santísima Trinidad. Para Blondel resulta claro que si cada una de las personas de la Trinidad de las que habla la fe católica no son seres absolutamente independientes la una de la otra, entonces tampoco puede pensarse que las personas son un ser acabado o cerrado cada una. Conque si en Dios la persona no es un ser totalmente independiente, habrá que desconfiar de las posturas que erigen a cada persona humana como un absoluto. Justamente aquí estará la crítica de Blondel al personalismo filosófico, pues considerará que éste erige a la persona en un absoluto. Mas la crítica de Blondel al personalismo es considerada por Nédoncelle en otro lugar.[97]

Nédoncelle reconocerá esa crítica superándola con su tesis sobre la reciprocidad de las conciencias. En ella se libra de las objeciones de Blondel en contra de ciertos personalismos que erigen a la persona en un absoluto. Por el contrario, Nédoncelle defenderá un personalismo que puede ser calificado de *intersubjetivo*.

Este pequeño recorrido del pensamiento blondeliano sobre la substancia lleva a concluir que Nédoncelle encontró en Blondel el apoyo necesario para superar dos grandes escollos: el *cogito* cartesiano y la monadología leibniziana. Al margen del juicio que se pueda hacer sobre el pensamiento de Descartes y Leibniz, mi juicio aquí es que Nédoncelle adoptó, tras riguroso estudio de la filosofía de Blondel —como se desprende de la bibliografía— las

96 Nédoncelle, "M. Blondel's Philosophy", p. 226.

97 Cfr. Nédoncelle, *Explorations*, pp. 251-262.

conclusiones de Maurice Blondel sobre la unidad e interrelación de las personas como punto firme de su filosofía.

1.3.2. *En contacto con la realidad*

Quizás las disquisiciones de Blondel sobre el *vinculum* de Leibniz puedan parecer vetustas. Sin embargo, como se ha visto, Blondel valoraba el esfuerzo filosófico de Leibniz encaminado a resolver la separación tajante entre *res cogitans* y *extensa*. Tal separación imposibilitaba el conocimiento de la persona y obligaba a Descartes a introducir subrepticiamente un orden medio. Se puede decir que en la época de Blondel la escisión entre *cogitans* y *extensa* estaba representada por el idealismo y el fenomenismo. Me parece que se puede establecer un paralelismo entre el fenómeno kantiano y la *res extensa*, por un lado, y el idealismo y la *res cogitans* por el otro. Teniendo este paralelismo en mente se entiende que Blondel rechace tanto el fenomenismo como el idealismo, pues en ambas posturas se mantiene la separación cartesiana irreconciliable entre la *extensa* y la *cogitans*, haciendo imposible abordar al ser personal.

Ahora bien, cuando Nédoncelle retoma el estudio blondeliano y apela a un realismo superior nos está ofreciendo un camino de reflexión que sirve todavía en nuestros días. De hecho, pienso que se puede detectar un problema similar en el estudio de Steven Pinker sobre la negación moderna de la naturaleza humana.[98] Ciertamente el contexto de la obra de Blondel y la de Pinker son diversos; pero ambos se enfrentan a las simplificaciones de una pseudociencia que lo quiere todo reducido a los datos de la sensibilidad o lo confina todo a ideas en la mente sin contacto con lo externo.

En la obra de Pinker se habla de nuevo sobre el realismo acrítico e ingenuo que se corresponde, *mutatis mutandi,* con el realismo de las ciencias positivas atacado por Blondel. En efecto, como había notado Blondel a la zaga de Leibniz, las ciencias positivas daban una consistencia a la materia que de hecho no tiene, haciéndonos además pensar que conocemos realmente los

98 Steven Pinker, *La tabla rasa. La negación moderna de la naturaleza humana*, Barcelona, Paidós, 2012.

objetos como son.[99] Esta "idea de que vemos la cosas tal como son se llama 'realismo ingenuo' y la refutaron los filósofos escépticos hace miles de años",[100] dice Pinker. Una conclusión precipitada al respecto sería negar todo realismo en el conocimiento. Conclusión que evita Blondel al hablar de un realismo superior. También me parece que Pinker, sin llegar a un realismo superior, intenta encontrar una salida a las disyuntivas ya planteadas.

En el caso de Blondel hay primero una crítica al realismo ingenuo basada en las aporías de Zenón y en la incoherencia entre el número y el continuo, puesta a la luz por el cálculo infinitesimal.[101] En el caso de Pinker la crítica se basa en el sencillo fenómeno de las ilusiones ópticas. Para Blondel el camino de salida al atolladero de los problemas planteados por los datos de la sensibilidad se encuentra en el estudio del sujeto pensante.[102] Por su parte, Pinker explica que las ilusiones ópticas lejos de descalificar nuestra capacidad de conocimiento la refuerzan, pues "la tarea importante es desmenuzar la información de la imagen en componentes significativos",[103] de tal manera que el hombre pueda habérselas con su entorno seleccionando lo relevante para sí mismo.

Ahora bien, para los relativistas, que no comparten el punto de vista de Pinker, resulta que el conjunto heterogéneo de datos sensibles es agrupado por nuestra inteligencia en conceptos o categorías, como serían aves, peces y personas. Como se acaba de decir, resulta posible que al percibir un objeto nos equivoquemos, pero lo clasificamos o "categorizamos" según nos parezca conveniente. A los relativistas les parece que esta labor de categorización es totalmente arbitraria, de tal manera que nuestros conceptos estarían muy lejos de la realidad. Para los adversarios de este relativismo, en cambio, nuestros conceptos tienen tal consistencia que no son arbitrarios,

99 Cfr. Paul Favraux, "El segundo Blondel y su influencia", en *Filosofía cristiana en el pensamiento católico de los siglos* XIX *y* XX, vol. 3, por Emerich Coreth, Madrid, Encuentro, 1997, p. 376.

100 Pinker, *La tabla rasa*, p. 295.

101 Cfr. Peter Henrici, "Maurice Blondel (1861-1948) y la 'Filosofía de la Acción'", en *Filosofía cristiana en el pensamiento católico de los siglos* XIX *y* XX, vol. 1, por Emerich Coreth, Madrid, Encuentro, 1993, p. 534.

102 Cfr. Luis Fernando Valdés, *De la inmanencia a la trascendencia. La apertura del espíritu a lo sobrenatural en Maurice Blondel y Henri de Lubac*, México, Cruz O., 2008, p. 48.

103 Pinker, *La tabla rasa*, p. 297.

sino que son absolutamente verdaderos, independientemente de los errores de la sensibilidad. Esta sería la posición de los idealistas contra los que también se enfrenta Blondel y es desde luego la posición de una cierta metafísica, precisamente aquella que Nédoncelle rechazó. Como se ve, el idealismo querría evitar caer en el relativismo del que habla Pinker.

Aquello que toca nuestra sensibilidad, aunque a veces nos engañe, sería el fenómeno, en cambio aquello que tiene una estabilidad inamovible sería lo metafísico. Así que cuando he hablado más arriba del empeño de Nédoncelle por integrar estos dos ámbitos, se ve que estamos de nuevo ante el problema retomado por Pinker entre lo percibido por los sentidos y nuestra manera de formar unidades significativas a partir de allí, sin que sean arbitrarias. Esto tiene sus implicaciones en nuestro modo de relacionarnos, pues si todo es construcción social, entonces los idealistas tendrían razón, pero si todo es impresión sensible entonces habría que darle la razón a ese realismo que Blondel llama primitivo o espontáneo.[104] Todavía este último es llamado por Blondel pseudorrealismo físico. Expresión que sirve para designar esa pretensión de las ciencias que consideran que no hay paso coherente entre los conceptos forjados a partir de los datos inmediatos de la sensibilidad y los conceptos más abstractos. Los primeros serían científicos y los otros serían meras ideas, en sentido peyorativo.

No se necesita ahora refutar al idealismo ni al realismo ingenuo, pero pienso que se debe valorar el hilo de pensamiento que desde Blondel, pasando por Nédoncelle, llega hasta nuestros días y nos permite afrontar esos aparentes dilemas de nuestra sociedad.

Sin pretender hacer una equiparación demasiado fácil, pienso que el idealismo atacado por Blondel se corresponde, hechas las debidas adaptaciones, con los estereotipos de los que habla Pinker. Claro está que en vez de enfrentarse al idealismo, Pinker se enfrenta al relativismo, es decir, a esa postura que sostiene que "la realidad se construye socialmente mediante el uso del lenguaje, los estereotipos y las imágenes de los medios de comunicación".[105]

---

104 Cfr. Blondel, *Le "vinculum substantiale"*, p. 56. Mientras que Nédoncelle habla de un *réalisme brut,* en *Explorations*, p. 43.

105 Pinker, *La tabla rasa*, p. 294.

Un estereotipo sería una idea fija (generalmente negativa) sobre la realidad, pero que de hecho no tiene ningún fundamento en la realidad. En otras palabras, al igual que un idealismo exacerbado como el de Fichte, que se desentiende de los hechos concretos, las categorías de cosas y personas llamadas estereotipos serían totalmente construcciones sociales arbitrarias. Al hablar de esto Pinker desea mostrar que el relativismo en contra de los estereotipos "se basa en una teoría no formulada de la formación del concepto humano: que las categorías conceptuales no guardan una relación sistemática con las cosas del mundo, sino que están construidas socialmente (y por lo tanto se pueden deconstruir)".[106]

Los relativistas, al tener una actitud negativa hacia la ciencia, piensan que la ciencia es incapaz de captar una realidad objetiva.[107] Este relativismo piensa que la ciencia sólo describe un modo de funcionar las cosas; pero desde luego que hablar de hechos o de verdad es inaceptable. Pinker se esfuerza por mostrar que el origen de las categorías o de los conceptos no es casual ni es meramente una construcción social, por el contrario, provienen de nuestras facultades, las cuales están bien dotadas para hacerse cargo de la realidad, aunque desde luego tengan sus límites.[108]

En todo caso, por sorprendente que parezca, somos capaces de reconocer distintos tipos de realidades, desde un objeto filoso hasta el peligro que puede representar en manos de alguien con rostro amenazador. De ahí que es ingenuo sostener que nos limitamos a almacenar imágenes en la mente como se guardan fotografías en una caja. "Al contrario, se etiquetan y se vinculan con una inmensa base de datos de conocimientos, con las que se puede evaluar e interpretar desde el punto de vista de lo que representan".[109]

El estudio de Pinker demuestra que es erróneo definir el conocimiento como una neutra reproducción de la realidad en nuestra mente, pero que también es equivocado decir que los conceptos o categorías con las que nos referimos a las cosas son totalmente arbitrarias. Los ejemplos sobre el lenguaje y

106 *Ibid.*, p. 300.

107 Cfr. *Ibid.*, p. 294.

108 *Ibid.*, p. 322.

109 *Ibid.*, p. 319.

las imágenes aducidos por Pinker sirven para mostrarlo. En todo caso, lo que se ha querido mostrar aquí es que estamos ante el mismo problema detectado por Blondel, a saber, nuestro conocimiento no se limita a calcar el mundo sensible, pero tampoco le está desligado. De allí que al decir del mismo Blondel se pueda hablar de un realismo superior.

Quizás donde mejor se percibe esto es en los pasajes donde Pinker habla del cerebro humano. Si por un lado rechaza la idea de alma, como una especie de fantasma que accede inmaterialmente a la realidad, y es el encargado de formar los conceptos; de igual manera, hace notar que la complejidad del cerebro lleva a reconocer que estamos ante un caso excepcional, respecto al resto de los seres. Justamente esa singularidad del cerebro humano —aunque me parece mejor hablar de la singularidad de todo el sistema nervioso humano— es lo que lleva a Pinker a sostener la existencia de una naturaleza humana.

Con todo esto he querido resaltar que nuestra capacidad de percibir a las personas en sus rasgos más interiores (astuto, tolerante, justo, amable, etc.) y no sólo en sus propiedades externas (color, tamaño, etc.) está fundada en nuestra naturaleza misma, esto es, en la composición orgánica de nuestro sistema nervioso.[110] Querer reducir a las personas a sus rasgos físicos, argumentando que eso es lo único objetivo, mientras que las valoraciones que se refieren al carácter son arbitrarias, no corresponde con la realidad de nuestros procesos cognitivos. Acertadamente Blondel postula un realismo superior para hablar de una vía cognitiva que capta, a partir de los rasgos externos de la persona, la complejidad superior que supone la existencia de un ser personal, la cual evidentemente no se reduciría a sus propiedades físicas.

Dicho lo anterior puede apreciarse cómo, con el personalismo, estamos ante una filosofía que busca dar cuenta del ser personal. Partiendo de los datos que impactan la sensibilidad se percibe un ser corporal, pero que no se limita a ser cuerpo, ni siquiera un mero cuerpo vivo, sino que se capta con realismo que se está ante un ser al que llamamos persona.

110 Cfr. *Ibid.*, pp. 301-303.

El mismo orden de ideas se encontrará en Maurice Nédoncelle, para quien un realismo superior es el mejor método de acceso al ser. De un modo u otro los problemas afrontados por el decano honorario de Estrasburgo tienen una estrecha relación con las cuestiones que hoy nos inquietan, como la existencia de una naturaleza y el acceso cognoscitivo al mundo que nos rodea. Por lo demás, con lo dicho hasta aquí queda claro que Nédoncelle no puede ser acusado de perder la batalla del concepto, como señalaba Ricoeur para el personalismo en general. Si algo aparece en el pensamiento de Nédoncelle es la preocupación por identificar metafísicamente al ser. Preocupación compartida por Leibniz y Blondel. No deja de ser discutible si el camino fenomenológico de Nédoncelle que desemboca en una metafísica sea el único, pero no cabe duda de que aquí hay un aparato conceptual nada desdeñable.

Con todo es menester describir más pausadamente el camino filosófico de Nédoncelle en este campo de la fenomenología y la metafísica. Al detenerme en ello romperé el hilo de la exposición que va de la experiencia fenomenológica al tiempo pasando por la naturaleza; sin embargo, creo que es necesario mostrar cuáles son los pasos de Nédoncelle en su quehacer filosófico para explicar la existencia de la persona. De esta manera quedará al descubierto a qué se refiere Nédoncelle cuando habla de ser personal y quedará igualmente demostrado que Maurice Nédoncelle no puede ser acusado de carecer de aparato conceptual.

Como se ha probado en otro lugar este autor es un personalista *sui generis* cuyos intereses metafísicos lo colocan en lugar aparte.[111] Así que el siguiente capítulo, titulado "Ontología personalista", puede ser visto como un paréntesis entre este capítulo y el dedicado a la naturaleza, en el cual retomaré el discurso.

111 Cfr. Pedro A. Benítez, *Una filosofía del amor.*

Capítulo 2

Ontología personalista

Hablar de la ontología personalista es hablar del ente y del ser, pero tomando como paradigma del ente a la persona. Así que en cierto modo el personalismo se aleja de las filosofías que usan la noción *ente* aplicándola a todo lo que existe. Más propiamente se suele hablar del ente para referirlo a la substancia, pero también en este caso el personalismo intenta reservar el término "substancia" para las personas. Así que Nédoncelle se las ha arreglado con una serie de nociones (ente, ser, substancia y persona) cargadas de significado que, a su juicio, necesitan ser aclaradas. No es un autor amigo de neologismos ni pretende inventar un lenguaje propio, pero sí intenta aclarar el sentido preciso en que usa ciertos vocablos. Habida cuenta de lo cual le parece que esta es una de las labores propias del personalismo filosófico, pues es intención del personalismo en general replantear el estudio del ser desde la persona.

> Por consiguiente, la filosofía deberá ensayar un lenguaje y unas categorías que reflejen el mundo de la persona de la que procede y a la que se dirige. Según estos propósitos del personalismo la filosofía deberá ser considerada como la ciencia del universo personal y su lenguaje, y no sólo reducirse a una lógica o a una metafísica sin más alusiones antropológicas que las derivadas del conocer. Brevemente: los temas de la filosofía

hay que buscarlos en la persona. Ella, la filosofía, es la réplica de la persona que se pregunta a sí misma y pregunta a los demás.[1]

Aclarado esto puede explanarse la propuesta ontológica de Maurice Nédoncelle, cuyo justo título es *ontología personalista*. Esta fórmula, acuñada por él mismo, designa su filosofía del ser y de la persona. Parece extraño acomunar el adjetivo personalista con el sustantivo ontología, sin embargo —explica—, "o bien renunciamos a la ontología o concedemos al ente personal una primacía que haga concebible la generalidad misma del ser en nosotros y fuera de nosotros, tanto como el análisis que de allí deriva".[2] Por ello ha de comenzarse con el estudio del ser, pero hay que decirlo una vez más, de ese ser que es la persona. Para avanzar en orden se estudiará primero el ser, luego la ontología y por último el conocimiento de la persona.

2.1. El ser y los entes

Antes de afrontar la cuestión sobre el estatuto metafísico u ontológico de la persona, consideremos la noción de ser usada por nuestro autor. De entrada, se debe señalar "el manejo libre de hablar tanto de ontología como de metafísica como si fueran sinónimos. Esto cambiará en algunos autores contemporáneos".[3] Ahora bien, como ya se dijo, Nédoncelle mantuvo al inicio de su carrera intelectual una posición antimetafísica. De esta manera se oponía al uso de una noción de *ser* vaga y confusa, la cual terminaba por hablar de lo real como algo etéreo y máximamente general sin dar razón, en el fondo, de los seres concretos. Ya que "la ontología, tal como es muchas veces comprendida y practicada, corre el riesgo de ser una constante ocasión

1 Fernández-González, "Antropología dialéctica", pp. 341-342. Igualmente: "Pour sortir de l'impasse, il n'est pas qu'un moyen: recréer la logique sur un patron personnaliste, c'est a dire inventer des catégories originales", Henri Duméry, "Le personnalisme spirituel de M. N.", en Farber (ed.), *L'activité philosophique contemporaine en France et aux Étas-Unis*, p. 248.

2 Nédoncelle, *Explorations*, p. 47.

3 Vargas, "La intersubjetividad como base del desarrollo filosófico y teológico de Maurice Nédoncelle", p. 67.

de desliz entre una noción y otra bajo la cubierta de un mismo nombre, prestigioso y vago".[4]

En el fondo fue un rechazo más lingüístico que de contenido. El problema, como lo plantea, es la constante confusión entre el ser-metafísico, el ser-cópula de la oración y el ser-indiferenciado usado para designar innumerables cosas. Mas justamente advertidas, estas diferencias se puede echar mano del vocablo "ser" haciendo las debidas distinciones, sin necesidad de ir inventando nuevos términos.

En esta misma línea se sitúa esa primera época de aversión a la substancia mencionada en su itinerario intelectual. "Bajo el influjo de Bergson y de Hamelin —recuerda— pasé por una fase juvenil de anti-substancialismo".[5] Nédoncelle rechazó con fuerza una idea absurda de la substancia que la identificaba con un sustrato de infinitas cualidades. En cambio, quiso afirmar con Aristóteles que la substancia es el "individuo mismo, en su realidad".[6]

Aclaradas estas cosas puede exponerse la noción nedoncelliana de ser. La noción de ser sólo aparece una vez que se han captado los seres concretos mismos, a los que llama entes o existentes (*étants*). En primer lugar, aparecen los seres, o mejor dicho, los entes. Por ente entiende la individualidad concreta, cuya forma más perfecta es la persona. Sólo en segundo lugar se aplica también a los individuos desprovistos de interioridad personal. El ser, en cambio, designa una noción general, esto es, el entramado de relaciones de todos los entes. He aquí cómo lo dice:

> Por *ente* designaré la individualidad concreta que tiene su forma más perfecta en la persona y que incluye una universalidad al menos virtual;

4 Nédoncelle, *Explorations*, p. 41.

5 PN, Prefacio, p. 22. Explica bien el problema Crosby: "Si no hubiera en la substancia aristotélica nada más que independencia en el ser, entonces habría poca controversia sobre la substancialidad de las personas; prácticamente todo mundo afirmaría que las personas son substancias. La controversia surge porque la substancia aristotélica da la impresión de ser 'incurablemente' cosmológica, hostil a la subjetividad personal", John F. Crosby, *The selfhood of the human person*, Washington, The Catholic University of America Press, 1996, p. 46.

6 PN, Prefacio, p. 22. El pasaje al que se refiere es Aristóteles, *Metafísica*, libro Z, 1028b. En el mismo sentido remite a Tomás de Aquino, *De ente et essentia*, cap. II: "Ens absolute et per prius dicitur de substantiis".

secundariamente, el ente, se dirá también de los individuos que están desprovistos de interioridad personal. Por *ser* entenderé la relación primordial de cada ente consigo mismo y con los otros entes. Esta relación no es simplemente ideal, existe a su manera, sin ser subsistente como el ente.[7]

Estos renglones dejan ver que al momento de hablar de los entes aparece el ser, de modo que ambos, el ser y los entes (*être et étants*), deben ser tratados simultáneamente. Es de subrayarse que lo primero que aparece no es el ser, sino los entes concretos, éste o aquel. "El ser no es un *a priori*: no aparece más que en los modos de ser particulares. El ser nos llega por una hilera de entes".[8] De aquí emerge la diferencia entre la ontología, como ciencia sobre el orden del ser (en general), y la óntica —o lo óntico— como orden de los entes (concretos). Si esta distinción en otros autores, como Heidegger por ejemplo, da pie a largas explicaciones, en Nédoncelle sirve llanamente para dejar claro que no son lo mismo el ser y el ente.

Ahora bien, los entes son los seres concretos, singulares. A ellos se accede ante todo en el acto mismo de conocer. El acto de conocimiento al que llama reflexión es, desde luego, el acceso al ente, a ese ente que es cada uno; o sea accedo a mi yo. También se conocen otros entes, pero de modo derivado. Esta ontología parte del dato donado a la experiencia propia a la que como ya se vio, llama experiencia metafísica. Propiamente hablando la reflexión de la conciencia sobre sí misma es llamada conciencia de sí. Descrita en otros términos es llamada la reflexión de la reflexión. Ahora pues, hay allí una primera relación de la conciencia consigo misma. Esta relación, es a lo que la conciencia va a llamar el ser. "El ser es, ante todo, la relación de cada ente consigo mismo".[9] Pero no sólo, pues el ser es también relación de los entes entre sí.

7 "Par étant, je désignerai l'individualité concréte, qui a sa forme la plus parfaite dans la personne et qui inclut une universalité au moins virtuelle; secondairement l'étant s'appliquera aussi aux individus qui sont dépourvus d'intériorité personelle. Par être j'entendrai la relation primordiale de chaque étant avec lui-même et avec les autres étants. Cette relation n'est pas simplement idéale, elle est existante à sa manière, sans être subsistante comme l'étant", Nédoncelle, *Intersubjectivité*, p. 83.

8 Lacroix, "L'ontologie", p. 99.

9 Nédoncelle, *Explorations*, p. 44.

Para quien está familiarizado con la tabla de los accidentes de Aristóteles, el término "relación" evoca una de las categorías; sin embargo, Nédoncelle advierte que aquí el término relación para nada significa uno de los accidentes de la tabla de las categorías aristotélica.[10] ¿Qué quiere decir entonces que el ser es relación?

Ser designa una noción común que sirve para mostrar la comunicación o concomitancia de los entes concretos. "Es la correlación subyacente a los entes, los cuales pueden ser infrapersonales o personales".[11] Esta definición parece necesitar más explicaciones, pero Nédoncelle da un salto al no definir el ser, sino los seres (a los que ha llamado "entes"). En consecuencia, uno habría de concluir que el ser es una noción general para nombrar el conjunto de todos los seres. Sin embargo, Nédoncelle concede existencia al ser: "No es únicamente el reino de las esencias: es un existir".[12] Ahora bien el tipo de existencia que concede al ser proviene del de los entes. Al punto ofrece una descripción plástica del ser que me parece elocuente: "Ya que el ser es el vínculo primordial de los entes, se sigue que él está también hecho de la misma estofa (*étoffe*)".[13] En última instancia el ser al que se refiere es, más que otra cosa, una red. "Es decir, el ser es un sistema de relaciones. Los entes son las fijaciones histórico-temporales de ese sistema".[14] ¿Se ha de afirmar, entonces, que para Nédoncelle el ser es el denominador común a todos los entes? Así parece.[15] De nuevo, sin embargo, ese denominador no es meramente ideal, sino existente. De muchas formas Nédoncelle repite que el ser es existente, pero no subsistente como los entes. Es, en síntesis, un medio, o vehículo de todos los entes. "Es el mediador de la comunidad universal".[16]

10 Cfr. *Ibid.*, 45, n. 1.

11 *Ibid.*, p. 44.

12 *Ibid.*

13 *Ibid.*

14 Fernández-González, "Antropología dialéctica", p. 482.

15 "L'être apparaît comme ce qui est commun à tous les étants et leur permet de communiquer", Lacroix, "L'ontologie", p. 101.

16 Nédoncelle, *Explorations*, p. 45.

Esta noción de ser usada por Nédoncelle es bastante difícil de asir justamente porque este ser es indeterminación.[17] Mas adviértase que no es mero concepto, sino real, pero de modo distinto en cada ente. Según Francis de Beer la noción de ser nedoncelliana "corresponde poco más o menos con lo que los escolásticos llamaron la esencia y la naturaleza del ente. Dicho con otras palabras: todo lo que hace a un ente definible, pertenece al ser".[18] Nédoncelle no rehúye delimitar su noción de ser aclarando que se trata de una relación y que se distingue del uso dado en otras escuelas filosóficas:

> El ser como nexo o relación (y correlación) fundamental es una realidad subordinada al ente. La concepción aquí presente difiere profundamente de la heredada desde Aristóteles, ya que: 1° el ser no se opone a la relación sino que se identifica con una relación; 2° esta relación no es un accidente; 3° ya no es el *ens minimun*. Seguimos, más bien (aunque dentro de una problemática distinta), la noción de la escolástica tardía que ha postulado una *relatio trascendentalis* diversa de la *relatio praedicamentalis.*[19]

Teniendo esto presente, se desvela una noción de ser omniabarcante; mejor dicho, una noción homogénea. Precisamente al ser le compete lo indiferenciado, mientras que los entes son lo diverso. En este punto preciso uno se topa con una expresión propia de Nédoncelle: "El ser es unívoco".[20] Con ello quiere indicar que en el ser no caben distinciones ni rasgos peculiares, es estrictamente unívoco. En cambio, "los entes son análogos".[21] Con esto, ¿niega la analogía del ser? De hecho no,[22] sino que hace un uso más correcto de

17 PN, #49.

18 De Beer, "Maurice Nédoncelle", p. 452.

19 Nédoncelle, *Explorations*, 58, n. 4. En otro lugar nos explica el sentido del término "trascendental": "No tomamos el adjetivo trascendental, bien entendido, ni en sentido kantiano (como una condición *a priori* del conocimiento) ni en sentido husserliano (como el residuo de la reducción fenomenológica), sino en sentido antiguo (como una propiedad común y supracategorial)", Nédoncelle, *Intersubjectivité*, p. 90.

20 Nédoncelle, *Intersubjectivité*, p. 116.

21 Lo dice dos veces, *ibid.*, pp. 116 y 135.

22 "La analogía del ser me parece una doctrina bellísima. Pero me inquieta cuando veo que cualquiera la usa...", "Carta a Crispino Valenziano (9-XI-1959)", en Valenziano, *Introduzione*, p. 109.

la analogía. Esto es, que al hablar de las personas uno puede notar que no se pueda hablar unívocamente de ellas. Entre los individuos hay tal cantidad de rasgos propios, esto es, no comunes, que sólo se les puede considerar bajo una misma noción análogamente. Quizás resulta clara la frase de Bradley citada por Nédoncelle, al decir que en los entes las diferencias han eclosionado (*have broken out*).[23] En cambio, el ser es unívoco, pero no en el sentido de un género, sino en el sentido de que la relación primordial de los entes se entiende de modo idéntico. Se dice que los entes son análogos en el sentido de que cada uno de ellos es irreducible a los otros.[24]

Puestos a señalar la importancia que esto tiene para el tema de la filosofía del amor y de la historia, creo que el mismo Nédoncelle ofrece una interesante observación en *Conscience et Logos* al recordar con Aristóteles que cada persona es su propio principio de individuación. Tanto como Leibniz sostenía que cada individuo es individualizado por su propia entidad y Duns Escoto colocaba la diferencia formal entre los individuos en la *haecceitas*, así Aristóteles escribía que "las causas de los diferentes individuos son diferentes: tu materia, tu forma, tu causa eficiente no son las mías; sólo lo son en su noción general".[25] Esto es todavía más llamativo si se acepta con Guzzo, cuya tesis suscribe Nédoncelle, que las causas aristotélicas no podrían aplicarse intrínsecamente a Dios, reservando por tanto la ontología para el mundo finito.[26] Aplicando pues las causas a los entes resulta que cada uno es original. Con esto puede captarse mejor cómo Nédoncelle concede al ente la originalidad (*arjé*) en el orden del ser. En otras palabras, el ente es lo primordial metafísicamente hablando. Por ello se dice que el ente es lo subsistente, mientras que el ser no tiene subsistencia propia, sino que subsiste en los entes. El ser es la relación primordial entre los entes. "Sin embargo, la relación primordial así definida, no existe en estado puro: está subordinada al ente. Se puede concebir el ente sin el ser, aunque nuestra experiencia nunca lo encuentra así en este mundo;

23 Nédoncelle, *Intersubjectivité*, p. 84.

24 Cfr. *Ibid.*, p. 95.

25 Aristóteles, *Metafísica*, Lib. L, 1071a, pp. 27-29, citado por Nédoncelle, *Conscience et logos*, p. 21.

26 Cfr. Nédoncelle, *Intersubjectivité*, p. 84, n. 2. El texto referido es Augusto Guzzo, *La filosofía, concetto, struttura, caratteri*, Torino, Accademie delle Scienze, 1961, p. 69.

pero no se puede concebir el ser sin el ente".[27] Con esto se vuelve al punto de partida. El ser no es aquello que son los entes, pero es aquello sin lo cual los entes no serían, a saber, la relación de los entes entre sí.

Se ha querido recoger la cita de Aristóteles para resaltar la originalidad del ente respecto al ser. Pero además esto permite establecer un cierto paralelismo con la posición de Hegel. Me permito, en efecto, una comparación entre el espíritu absoluto hegeliano y el ser nedoncelliano. El ser, tanto como el espíritu, serían algo general que abraza a todos los individuos, pero en Nédoncelle, a diferencia de Hegel, los individuos tienen la prioridad metafísica y a ellos estaría subordinado el ser. En cambio, en Hegel los individuos estarían subordinados al ser en general, esto es, al espíritu. Evidentemente se le puede poner reparos a esta comparación, pero pretendo con ella indicar desde ahora la diferente perspectiva en la que se moverá la reflexión sobre la historia de Nédoncelle en contraste con la de Hegel. El asunto tiene su importancia para explicar mejor el problema del devenir temporal. Si, como quiere Nédoncelle, "lo que me hace ser yo, soy yo mismo",[28] entonces no cabe concebir las personas como meras epifanías de un mismo y único ser. El devenir temporal es más bien una cierta variación de cada individuo sobre un tema fundamental "que me es dado y que soy yo mismo (pues no estoy deportado a mi meta sin estar presente en mi propio tema, si no, yo no existiría). Lo que me individualiza es mi desarrollo temporal".[29]

Así, las cosas se han privilegiado al ente por encima del ser. No todos estarían de acuerdo con esta explicación, y tal es el caso de la objeción expuesta por Francis de Beer:

> Uno puede no estar de acuerdo con la tajante afirmación según la cual el ente suplanta al ser. Ahora bien, parece que el autor no ha podido privilegiar el ente y desacreditar el ser más que tomando este último en su sentido más pequeño: como nombre o sustantivo. Puede ser que todo cambie

27 *Ibid.*, p. 86.

28 Nédoncelle, *Conscience et logos*, p. 21.

29 *Ibid.*, pp. 21-22.

> si se le toma como verbo. Significa, entonces, el ser de los seres, el *actus essendi entium*. El ente mismo deviene un participante del Acto de Ser. No podemos enfrascarnos aquí en una discusión oceánica a la manera de Parménides, pero la sensibilidad frontal respecto a las diversas acepciones semánticas del ser revela ella misma una toma de conciencia metafísica pre-judicativa cargada de peso. Tampoco nos sentimos totalmente a gusto con el uso del lenguaje del autor, y yo apelaría a una rehabilitación del Ser, acto y verbo, y no simple correlativo universal.[30]

Si De Beer tiene razón, entonces de nuevo hay que recurrir a una noción analógica del ser. Se vio ya que Nédoncelle no rechaza tal analogía, lo que rechaza es una especie de totalitarismo del ser. Con todo, si el ser es, como dice De Beer, en primer lugar, el acto de ser, parece claro que tal acto va antes que los seres. ¿Qué dice Nédoncelle sobre el verbo ser? "Tomemos el ejemplo del verbo ser. Es claro que le corresponden dos funciones: por un lado, el ser cópula de la oración supone una ecuación; por otro, el ser de la existencia, pone una afirmación absoluta. ¿Qué significa esta segunda función? Es en ella que encontramos la más negra oscuridad".[31] Esta respuesta autoriza decir que Nédoncelle no ha querido dar por resuelto el problema.[32] De hecho al comenzar sus explicaciones sobre el ser y los entes, advierte que no va a tratar directamente sobre el verbo ser, sino de los sustantivos ontológicos derivados del verbo ser; los ya conocidos: "ente" y "ser". Es aquí donde le da un sentido peculiar al ser: es una relación. Por ello, la ontología será la ciencia de la intersubjetividad, o sea, la ciencia de aquello que está entre-los-entes.

Adicionalmente habría que notar el parentesco entre estas ideas y las de Blondel. También Blondel habla de misterio y de oscuridad para describir

30 Francis De Beer, "L'être parmi nous. A propos d'intersubjectivité et ontologie de Maurice Nédoncelle", en *Revue des Sciences Religieuses* 2, núm. 3 (1977): 167. Esta observación es especialmente valiosa, pues, como dice De Beer aquí, Nédoncelle mismo leyó su artículo y estuvo de acuerdo con él.

31 Nédoncelle, *Intersubjectivité*, p. 83.

32 "Me plantea usted una cuestión muy seria al preguntarme por el sentido, la extensión y los límites del término *ser* en mis libros. Estoy tentado a responderle que teniendo este término todos los sentidos posibles, me niego a usarlo sin haberlo antes definido", "Carta a Crispino Valenziano (9-XI-1959)", en Valenziano, *Introduzione*, p. 108.

el problema del ser, pero no rehúye mostrar la relación entre el ser y los entes. Precisamente en esta relación se esclarece realmente el problema del ser. A pesar de ser sumamente interesante este estudio del ser y los seres, a mí me interesa señalar la conexión entre el problema del ser y el del destino. Dice Blondel que no podemos tratar el problema del ser y de los seres sin suscitar otro problema, a saber, "un problema enorme, de entrada abrumador, pero luego aliviador, el del Ser en sí junto con las cuestiones que dependen inevitablemente de él, el problema de la creación y el del destino de los seres".[33] Justamente de esto habrá que ocuparse más adelante; pero de todos modos queda claro que el problema del ser implica el problema del devenir temporal. Al preguntarse por el ser y los seres, no se puede evadir la pregunta por el significado de su caminar en el tiempo. Justamente esta relación es la que me ha permitido detectar en el pensamiento de Nédoncelle un interés por la filosofía de la historia. Desde el momento en que tiene una ontología centrada en el ser personal, no podía evitar hablar de la temporalidad de esas personas y de sus relaciones mutuas. Con todo es preciso decir algunas cosas más en torno a su propuesta ontológica.

2.2. Ontología

Ha dejado claro, entonces, que el estudio del ser consiste en el estudio de los entes. No se trata de contraponer ser y ente, sino de entender que una buena ontología ha de tener a la vista la variedad de seres en los que el ser está presente. Pues, efectivamente, Nédoncelle ha dicho que el ser es relación, pero no desde luego, "la relación que existe en sí, sino el estado de relación", es decir, "el ente en cuanto tiene al ser y el ser que es ser del ente".[34] Ello explica por qué Nédoncelle no hace una ontología a partir del ser en general, sino a partir de los entes.[35] Aún más, su pretensión es la de elaborar

33 Blondel, *L'Être et les êtres*, p. 70.

34 Nédoncelle, *Intersubjectivité*, p. 91.

35 "La ontología personalista de Nédoncelle va del ente concreto, en primer lugar, la persona, al ser. Es decir, de lo particular de la experiencia a lo universal de la metafísica. En definitiva, el ser subordinado al ente. Esto significa prácticamente, una revolución en la forma de entender la sucesión de los datos en metafísica, pues

una ontología a partir del ente concreto que es la persona. Como ha dicho, la persona es, de entre los entes, el más perfecto. El ser, pues, se manifiesta de modo más pleno o claro en las personas.[36] Por ende una metafísica sobre la substancia que no parta del ser personal, al final resultará incompleta.

Aquí puede colocarse un breve resumen de su crítica a la noción de substancia. Según él, la clásica explicación aristotélica sobre la substancia se origina a partir del mundo físico, o bien, de la pura experiencia exterior y por lo mismo a la hora de aplicarla a la persona resulta insuficiente. Efectivamente, dice, "en el origen de la idea de substancia existe antes que nada la observación de los nacimientos y de las muertes en la naturaleza; la inteligencia inventa este cuadro para explicar ciertos cambios".[37] El reproche apunta al hecho de que Aristóteles no se inspiró para nada en los datos de la experiencia interior al momento de establecer su distinción entre substancia y accidentes, dejando así un hueco. En la descripción aristotélica una cualidad, por ejemplo, el color de un árbol, existe *in alio*, en ese sujeto llamado substancia, que es el árbol. Resulta entonces que si el color cambia el árbol permanece, aunque transformado, pero si el árbol muere el color también desaparece. A esta descripción de la substancia aristotélica referida a los seres de la naturaleza física, Nédoncelle le objeta que también los accidentes pueden a su vez tener otros accidentes. Igualmente objeta que toda substancia subsiste en y por los accidentes. Efectivamente, hemos de admitir que sin sus respectivos accidentes la substancia no existe, o sea, no es subsistente de por sí. En resumen: "La substancia-árbol subsiste en y por los accidentes, así como en y por las otras substancias naturales. Lo que se llama substancia en este caso no es más que un accidente más marcado y más sintético que los otros".[38] De esto se deduce que en el fondo todos son accidentes, ya sea que a su vez posean otros accidentes o bien que sean poseídos por

siempre se partía del ser en prioridad como previo a toda experiencia y realidad, pretendiendo explicar desde ahí las participaciones del ser y en el ser", Isasi Domínguez Prieto *et al.*, *Blondel, Zubiri, Nédoncelle*, p. 120. Igualmente, De Beer cuando escribe: "La thèse propre à l'Auteur sera donc d'affirmer (contre Heidegger) la primauté de l'etant sur l'être, mais aussi de chercher à les réconcilier pour restituer à la toitalité son unité et son diversité": De Beer, "L'être parmi nous", p. 156.

36 Cfr. Nédoncelle, *Explorations*, p. 42.

37 RC, §39.

38 RC, §40.

ellos. A lo cual concluye Nédoncelle diciendo: "Tales son las condiciones de la naturaleza y del objeto. La filosofía de la naturaleza tiene necesidad de la pluralidad de los accidentes; pero pasa cómodamente de la pluralidad de substancias".[39] Todo esto pretende llevarnos a un replanteamiento de la noción de substancia, al menos cuando pretende ser usada en el conocimiento de la persona. Según Maurice Nédoncelle los términos de substancia y accidente están más bien destinados al conocimiento de los objetos, pero no al de los sujetos; por ello es preciso reformularlos.

El especialista Ross ha puesto de relieve cómo en Aristóteles la lista de las categorías no es un elenco cerrado. Más aún, ha notado cómo las categorías *postura* y *posesión* sólo las menciona una vez, precisamente cuando el ejemplo de substancia es la del individuo personal. Así deja entrever que éstas no se aplican cuando el paradigma de substancia ya no es la persona.[40] Con razón se ha dicho que la lista de las categorías aristotélicas suscita muchas interrogantes.

El análisis hecho por Nédoncelle se prolonga en esta línea. Si la distinción entre substancia y accidentes como la plantea Aristóteles fuese cierta, entonces en el conocimiento de la persona estaríamos hablando de un substrato o sujeto y sus respectivos accidentes. Pues bien, esta concepción es la que está en el origen de la división del sujeto en persona y máscara, y viceversa. Parece cierto que los datos de la experiencia interior son los que permiten distinguir entre el yo-sujeto en cuanto substrato de una serie de cualidades que el mismo yo percibe como accidentales a ese yo; esto es, que pueden ir y venir sin que el yo sea destruido. Maurice Nédoncelle propone no dejarse desviar en el conocimiento personal por los accidentes, dejando a la substancia el lugar de un algo incognoscible, situada más allá de toda percepción. En el fondo, lo que sucede cuando se plantean así las cosas es que la persona es percibida como un paquete de accidentes más allá del cual se imagina

39 RC, §40.

40 Cfr. William David Ross, *Aristotle. A complete exposition of his works and thought*, NuevaYork, Meridian Books, 1959, p. 27 y ss. Aristóteles sólo cita la "postura" y la "posesión" una sola vez en *Tópicos*, 103 b23. Por otro lado, la lista de ocho categorías sólo una vez en *An. Post.* 83b 15; y la lista completa de las 10 categorías en *Cat.* 4, 1b, pp. 25-27.

una substancia. Ésta en la práctica permanece siempre ignota y muchas veces para llenar ese vacío epistémico se lo llena con otros accidentes. Es aquí donde Nédoncelle propone llegar a fondo: conocer realmente al sujeto personal. ¿Cómo se lo conoce? Responderá, como se ha visto, que se lo conoce en el evento único de la reciprocidad de las conciencias.

En resumidas cuentas, la ontología personalista de Nédoncelle se concreta en el proyecto de elaborar una ontología desde la persona. A su juicio, "Aristóteles, en último término, ha construido una metafísica demasiado *física*; ¿por qué no podremos elaborar una que permanezca cercana a la experiencia del *cogito*, de los valores, a la meditación sobre Dios?".[41] Pienso que en estas líneas quedaba clara la pretensión de Nédoncelle en su afán filosófico. Así las cosas, la aspiración ontológica sólo será posible en el análisis del sujeto singular, porque justamente en ellos, en los entes concretos, se encuentra el ser. Salta a la vista, inmediatamente, una objeción: si eso es tal cual, luego, no existe la posibilidad de elaborar una ontología general.

La respuesta ha de ser matizada. En efecto, sucede más bien que en la percepción del ente concreto se da ya la percepción del ser. En otras palabras, "el ser es relación del ente consigo mismo y de los entes entre sí; co-extensivo a ellos (*coextensif à eux*), si bien en segundo plano en ellos".[42] Como se ve la clave en la comprensión del problema es la co-extensividad. Vale decir que el problema insoluble surge cuando se pretende hacer del ser un algo autónomo y separado de los entes. Si se postula un ser puro al margen de los entes, entonces obviamente la percepción del ente no desemboca en la percepción del ser. Nédoncelle, en cambio, afirma que en la percepción del ente concreto se percibe ya, igualmente, el ser, pues es co-extensivo a los seres, "los surca todos en todos los sentidos y a todos los niveles".[43] En otro sitio dice que al tocar el tema del ser y de los entes se debe considerarlos unidos bajo una cierta ósmosis o circumincesión.[44] Por ello hay que repetir: el ser es la relación de los entes, pero "no una relación que subsiste por sí, sino

41 "Carta a Crispino Valenziano (9-XI-1959)", en Valenziano, *Introduzione*, p. 109.

42 Nédoncelle, *Explorations*, p. 46.

43 *Ibid.*, p. 45.

44 "Carta a Crispino Valenziano (9-XI-1959)", en Valenziano, *Introduzione*, p. 109.

el estado de relación; más aún, la relacionalidad, es decir, el ente en cuanto posee el ser y en cuanto el ser es el ser del ente".[45] Nos lo ha reiterado infinidad de veces. No se pueden separar los seres y el ser. Salta a la vista cierta rareza en la concepción del ser. Como dice De Beer, "se ve claramente el carácter un tanto extraño del ser: se presenta con el estatuto de un *in se* que no existe más que *in alio* sin jamás convertirse en accidente ni substancia".[46]

Se ha subrayado la co-extensividad para explicar cómo donde aparece el ente está presente también el ser. Pienso que esta es la postura de Nédoncelle. En este mismo sentido me parece que se mueve la interpretación de Francis De Beer, si bien él habla de *correlatividad* y *coexistencia*. Sus palabras están en sintonía con las mías: "El ser no es aquello que son los entes, pero es aquello sin lo cual los entes no serían en su origen radical y en su desarrollo ulterior. El ser es lo correlativo al ente, del cual no funda la substancia, pero le es coexistente".[47] En última instancia el mismo Nédoncelle hace hincapié en esta idea. "Lo cierto es, dice, que el ser no sobreviene al ente en un momento dado, sino que lo acompaña perpetuamente. Hace falta, pues, afirmar simultáneamente el ser y el ente".[48]

Dicho así se puede deducir que en la percepción del ente —a la que ha llamado reflexión o conciencia de sí— se hace patente también el ser. Sin lugar a dudas,[49] pero adviértase que esto sólo sucede si hay reflexión filosófica. O sea, no toda ni cualquier percepción es filosófica, "porque hay una percepción filosófica, es decir, una aprehensión del ser en una idea del ser".[50]

Siguiendo ese curso de ideas se puede ahora dar el paso al análisis de la reflexión filosófica, también llamada experiencia metafísica. El ser, como

45 Nédoncelle, *Intersubjectivité*, p. 91.

46 De Beer, "L'être parmi nous", p. 159.

47 *Ibid.*

48 Nédoncelle, *Intersubjectivité*, p. 86.

49 "Esta ontología debe partir de dato óntico que es nuestro: la revelación del ser me es dada por la conciencia personal, no bajo la forma de una proyección ideal, sino en el corazón del mí mismo, interiormente en su experiencia; por ende bajo una forma que tiene algo de intuitivo, pues el acto de conocer coincide allí con la colocación de lo real", *ibid.*, p. 42. Adviértase que intuición no tiene el sentido de un conocimiento sin mediación, aquí designa obviamente un conocimiento especialmente directo o simultáneo.

50 *Ibid.*

queda dicho, se estudia a través de los entes particulares, pero no de cualquier ente, sino del ente más perfecto, es decir, de la persona. El estudio de la persona es lo que abre el acceso al estudio del ser. Así que lógicamente se plantea el tema del conocimiento de la persona.

2.3. Conocimiento de la persona

Para Nédoncelle el ente *stricto sensu* es la persona.[51] En otros casos se habla también de entes, pero el paradigma es siempre la persona. Por tanto, si se pregunta ahora por el acceso al conocimiento del ente, es claro que se está cuestionando cuál es la vía cognoscitiva que lleva a la persona. Fiel a su método el camino seguido es el que va de la fenomenología a la ontología. "Siguiendo el principio clásico de *actiones suppositorum sunt*, las acciones remiten a un sujeto que realiza la acción",[52] Nédoncelle puede hablar de la persona a partir de los datos que la experiencia nos ofrece, para derivar de allí los datos metafísicos. Para captar cuanto sigue puede ser útil el esquema propuesto por Jean Lacroix en su breve presentación del pensamiento de Nédoncelle.[53] Según expone Lacroix, la reflexión filosófica, o simplemente la filosofía, nace de la transformación realizada por el espíritu del evento en experiencia. El evento sería todo aquello proveniente de lo exterior y sobre todo del interior; experiencia, en cambio, es el pensar del pensar, la reflexión de cuanto ha irradiado sobre la conciencia. Esta reflexión sobre las ideas y los actos llevados a cabo por la conciencia es lo que permite encontrarles el sentido a esas mismas ideas y actos. Nédoncelle comparte esta fórmula: "El problema reside, pues, en la convertibilidad de una primera dimensión psicológica de

51 Para un recorrido histórico sobre la noción de persona véase el muy citado artículo Nédoncelle, "Prosopon et persona dans l'Antiquité classique, essai de bilan lingüistique", en *Revue des Sciences Religieuses* 22, núm. 1 (1948): 277-299; casi idéntico en *Explorations*, pp. 147-185.

52 Diego Muñoz Ortiz, "Consideraciones críticas sobre la ontología personal de Maurice Nédoncelle", en *Efemérides mexicana* 34, núm. 100 (2016): 108.

53 Cfr. Lacroix, "L'ontologie", p. 101.

la conciencia en una realidad metafísica de la persona, pero justificando su continuidad, sin rupturas esenciales, en una unidad fundamental".[54]

Al elaborar su teoría del conocimiento arranca de un presupuesto fundamental: quien conoce es un sujeto encarnado. En otros términos, la reflexión filosófica comienza cuando ya se tienen una serie de datos provenientes del exterior y que han sido percibidos en el propio cuerpo: una serie de sensaciones táctiles, auditivas, olfativas y cenestésicas. Por tanto, el punto de partida no es una intuición pura de la propia existencia, más bien el sujeto recibe, ante todo, un primer esbozo de su propia interioridad bajo la forma de sensaciones orgánicas.[55] Cabe decir, entonces, que además de captar el mundo exterior el sujeto se percibe a sí mismo. En efecto, capto el mundo exterior (partes, extra partes) a través del cuerpo, pero al mismo tiempo capto mi cuerpo. Conque mi cuerpo es parte de esas partes que percibo. En suma, una parte del mundo exterior percibido es mi propio cuerpo. Concluye Nédoncelle: "Yo soy parte de un todo, ese todo me contiene, pero yo no soy ese todo".[56] Visto así se afirma que el pensar filosófico consiste en pensar sobre todos aquellos datos que han sido dados a la conciencia. A este pensar lo llamamos *cogito*. Por decirlo una vez más, no se piensa en general, piensa un sujeto: yo pienso (*ego cogito*). Por tanto, se puede decir que el *cogito* es el punto de partida, pero en ese mismo acto de pensar "el yo se da cuenta que él mismo se extiende a zonas muy anteriores al *cogito* y que no puede definirse a sí mismo en una fórmula desencarnada".[57] Sobre esta cuestión se ha abundado mucho. Se puede citar como ejemplo la obra de Cornelio Fabro, *Percezione e Pensiero*,[58] donde muestra cómo existen una serie de procesos fisiológicos previos al despertar

54 Fernández-González, "Antropología dialéctica", p. 594.

55 Cfr. RC, §46.

56 Nédoncelle, *Explorations*, p. 50.

57 "Carta a Crispino Valenziano (9-XI-1959)", en Valenziano, *Introduzione*, p. 109.

58 Cornelio Fabro, *Percepción y pensamiento*, Pamplona, Eunsa, 1978, pp. 573-575. Igualmente las conclusiones a las que llegaba el psicólogo Nuttin: "Esta presencia cognitiva del objeto ante el yo implica para el yo una cierta posesión cognitiva de sí mismo, y una posibilidad de tomar posesión del objeto como tal. Dicha percepción del objeto crea la 'distancia' necesaria que permite a la personalidad percibirse como un sujeto que percibe el mundo, sin coincidir con este acto", Joseph Nuttin, *La structure de la personnalite*, París, PUF, 1971, p. 219.

de la conciencia y que sin embargo son imprescindibles en el aparecer de esta misma conciencia reflexiva.

El yo no aparece sino en la reflexión. La reflexión nos manifiesta la presencia de nosotros mismos a nosotros mismos y al mundo. Según Nédoncelle, cuando reflexionamos ponemos ante nuestra mirada una presencia que ya estaba ahí, a saber, la de mí mismo. Por eso, aclara, no podemos deshacernos de nosotros mismos como no podemos deshacernos de nuestra sombra. "Esta necesidad es particularmente evidente cuando reflexionamos sobre el acto de reflexionar".[59] Es justo esta reflexión sobre el reflexionar la que nos pone ante la evidencia del yo. En suma, "la meta-reflexión no nos lanza hacia una nueva meta-reflexión; sino que nos lleva como por un atajo hacia nosotros mismos".[60] Llegados aquí es lógico preguntar qué es lo que conozco cuando digo que conozco el propio yo.

Para responder a esta cuestión uno debe situarse en la perspectiva en la que sitúa Nédoncelle. Siguiendo las huellas de su método uno debe proceder por análisis fenomenológico.[61] De aquí se desprende en primer lugar algo que ya dijo:

> La percepción de uno mismo comporta frecuentemente un intervalo que es el cuerpo. En lugar de una intuición que coincidiría con el acto mismo de la existencia íntima, la conciencia de uno compromete su subjetividad pura en los prolongamientos equívocos y semisubjetivos de la sensación. El sujeto recibe en efecto el esbozo imperfecto de su interioridad en el sentimiento orgánico, bajo la forma de impresiones cenestésicas.[62]

Esta sensación es como el primer estadio de la percepción del yo, pero no el único. De aquí se va más allá a un nivel todavía más interior, donde aparece

59 Maurice Nédoncelle, *Intersubjectivité et ontologie. Le défi personnaliste*, Louvain-París, Nauwelaerts/Béatrice-Nauwelaerts, 1974, p. 293.

60 Nédoncelle, *Intersubjectivité*, p. 293.

61 "Al abogar por la persona y su inteligencia, partimos sin duda de una fenomenología de la conciencia, más que de una metafísica del intelecto", *ibid.*, 292.

62 RC, §46.

ya no sólo el cuerpo con sus cualidades sino la conciencia del propio yo, que no se identifica con esas cualidades. En efecto, "las sensaciones internas y los sentimientos cualitativos no son propiamente hablando la subjetividad pura".[63] Sin embargo como nota Nédoncelle, en esta operación de captarnos a nosotros mismos, tiene lugar un primer desdoblamiento del yo en dos. O sea, capto mi cuerpo y otras cualidades y junto con ello capto que eso que capto soy yo mismo, llegando así a la conclusión de que el yo se capta a sí mismo. Estas son sus palabras: "Así elaborado, el sentimiento de nuestro cuerpo nos permite esta operación inaudita y de una sorprendente complejidad: dar un lugar a nuestra subjetividad en el conjunto de los objetos, es decir, lograr un sujeto-objeto".[64] De aquí se desprende una premisa fundamental en el edifico filosófico de Nédoncelle, esto es, que en el momento mismo de captarme a mí mismo, me capto como un dato. Soy algo dado a mi propia conciencia. Es importante notar cómo ese dato percibido que soy yo mismo, a la vez posee su propia objetividad. Lo dice gráficamente De Beer: "Le moi reste au vestiaire quand le Je rentre en scène" (El yo se queda en el vestidor cuando el yo entra en escena).[65] Quizás ayuda a entender esto la simple observación de que el acto de conocer es siempre intencional, es decir, que si conozco, algo conozco. Como anota Nédoncelle, *cogito cogitatum*.[66] Por ello podemos decir que en el *cogito* nedoncelliano, a diferencia del cartesiano, la reflexión constata una especie de presencia paralela de nosotros al mundo y de nosotros a nosotros mismos.[67]

Así pues, tras la percepción sensorial se pasa a una conciencia de sí que no se reduce, obviamente, a la mera conciencia de las cualidades sensibles percibidas, sino que constituye la aprehensión del ser que yo soy. A esta aprehensión es a lo que llama conciencia de sí. De modo que cuando se habla de la conciencia de sí, uno por fuerza se está refiriendo a la percepción que el yo

63 RC, §46.

64 RC, §46. En el mismo sentido: "Mi cuerpo que es una parte del cuadro percibido o perceptible continúa siendo un instrumento del acto por el cual yo percibo; más todavía, se refugia en la subjetividad en el momento mismo en que parece desvanecerse en la pura objetividad", Nédoncelle, *Explorations*, p. 52.

65 De Beer, "L'être parmi nous", p. 151.

66 Cfr. "Carta a Crispino Valenziano (29-XI-1959)", en Valenziano, *Introduzione*, p. 111.

67 Cfr. Amadini, *Ontologia della reciprocità*, p. 118.

tiene de sí mismo. Pues bien, esta conciencia de mí mismo ocupa el centro del conocimiento de la persona. Justamente conocemos la persona cuando conocemos el mí mismo. En palabras de Antonio Rosmini: "No tenemos otro camino para llegar al conocimiento del alma que partir del yo".[68] Nédoncelle insiste aquí en la irreductibilidad de la conciencia de sí a la mera percepción de la serie de cualidades sensoriales o externas. Se trata más bien de un hecho propiamente espiritual.

La personalidad encarnada, aquella sobre la cual tenemos la experiencia más inmediata, es ella misma irreducible a las *qualia*. La conciencia que tenemos de nuestra intimidad, la conciencia misma que tenemos de la presencia de otro yo en la reciprocidad espiritual, se apoya en determinaciones exteriores que sirven para extraer el acto que nosotros ponemos; pero ellas no hacen jamás ese acto, sin el cual no habría orden personal.[69]

Por tanto, la conciencia de sí es el conocimiento originario de la persona. Es interesante al respecto la pregunta que sobre este punto le hacía Crispino Valenziano a Nédoncelle: "¿El yo-conciencia[70] se identifica con la esencia misma de la persona o tan sólo le es anejo?". Nédoncelle contestaba así:

> No puedo responderle más que recordándole el principio al cual recurro seguido y que es este: "el amor del fin elimina desde el inicio toda ruptura radical entre el fenómeno y el ser en la persona". Ésta conlleva la conciencia de sí, la conciencia de sí forma parte de su esencia. Pero ¿cuál

68 Antonio Rosmini, *Anthologie philosophique*, Lyon, Vitte, 1954, p. 201, citado por Nédoncelle, *Intersubjectivité*, p. 331.

69 PN, #5. Encontramos un fuerte apoyo a esta idea en Fabro: "El alma en la reflexión sobre sí, conoce adecuadamente la propia diferencia específica, intuyendo la espiritualidad de la especie inteligible, de sus actos y de las funciones superiores. Esta tenue luz rompe la monotonía de la corporeidad y abre el horizonte de un mundo nuevo en el que el alma puede decir que se encuentra con los espíritus y con el mismo Dios. El ente absolutamente inmaterial constituye de hecho el objeto propio de la metafísica platonizante y en buena parte también el de la tomista", Cornelio Fabro, *Percepción y pensamiento*, p. 615.

70 Una aclaración puede ser útil. En la traducción inglesa a la obra *Vers une philosophie de l'amour et de la personne*, la traductora indica que se encontró con la dificultad de traducir el término *conscience*, francés, por igual término en inglés. Esto se debe a que en inglés *conscience* connota un sentido moral. Para nada tiene este sentido en nuestro autor. Así, con la autorización explícita de Nédoncelle, la traductora lo tradujo por *centers of consciousness*. Véase R. Adelaide, *Translator's note*, en Maurice Nédoncelle, *Love and the Person*, Nueva York, Sheed and Ward, 1966, VI-VII.

> conciencia de sí? Aquella que está ínsita en su vocación y que por tanto está en un cierto sentido siempre presente y en otro sentido siempre ausente. Es imposible separar en la esencia, o simplemente asociar en ella la conciencia de sí y la persona; pero es imposible identificarla con una de sus etapas empíricas, de frenarla o de reducirla a una de ellas.[71]

Al final de este itinerario epistémico se llega a la percepción del ente, es decir, del yo. Por tanto, uno está ante un recorrido que va de lo exterior (el cuerpo mismo) hacia lo interior (yo pienso) para llegar al ente (yo soy). Como bien nota De Beer, Maurice Nédoncelle se vale de la clásica fórmula de la espiritualidad: "De lo exterior al interior, de lo interior a lo superior".[72] En esto Nédoncelle sigue los pasos del famoso éxtasis de san Agustín en Milán. Teniendo esto presente, vale la pena subrayar que detrás de todo este camino está la reflexión propiamente filosófica. Por lo cual el punto de llegada es auténticamente el ente.

Ahora bien, uno se quedaría corto en la interpretación del pensamiento de Nédoncelle sobre este punto si se diera a entender que esta conciencia de sí es un acto cerrado o completo. Como si el punto de llegada fuera simplemente el yo. De ninguna manera, sino que en ese mismo acto tiene lugar ya la percepción del otro. Por tanto, la conciencia de sí es conciencia también del otro. Siendo esto así la reciprocidad de las conciencias es un hecho originario.

Se puede recapitular cuanto se ha dicho aquí recordando, en primer lugar, que la experiencia fundamental que desencadena la reflexión filosófica es la del *cogito*. "El principio primero, es la persona revelada en el 'yo pienso, luego soy', sin embargo, el *cogito* auténtico implica un *cogitamus*, un 'nosotros pensamos' [...]. El *cogito* tiene directamente un carácter de reciprocidad: la comunidad de las conciencias es un hecho primigenio".[73] Henos

71 "Carta a Crispino Valenziano (9-XI-1959)", en Valenziano, *Introduzione*, 109. Asimismo, en otra carta: "Ya en *La Reciprocidad de las conciencias*, pongo mis reservas sobre la identificación de la persona y de la conciencia de sí; sobre todo si esta última se toma aisladamente": "Carta a Crispino Valenziano (11-VII-1958)", en *ibid.*, p. 94. Se refiere a RC, §43.

72 F. De Beer, "Priére et philosophie dan l'oeuvre de Maurice Nédoncelle", en *La pensée philosophique*, pp. 58-66.

73 Lacroix, "L'ontologie", p. 101.

aquí de lleno ante la tesis original y propia de Nédoncelle. En la percepción del yo, se da simultáneamente la percepción del otro. O sea, aparece inmediatamente a la conciencia la situación de un yo en relación con otro. Y es allí, como hizo notar, que se percibe el ser. Es decir, la relación del ente consigo mismo y con los otros.

Parece razonable entonces preguntar con Rossi: "¿El punto de partida es un *cogito* o un *cogitamus*? Conviene, pues, especificar el aspecto de la persona que a Nédoncelle le parece el más auténtico: la persona se explica en su realidad sólo en la percepción del otro y en el amor recíproco".[74]

2.4. La reciprocidad en cuestión

Se puede recordar ahora el punto de partida del pensar nedoncelliano: la reciprocidad de las conciencias es un hecho originario. Inmediatamente se debe objetar: "Si la comunión es un acto segundo y la persona un acto primero, ¿cómo puede el acto segundo de la comunión fundamentar metafísicamente el acto primero de la persona?"[75] Efectivamente da la impresión de que lo primero es el individuo, mientras que la comunión entre sujetos es el resultado de un proceso. Quizás la filosofía de Hegel ha sido el intento más vigoroso de explicar ese proceso; sin embargo, cada vez que se parte del individuo aislado —como han querido Descartes y Leibniz— la comunión resulta imposible. En el caso de Hegel esa comunión paga el precio de la disolución del individuo; al menos en la lectura anglohegeliana tenida en mente por Nédoncelle.

El decano Nédoncelle no ignora la objeción y acepta existir una separación de los sujetos. Más todavía, la historia nos revela una disociación de las personas experimentada como una ruptura casi irreconciliable. Salta a la vista el estado de separación inicial.[76] Puestos a responder a la objeción es menester considerar que la reciprocidad aquí referida, incluso en grado ínfimo, no es una conexión moral, intelectual o psicológica; no es ante todo un

74 Rossi, "La persona come reciprocità in Maurice Nédoncelle", p. 151.

75 Pérez-Soba, "¿Personalismo o moralismo? La respuesta de la metafísica de la comunión", p. 285.

76 Cfr. Nédoncelle, *Intersubjectivité*, pp. 25-32; De Beer, "L'être parmi nous", p. 151.

intercambio afectivo entre los sujetos. La reciprocidad es el hecho de existir una relación entre todos; hecho fundado en la realidad misma del ente, incluso en lo que podría llamarse un límite inferior de lo óntico.

> Para toda persona el hecho de ser en el mundo, de ser al mundo, significa justamente que, lo quiera o no, está ofrecida a la mirada y se ofrece necesariamente a las otras personas. Ella no puede volver a entrar totalmente en su propia "cáscara" [*guscio*, en italiano en el original], aunque lo sabe oscuramente, imagina lo contrario. Esta donación primitiva de sí misma en el cuadro del espacio y del tiempo no es libre en el sentido en que lo son nuestras decisiones particulares.[77]

La reciprocidad es pues una condición constitutiva de la persona. Cada uno, por el simple hecho de existir, está ya en relación con otras personas. Ciertamente esta relación puede crecer o menguar; pero nunca desaparecer. Así considerada la reciprocidad es el punto de partida de toda otra comunicación y comunión de las conciencias. Más todavía, es la causa de todos los intercambios interpersonales conducentes a la comunión. Se trata desde luego de una cuestión de suma importancia, pues da cuenta de todo el movimiento de la humanidad. Quitada la causalidad intersubjetiva sólo puede explicarse el devenir temporal reduciéndolo a un juego de pelotas colisionando erráticamente. Explicar la causalidad, empero, es tarea mucho más ardua. "Nédoncelle mismo reconoce que esta causalidad intersubjetiva esencial al nosotros no es conceptualizable, empero es conceptualizante. En pocas palabras, ella aclara todo menos a ella misma. El nosotros es un hecho primitivo".[78] A mi juicio el asunto central ineludible en toda reflexión sobre la historia es el esclarecimiento de

77 "Carta a Gabriel Marcel (22-VIII-1943)", en Valenziano, *Introduzione*, p. 90. De acuerdo con esta cita no resulta atinada la observación de Muñoz, quien piensa que Nédoncelle, a diferencia de Zubiri, se habría quedado corto al imaginar que la reciprocidad se da sólo por el acto de conciencias que conscientemente se encuentran. Dice a la letra: "[...] pero en último término Nédoncelle queda atrapado en el sujeto ontológico, la subjetualidad [sic] personal", Muñoz Ortiz, "Consideraciones críticas sobre la ontología personal de Maurice Nédoncelle", p. 116.

78 De Beer, "L'être parmi nous", p. 154. En palabras del mismo Nédoncelle: "El principio fundamental al cual me he adherido siempre es el del carácter colegial de la persona. Todo mi análisis pretende esclarecer un corolario de este principio, que es la causalidad intersubjetiva", PN, Prefacio, p. 10.

esta causalidad intersubjetiva. Llámesela como se la llame, si no se es capaz de dar cuenta de las intencionalidades de unas personas actuando sobre otras recíprocamente, no se podría hablar de historia, sino simplemente de un choque de móviles. Los meteoritos no tienen historia.

Retomando el asunto de la reciprocidad nedoncelliana pienso que es muy valioso dejar en claro cómo la reciprocidad admite gradaciones, pero en su grado inferior es inamisible —en este sentido es metafísica— aunque no se reduce a ese peldaño inferior. Por otro lado, se puede afirmar claramente que la reciprocidad mínima, tal como la presenta, es el suceso mismo de la presencia personal. Pero, además, se debe aclarar que se trata de un hecho personal, es decir, no limitado a la presencia de los cuerpos. Sería un sinsentido hablar de reciprocidad entre objetos inanimados. Así que al hablar de reciprocidad se debe considerar desde el principio una cierta conciencia, de lo contrario no hay nada. A la vez, empero, no se puede hablar de conciencia si no hay ya percepción del otro.

Nédoncelle ha hecho un esfuerzo considerable por distinguir los términos al hablar de la reciprocidad; así nos permite despejar equívocos. De entrada, aclara que el aislamiento personal es una ficción.[79] En resumen, el mero yo de las cualidades naturales no es una subjetividad. "Solamente este pseudo-yo es solitario; es el único que pretendemos asir; las otras formas de yo no se captan, se presentan".[80] De hecho, monseñor Nédoncelle distingue netamente cuatro formas del yo, quedando más claro que el yo comunal al que se refiere no es cualquier yo. Veamos esta división:[81]

1. El yo objetivo: conjunto representativo de imágenes que sólo consisten en cualidades naturales tomadas equivocadamente por una subjetividad. Como ya se dijo, sólo este pseudo-yo es solitario. Aquí objetivo no debe entenderse como "abstracto", más bien designa las cualidades del sujeto

79 "Muchas enfermedades mentales lo son a base de agotamiento. No hay que sorprenderse de que el espíritu abatido se separe del universo o haga girar todas las cosas alrededor de sí mismo, por una especie de vuelta o saber egocéntrico de la individualidad biológica. El *cogito* puede ser cambiado por el sueño; puede desaparecer completamente por la observación exterior. Pero si hay un *cogito*, hay un mundo. El solipsismo es imposible", RC, §74, n. 42.

80 RC, §74, n. 43.

81 Cfr. RC, §74; Fernández-González, "Antropología dialéctica", pp. 658-686.

poseídas por ese mismo sujeto. Uno puede llamarlo yo-posesivo. En breve, objetivo no se opone aquí a subjetivo, sino a la esencia.

2. El yo positivo o empírico, es decir, la conciencia de sí en lo que tiene de temporal, y por lo mismo fragmentaria. Este yo sí es una subjetividad pura, más allá de las cualidades. Responde este yo a la descripción fenomenológica del origen del yo. Esto es, el yo que se va forjando en las diversas experiencias concretas de encuentros con un tú. Es, en pocas palabras, la experiencia positiva del contacto interpersonal. La experiencia constante del ir y venir entre el yo y el tú es lo propio de este estadio. En dicho sentido, apunta Nédoncelle, este yo nunca está solo, busca siempre ir más allá de sí mismo. Así se subraya una vez más que el yo no es el producto de una elucubración en solitario.

3. El yo ideal que se descubre en la percepción del otro y es equivalente al tú que recibimos y escogemos como más allá de nosotros mismos por "introcepción". Se puede decir que este yo-ideal es la línea donde confluyen el yo y el tú. Es el modo de estar presente el tú en el yo. Ese tú puede ser humano o divino. Si divino entonces pasamos al último estadio, el del yo-ideal divino. En resumen, es al nivel del yo-ideal donde se da la reciprocidad amante, la co-presencia de cada persona para la otra. Nos hemos ya detenido en este inciso sobre el yo ideal, pues allí es donde el amor se muestra como el quicio de la causalidad intersubjetiva.

4. El yo ideal divino que nos envuelve totalmente y que es el tú divino. Sin él la vida personal no sería más que un ensamblaje de fenómenos diádicos, pero siempre temporales y precarios. Por el tú divino, las conciencias humanas aparecen como criaturas que tienen una esencia divina. Sobre la estela de este último yo ideal, Nédoncelle traza un itinerario de camino hacia Dios. Una especie de prueba personalista sobre la existencia de Dios.[82]

A partir de esta clasificación a mí me interesa mostrar que Nédoncelle ha sabido aclarar los términos para hablar de la reciprocidad. Hecho esto queda patente que el yo sólo existe en comunión. "El *nosotros* antecede y culmina,

82 Para este asunto véase Kevin Rafferty, "The personalist way to God according to Maurice Nédoncelle" (tesis inédita, Université Catholique de Louvain, 1967); Paolo Marioni, "La ricerca di Dio nel filosofo Maurice Nédoncelle" (tesis inédita, Pontificia Universitá Gregoriana, 1966); Pedro A. Benítez, "Una prueba personalista de la existencia de Dios: Maurice Nédoncelle", en *Tópicos. Revista de Filosofía* 32, núm. 1 (2007): 9-37.

como una admirable conciencia integradora, a cada sujeto consciente".[83] De modo que hablar del yo es hablar del nosotros. Más todavía la explicación de Nédoncelle ha permitido descubrir que el yo implícito en el *cogito* es una conciencia de la relación con el otro. Gracias a sus aclaraciones entendemos que ese yo es el yo positivo y el yo ideal. Antes de ese yo sólo hay algo que apenas merece ese nombre. Ahora bien, dicha comunión es desde el principio una especie de intercambio. En el nivel más bajo de la reciprocidad "el encuentro que yo tengo me aporta un don irremplazable y hace de mí en cierto modo un deudor; la modificación de mi conciencia es una respuesta a la irradiación que él ejerce y que él es".[84] Este es, desde luego, el nivel más bajo de reciprocidad. Sin embargo, desde el instante en que yo percibo que ahí hay un tú, aunque ese tú a mí no me perciba, comienza a darse en mí una reciprocidad. Mi conciencia al percibir un tú, por definición, capta otro yo al que no puede más que conocer como tal. Y, por tanto, sólo puede, de entrada, querer su existencia. Según esto, sólo llamamos percepción al acto de conocimiento llevado a cabo por la conciencia, en el cual el yo al captar un tú lo primero que desea es la mutua promoción personal. Como ya se dijo, "el primer acto, el acto absolutamente primero, tiene un carácter forzosamente altruista".[85]

Uno debe tener presente que en todo este discurso sobre la reciprocidad el esfuerzo estriba en mostrar cómo la relación interpersonal es irreductible a la mera yuxtaposición de piezas físicas. Tampoco lo es al intercambio intelectual. La reciprocidad de las conciencias es una reciprocidad amante. Pasar esto por alto es reducir el pensamiento de Nédoncelle a un mecanicismo. Por el contrario, el fenómeno originario de nuestra propia identidad es la relación interpersonal. "El razonamiento de fondo es claro: si los elementos personales no pueden ser deducidos ni pueden emerger de lo impersonal, es absolutamente necesario que sean originarios".[86]

Dedúcese de lo anterior la importancia que da Nédoncelle a la voluntad de promoción, es decir, al amor. Mi opinión aquí es que dicha voluntad es

83 José Luis Vázquez-Borau y Urbano Ferrer, "Introducción", en RC, 8.

84 Nédoncelle, *Intersubjectivité*, p. 12.

85 *Ibid.*, p. 16.

86 Pérez-Soba, "¿Personalismo o moralismo? La respuesta de la metafísica de la comunión", p. 288.

la clave de interpretación del devenir temporal. En la causalidad intersubjetiva estaría la razón de ser del devenir. Pero además se podría aventurar que la lógica del amor es a la vez la lógica de la historia. Sin embargo, no queda todavía muy claro en qué consiste exactamente esa promoción, de suerte que la meta (*telos*) de la historia tampoco podría ser conocida. ¿Impide eso que al menos sea deseada a partir de una cierta idea forjada en lo profundo de los anhelos humanos? Si esto fuera así, ¿esa idea, no sería valiosa precisamente porque la deseamos? Y entonces, ¿no son los valores, designados como tales por nosotros mismos, la meta pergeñada a partir de los anhelos? Quizás Nédoncelle nos ha ayudado a identificar el anhelo —la voluntad de promoción— cuya realización se nos muestra como planificadora de la propia existencia. A la vez, sin embargo, no se alcanza a ver hasta qué punto un individuo podría identificarse con una voluntad de promoción tan amplia que es, en el fondo, irrealizable. Así que tal vez por eso Nédoncelle se limitará a hablar de la díada como la efectiva realización del amor.

Hegel pensará que no es posible entregarse a una idea tan amplia como la de la humanidad y que un sujeto sólo puede amar a una comunidad más restringida. "Un problema análogo ha marcado también Ch. Peirce; por su parte lo resuelve diciendo que todas las colectividades limitadas son decepcionantes, que sería tonto creer en ellas y que hay que inmolarse por la colectividad ilimitada".[87] Más amplia o más estrecha, sin embargo, la comunión entre las conciencias parece imponerse a la mente de los autores. Para explicarla Nédoncelle se sirve de la expresión *voluntad de promoción*, no obstante diferir de los planteamientos de otros autores. Se hablará de ello más adelante. En todo caso pienso que la idea de reciprocidad sigue siendo útil para explicar las relaciones humanas. Al mismo tiempo, esta idea permite explicar la sociedad y su capacidad de compartir metas comunes. Sin adelantar conclusiones me parece, sin embargo, que de aquí se pueden sacar modelos de explicación válidos para responder a las preguntas sobre el sentido de la existencia y de la historia.

En el capítulo anterior se habló de metafísica y fenomenología. Ahora se ha querido, quizás interrumpiendo un poco el hilo de la exposición, describir la

87 RC, §103.

ontología personalista de Nédoncelle. Mi objetivo al proceder de este modo ha sido mostrar de dónde sale la noción de persona que usa Nédoncelle. La objeción de Paul Ricoeur según la cual esta filosofía maneja una noción vaga y general de persona no responde desde luego al caso de Nédoncelle. Por el contrario, la distinción entre ser y entes es sintomática al respecto. En el pensamiento de Nédoncelle la persona (ente) es lo más contrario a lo general y abstracto.

Asimismo, he querido ir mostrando la originalidad de la persona. Para ello, hice una breve alusión a Aristóteles, quien sostiene que cada quien tiene su propia causalidad, la cual sirve para introducir ciertos problemas que veremos enseguida. En todo caso, si en el capítulo anterior se habló de fenomenología y metafísica, ahora se ha dicho a qué se refiere Nédoncelle al hablar de ontología. La metafísica nedoncelliana es tal cual una ontología personalista. Esto permitiría ir directamente al estudio de la persona; sin embargo, el mismo itinerario que se ha seguido deja en claro que se accede al ser personal a través del cuerpo, un cuerpo situado en el espacio y en el tiempo. Eso implica que no puedo estudiar a este ser sin considerar su posición en el mundo. De un modo u otro la persona también aparece a mi conciencia como un cuerpo junto a otros cuerpos. Pero esto no debe engañarnos haciéndonos creer que es sin más un cuerpo entre otros cuerpos confundida en la naturaleza. Nédoncelle está queriendo mostrar la novedad del ser personal. Así y con todo siempre es posible confundir a la persona con un objeto más de la naturaleza.

Lo que pretendo enseguida es hablar de la naturaleza para mostrar cómo no es posible atribuirle toda la iniciativa del devenir temporal. Pienso que Nédoncelle, al hablar de la naturaleza y de la persona, no se estaba ciñendo a una reflexión sobre las relaciones interpersonales y los límites que la naturaleza física le impone a dicha relación, sino que también estaba dando razón del decurso histórico al colocarlo, no en el cambio físico observable en los seres naturales, sino en la originalidad del ser personal. Pero esto se debe explicar dando varios pasos. Primeramente, hablaré de la naturaleza, sólo para mostrar que en la mente de Nédoncelle ésta no da cuenta del ser personal. Cuanto se acaba de ver en este capítulo de ontología personalista, donde se da prioridad a la persona al hacer de ella el ente por excelencia, ahora quedará ilustrado al describir la naturaleza impersonal. Enseguida haré una breve reflexión sobre la persona, lo cual dará pie, ya en el siguiente capítulo, a cuestiones sobre el valor y destino de la persona. En efecto, fieles a la inspiración de esta filosofía, se debe tomar a la persona como el paradigma del ente, esclarecer su valor y su destino. Precisamente porque Nédoncelle se está preguntando por la persona, no podrá evitar preguntarse por el sentido de su duración en el tiempo y por las relaciones temporales entre las personas. Así que casi inadvertidamente se pasará desde una reflexión sobre la persona y su devenir al estudio del tiempo.

Capítulo 3

La naturaleza

El término "naturaleza" ha sido evocado y es preciso esclarecer su sentido. Como se ha visto, el texto de Pinker menciona los reparos de quienes se muestran a disgusto con la idea de una naturaleza humana, arguyendo que de existir tal naturaleza se estarían justificando las discriminaciones y los determinismos. Así, por ejemplo, habría que excusar la conducta de un asesino compulsivo "aduciendo que son cosas de la naturaleza humana";[1] o bien, habría que aprobar la discriminación de algún grupo humano, sean cochimíes u olmecas, diciendo que poseen una naturaleza diferente a la de los demás. Con claridad se ve que aquí el término "naturaleza" está asociado a cosas negativas. Justamente Pinker ha querido mostrar que no es forzosamente así.

A decir verdad, en estas discusiones aludidas la naturaleza es imaginada casi como una máquina cuyos movimientos son automáticos y fijos. De allí que, especialmente en el personalismo, se quisiera desembarazar al ser humano de una concepción rígida de la naturaleza. Los debates contemporáneos no son ajenos a esta posición y hacen estragos por armonizar los datos que ofrece la biología sobre el comportamiento humano y la experiencia de la responsabilidad personal.[2]

---

1 Pinker, *La tabla rasa*, p. 262.

2 "La biología puede demostrar que *todos* somos inocentes. Según sostiene la teoría evolutiva, las razones últimas de nuestros motivos obedecen a la perpetuación de los genes de nuestros ancestros en el medio en que evolucionamos. Dado que ninguno de nosotros es consciente de tales motivos, a nadie se le puede culpar por ello", *ibid.*, p. 263. En estas líneas Pinker está presentando una posición contraria a la suya.

De hecho, todo el vaivén de argumentos a favor o en contra del concepto de naturaleza aplicado al hombre en el debate contemporáneo se oscurece a falta de un aparato conceptual filosófico hecho a propósito para esclarecer las diferencias. En torno a este debate el personalismo se presentó como una corriente moderna insatisfecha con la noción clásica (de corte aristotélico) de naturaleza, pero que a la vez pretendía continuar la tradición metafísica ligada al pensamiento de santo Tomás de Aquino. Quienquiera que conozca la cercanía de Tomás de Aquino con el pensamiento de Aristóteles, podrá entender que el personalismo parecía querer caminar sobre el filo de la navaja.[3]

Es claro entonces que al hablar de naturaleza en el contexto del pensamiento personalista se requieren algunas clarificaciones. Juan Manuel Burgos ha hecho este esfuerzo en un artículo, al mostrar los diferentes sentidos del término “naturaleza”, según sea usado en ámbitos diversos. Estas aclaraciones son pertinentes para entender la posición de Nédoncelle, quien a su vez nos dará pautas para reflexionar una vez más sobre los problemas contemporáneos suscitados por la idea de una naturaleza humana.

3.1. Conceptos de naturaleza

Burgos ha registrado tres conceptos de naturaleza.

El primero tomado básicamente del lenguaje común, lo identifica con el conjunto del cosmos; luego, el metafísico, que desarrolla una primera visión limitada al mundo material, en el que la naturaleza se entiende como la esencia corpórea en cuanto principio de operaciones, pero después prescinde del carácter material y se amplía a todos los entes, definiéndose sin más como la esencia en cuanto principio de operaciones; en fin, el concepto moderno, el cual vuelve prácticamente a la concepción primera y, al insistir en los rasgos físico-biológicos, la acaba oponiendo a las características más específicas del hombre: libertad, cultura, creatividad. Se establece así

3 Cfr. Jean Pierre Torrell, *Initiation à Saint Thomas d'Aquin. Sa personne et son oeuvre*, París, Cerf, 1993.

una oposición frontal entre el concepto moderno y el metafísico, una de cuyas consecuencias es la clásica confrontación entre naturaleza y cultura.[4]

El primer concepto de naturaleza es muy simple, pues sólo distingue entre lo que existe artificialmente por una intervención externa por manos del hombre sobre la materia y lo que no es fruto de una intervención externa. Esto último sería lo natural. Sin embargo, aquí no hay propiamente una definición de las esencias, sino una idea muy general, donde lo natural es lo contrario a lo artificial y lo artificial es lo producido por injerencia del hombre.

En todo caso donde aparece la confrontación, explica Burgos, es entre la idea metafísica de naturaleza y el concepto moderno. La contraposición tiene sus orígenes en la filosofía aristotélica. El estagirita elabora su noción de naturaleza casi exclusivamente a partir del mundo físico.[5] Aristóteles y, luego, santo Tomás de Aquino insistirán en que lo natural es lo que posee el principio del movimiento en sí mismo. Natural es aquello que de alguna manera se mueve por un dinamismo intrínseco. El dinamismo aludido se presenta como una fuerza estable y bien dirigida hacia un fin predeterminado. Con esta noción se explica que cada ser de la naturaleza actúa según unas leyes inexorables y se dirige a un fin que le es propio.

Ahora bien, al aplicar esta noción al hombre aparece una contradicción. Resulta que el hombre, dada su libertad, puede conocer la ley determinada de su propia naturaleza, pero decidir no seguirla. Conque el hombre estaría actuando en contra de su naturaleza. A esta contradicción tratará de dar respuesta el tomismo con una idea ampliada de naturaleza. Sin embargo, la solución del tomismo es, para Burgos, insatisfactoria, y por ello se alinea con los personalistas en un intento por ofrecer una salida válida a las contradicciones expuestas.

También está el concepto moderno de naturaleza. Compartido por Hume, Locke, Kant, Hegel y Ortega y Gasset, entre otros, la naturaleza es comprendida como lo biológico. Podría ser caracterizado como lo instintivo que se observa en los animales. Lógicamente todos los productos de la cultura humana

4 Juan Manuel Burgos, "Sobre el concepto de naturaleza en el personalismo", en *Espíritu* 54 (2005): 310.

5 *Ibid.*, p. 297; remite a Xavier Zubiri, *Naturaleza, historia, Dios*, Madrid, Alianza, 1994, p. 270.

que no responden al instinto, sino que tienen su fuente en la libertad, no serían naturales.

Enseguida J. M. Burgos explica las tensiones entre la noción metafísica que puede ser llamada clásica y la moderna de naturaleza:

> Para los modernos, en efecto, la concepción aristotélica de naturaleza establece un marco teleológico excesivamente estricto que, si ya presenta fisuras en el mundo propiamente natural, impide de manera decisiva la posibilidad de existencia de las categorías específicamente humanas, como la libertad, la cultura, el arte o el espíritu. Lo propio de la naturaleza es la determinación mientras que lo propio del hombre es la libertad. [...] Para la postura clásica, por el contrario, el rechazo del concepto de naturaleza, además de estar intelectualmente injustificado, genera muchos problemas, entre ellos el de propiciar un deletéreo relativismo antropológico.[6]

Si se lleva la postura moderna hasta sus últimas conclusiones, negando la existencia de una naturaleza humana, se tendría que decir que no hay nada común entre los individuos y no podría hablarse de igualdad o de derechos humanos. Esta posición señalada por Burgos es apuntada por John Milbank cuando dice que también para el moderno Kant lo que importaría "en el arte en definitiva no es su representación de la unidad de naturaleza y libertad, sino el hecho de que nos lleva hacia la esfera *ética* de la libertad pura, indeterminada".[7]

Se podría hablar de un conflicto aparente,[8] si se dejara en claro que las dos nociones en conflicto de hecho apuntan realidades diferentes. Pero no se puede esquivar la cuestión de la relación entre una esencia de lo humano y la libertad. Así que resulta importante aclarar esta relación. Burgos lo hace describiendo en primer lugar el intento de solución tomista.

6 Burgos, "Sobre el concepto", p. 299.

7 John Milbank, *Teología y teoría social. Más allá de la razón secular*, Barcelona, Herder, 2004, p. 215.

8 Cfr. Burgos, "Sobre el concepto", p. 299.

En el esquema tomista el concepto de naturaleza no se reduce a lo biológico. Aplicado este concepto al hombre abarca, pues, tanto lo somático como lo psíquico y lo espiritual. Así que al definir a la persona humana debe definírsele como una naturaleza racional. Esta fue la definición de Boecio, que santo Tomás admitirá sin objeciones.[9] Se debe decir entonces que, en el esquema tomista, así como la naturaleza del animal es su ser instintivo, así la del hombre lo es su racionalidad. "Ahora bien, como la naturaleza de la que habla el tomismo es una naturaleza libre no tendría por qué plantearse una oposición substancial entre ambas, a menos que la posición moderna quisiera negar la realidad de un núcleo común y universal para todas las personas".[10] En último término el concepto de naturaleza propugnado por el tomismo no designa otra cosa que la esencia de cada ser.

> Desde la posición tomista el conflicto entre los dos conceptos de naturaleza esconde un problema aparente y un problema real. Sólo hay problema aparente cuando se malinterpreta el concepto clásico de naturaleza identificándolo con una visión biologicista [sic] y naturalista. Se piensa entonces que el tomismo propone una visión mecanicista del hombre y se rechaza el concepto de naturaleza, pero sin motivo, porque se trata de un concepto metafísico.[11]

Existe, sin embargo, un conflicto real cuando se asume uno de los postulados más caros a la tradición tomista, a saber, la doctrina de la creación. Mientras que en la concepción griega la naturaleza es como una materia con la que uno se encuentra sin más, para la visión cristiana medieval la naturaleza, incluida la humana, es efecto de la acción creadora de Dios y responde a un designio del Creador. Con este presupuesto en mente se entiende el conflicto. Para la posición medieval, mientras que el animal se limita a seguir su

9 No es de extrañar en este contexto el interés de Nédoncelle por la definición de persona ofrecida por Boecio. Sobre esto volveremos más adelante. Véase Maurice Nédoncelle, "Les variations de Boèce sur la personne", en *Intersubjectivité*, pp. 235-271.

10 Burgos, "Sobre el concepto", p. 301.

11 *Ibid.*

naturaleza, el hombre la descubre y elige seguirla, aunque puede elegir no hacerlo, pero entonces fracasa. Como se ve, lo que compete a la libertad del hombre simplemente sería secundar su naturaleza, so pena de no alcanzar su fin. Justamente esto último es lo que niega la visión moderna. Para la modernidad la libertad del ser humano no es una simple ratificación de los impulsos naturales. Cuánto menos lo sería una mera subordinación al designio de un creador. De allí el verdadero conflicto: o naturaleza, entendida como ratificación racional hacia un fin preestablecido; o libertad, entendida como fuente total de creatividad y por ende ausencia de predeterminación.[12]

3.2. Solución personalista

El pensamiento personalista se presentó como una respuesta coherente frente a los dilemas de la modernidad. En primer lugar, advierte los límites del concepto de naturaleza heredado de la antigüedad pues, como dice Burgos, dicho concepto en el pensamiento aristotélico fue pensado para el mundo vegetal y animal, no para las personas. Luego el tomismo al asumir dicho concepto y aplicarlo al hombre se ve obligado a ampliarlo. Así para el hombre tenemos un concepto ampliado de naturaleza, donde a los aspectos materiales se agregan las características propias del ser racional: libertad, creatividad, cultura, etcétera.

La cuestión empero no es si se incluye o no la libertad, "sino cuál es el concepto de libertad que utiliza, si ese concepto responde de manera plena al modo de ser del hombre y, en caso de que no sea así, saber por qué resulta insatisfactorio".[13] El personalismo piensa que la noción tomista al aceptar el punto de partida aristotélico realiza sólo "una modificación relativamente externa"[14] del concepto de naturaleza para aplicarlo al hombre, pero de este modo termina

12 Respecto a la visión tomista Burgos opina que "supone una visión del hombre excesivamente rígida y pasiva pues genera la impresión de que el camino del ser humano en la tierra está determinado de una manera esencial por los fines de su naturaleza hasta el punto de que a él sólo le queda la libertad de asumir ese destino o rechazarlo", *ibid.*, p. 305.

13 *Ibid.*

14 *Ibid.*, p. 304.

velando lo más específicamente humano. Esta sería tal cual la crítica de la modernidad a la noción tomista de naturaleza humana. En palabras de Burgos:

> ¿Cuáles son los límites en la comprensión de la persona que impone el aparato conceptual teleológico? Son, desde luego, cercanos a los que ha advertido el pensamiento moderno. Una escasa sensibilidad para las dimensiones históricas, creativas y culturales y, quizás, y sobre todo, y como fundamento de las anteriores, una escasa sensibilidad ante la radicalidad de la libertad.[15]

Luego J. M. Burgos reconduce todo el problema al conflicto entre el pensamiento griego, que considera al hombre un "trozo de la naturaleza", y la visión cristiana que "segrega al hombre de la naturaleza".[16] Parece además que también Charles Taylor en *Fuentes del yo* se ha percatado del asunto.[17]

Si el hombre no es una *parte* de la naturaleza sino un ser aparte, se sigue que no está determinado en su dinamismo por las mismas leyes de la naturaleza. Decir que el hombre se propone sus propios fines es algo dicho por santo Tomás, pero con "oscilaciones".[18] Sin embargo, Burgos piensa que en términos generales los fines del hombre existen, en la mente de Tomás, independientemente de los deseos del hombre. Juan Manuel Burgos considera que el tomismo no alcanza a ver con claridad que la libertad humana es más que acoger unos fines preexistentes. De allí el descontento de la modernidad, la cual, en cambio, se siente cómoda con la exaltación de la libertad.

El campo de juego donde mayormente se nota la tensión entre el tomismo y la visión moderna, es el de la creación artística. Pero cabría señalar aquí todo el mundo de la cultura. "Una prueba clara en este sentido es que no ha existido tradicionalmente ninguna teoría filosófica tomista del arte ni de la cultura".[19]

15 *Ibid.*, p. 305.

16 *Ibid.*, p. 305, n. 23.

17 Cfr. Taylor, *Fuentes del yo*, pp. 381-391.

18 Burgos, "Sobre el concepto", p. 305.

19 *Ibid.*, p. 307, n. 27.

Según Burgos la solución no estriba en desechar el concepto de naturaleza. Su argumento al respecto es claro cuando dice:

> [...] la experiencia nos muestra que todo ser, incluido el hombre, tiene una naturaleza, un modo de ser esencial. Y si rechazamos ese concepto caemos tanto en un profundo error intelectual como en una grave confusión antropológica y ética. Porque, si el hombre no tiene una naturaleza, es decir un modo de ser determinado, ¿de qué hablamos cuando hablamos del hombre?[20]

Al final de su artículo Burgos explica la necesidad de repensar el concepto de naturaleza cuando hablamos del hombre. Esto es precisamente lo que hace el personalismo filosófico. La solución adoptada por Burgos se articula en dos afirmaciones: *a)* aceptar el concepto ampliado de naturaleza, afirmando así que hay un modo esencial de ser de los hombres; *b)* reticencia al uso acrítico del concepto de naturaleza para evitar el lastre de la tradición que evoca, con ese término, la idea de algo físico y determinado al modo del mundo físico.

3.3. Naturaleza y persona

He querido dar hasta aquí un rodeo sobre el tema de la naturaleza para llegar a la reflexión de Nédoncelle al respecto. Ha sido necesario por dos razones: la primera porque el tema de la naturaleza reaparece en el debate contemporáneo como se vio en las citas de la obra de Pinker y, como se verá más adelante, en un ensayo de Jürgen Habermas; la segunda, porque este asunto de la naturaleza enlaza con el hilo central de nuestra exposición, a saber, que el proceso del conocer y la configuración de la filosofía no son protagonizados por una máquina funcionando mecánicamente. En efecto, si se concibe la naturaleza humana como un autómata predeterminado por unas leyes físicas inexorables, se llega a la conclusión que todos los hombres aprenden exactamente

20 *Ibid.*, p. 299.

lo mismo en todas las épocas, negando *de facto* el progreso científico y cultural. En otras palabras, mientras que el gato actual nada ha inventado que no hubiera ya inventado su ancestro de hace mil años; respecto a los humanos las cosas son diferentes.[21]

El personalismo de Nédoncelle quiere mostrar que, si se quiere dar cuenta de la originalidad de cada hombre en el devenir de la historia del pensamiento, es porque su naturaleza no es un paquete de dinamismos previamente fijados. La línea de argumentación de Nédoncelle se dirige a mostrar la singularidad de cada persona, pero sin caer en una exaltación arbitraria del individuo. Todo esto necesita ser aclarado pues, como el mismo Nédoncelle reconoce, el término naturaleza es equívoco.[22]

A Nédoncelle le interesa especialmente distinguir la naturaleza de la persona[23] a fin de mostrar cómo la idea clásica de naturaleza aplicada al mundo de los seres en general no se aplica correctamente al hombre. En principio, el concepto de naturaleza usado por Nédoncelle es antitético respecto al de persona. En *La reciprocidad de las conciencias* caracteriza la naturaleza como el conjunto de todo aquello que es externo al sujeto consciente. La naturaleza es "exterioridad y espectáculo, o lo que es aproximadamente lo mismo, es sensible".[24] Así que de entrada la naturaleza es *grosso modo* todo lo tangible. De hecho, Nédoncelle al encuadrar a los seres de la naturaleza en las coordenadas del espacio y del tiempo, está sin más señalando que la naturaleza es todo lo que está sometido a esas coordenadas.[25]

21 "A simple vista, la noción de que podemos ser más que 'humanos' parece absurda. Después de todo, todavía somos biológicamente idénticos a nuestros antepasados cavernícolas virtualmente en casi todos los aspectos. Pero esta falta de cambio es engañosa", Gregory Stock, *Redesigning humans: Choosing our children's genes*, Londres, Profile Books, 2002, p. 170.

22 CL, p. 62.

23 Cfr. Juan Fernando Sellés, "La distinción entre 'persona' y 'naturaleza' humana según Nédoncelle", *Metafísica y Persona. Filosofía, conocimiento y vida* 5, núm. 9 (2013): 11-32.

24 RC, §96.

25 Cfr. RC, §97-103.

Dicho en otras palabras, la oposición persona-naturaleza[26] es, ante todo, la distinción entre el sujeto entendido como conciencia y la naturaleza entendida como conjunto de los objetos físicos, o lo que es lo mismo, los objetos sometidos al espacio y al tiempo.[27] En todo caso se experimenta una distancia entre el yo y los objetos. "Cuando esta distancia se revela es cuando aparece la noción de naturaleza, o al menos la forma más frecuente que toma ante nuestros ojos".[28]

Pero aparte de esta forma común que percibe la naturaleza como un espectáculo ante nuestros ojos, está la concepción de la naturaleza de mi cuerpo respecto a mi propia conciencia. En este caso estamos ante la confrontación entre el concepto metafísico de naturaleza y el concepto moderno. Es aquí donde se percibe la naturaleza como algo que en parte soy yo y en parte no.

Esto es así porque cada uno percibe su cuerpo como una realidad encuadrada en las coordenadas espacio-temporales. De allí que el sujeto consciente percibe su cuerpo como algo exterior, tanto como al resto de los seres. En efecto, Nédoncelle parte de la propia experiencia por la cual cada uno percibe su cuerpo como algo distante respecto a sí mismo.

> La percepción de uno mismo comporta frecuentemente un intervalo que es el cuerpo; en lo que podría ser un medio transparente se desliza casi siempre una opacidad de donde nacen las imágenes deformantes. En lugar de una intuición que coincidiría con el acto mismo de la existencia íntima, la conciencia de uno compromete su subjetividad pura en los prolongamientos equívocos y semisubjetivos de la sensación. El sujeto

26 El binomio persona-naturaleza es usual en la filosofía personalista. Entre los existencialistas, en cambio, es más común hablar de existencia personal-esencia humana, para referir el mismo par. Cfr. Juan José Pérez-Soba, *La pregunta por la persona. La respuesta de la interpersonalidad*, Madrid, Publicaciones de la Facultad de Teología de San Dámaso, 2005), p. 98.

27 Cfr. RC, §96.

28 CL, 63.

recibe en efecto el esbozo imperfecto de su interioridad en el sentimiento orgánico, bajo la forma de impresiones cenestésicas.[29]

Esta sensación es como el primer estadio de la percepción del yo, pero no el único, pues a partir de allí se avanza hasta percibir la diferencia entre el cuerpo y el yo, que no se identifica con el cuerpo. En efecto, "las sensaciones internas y los sentimientos cualitativos no son propiamente hablando la subjetividad pura".[30] Sin embargo, como nota Nédoncelle, en esta operación de captarnos a nosotros mismos tiene lugar un primer desdoblamiento del yo en dos. Esto es, capto mi cuerpo y otras cualidades, y junto con ello capto que eso que capto soy yo mismo, llegando así a la conclusión de que el yo se capta a sí mismo. Estas son sus palabras: "Así elaborado, el sentimiento de nuestro cuerpo nos permite esta operación inaudita y de una sorprendente complejidad: dar un lugar a nuestra subjetividad en el conjunto de los objetos, es decir, lograr un sujeto-objeto".[31]

Así que un segundo modo de concebir la naturaleza aparece cuando se refiere al propio cuerpo. En este caso estamos ante una especie de objeto, pero que a fin de cuentas es también mi propio yo. "La naturaleza es de entrada mi naturaleza",[32] dirá Nédoncelle cuando se refiere justamente a la naturaleza humana. En este contexto de oposición entre la naturaleza y mi conciencia, la caracterización que hace Nédoncelle de la naturaleza es, en un primer momento, bastante negativa.

En *La reciprocidad de las conciencias* habla literalmente de la "hostilidad de la naturaleza hacia el yo",[33] a fin de mostrarla como "una negación que se divierte con el orden personal y lo humilla",[34] hasta poder decir

29 RC, §46.

30 RC, §46.

31 RC, §46. En el mismo sentido: "Mi cuerpo que es una parte del cuadro percibido o perceptible continúa siendo un instrumento del acto por el cual yo percibo; más todavía, se refugia en la subjetividad en el momento mismo en que parece desvanecerse en la pura objetividad", en *Explorations*, p. 52.

32 CL, p. 64.

33 RC, 2a. parte., cap. 1, sec. II.

34 RC, §96.

que “estamos sumergidos en los ensayos turbadores de la naturaleza, ese arquitecto extraño”.[35]

Un poco más adelante matiza su descripción de la naturaleza a fin de notar que la percepción de la naturaleza en términos negativos “no es más que un concepto relativo”.[36]

> Por dos razones sería pueril considerar la naturaleza como un genio malhechor que quiere conscientemente que nos perdamos: 1. En primer lugar ella no es una persona, y suponerle una voluntad propiamente dicha no es razonable. 2. Después, ella no es únicamente mala. Es falso que tengamos solamente que llegar a ser lo contrario de lo que somos naturalmente. Incluso en las cosas en que se opone a nuestra promoción personal, la naturaleza podría ser peor de lo que es. Se puede imaginar un mundo más intolerable todavía que el nuestro.[37]

Como en el ejemplo de Gulliver quien en uno de sus viajes encuentra un lugar horrible donde sus habitantes son condenados a una vejez prolongada y cada vez más decadente, pero que nunca desemboca en la muerte. Así que a fin de cuentas la naturaleza “en su conjunto, no es una hostilidad hacia el yo, ni una promoción del yo, sino una indiferencia”.[38]

La indiferencia de la naturaleza, sin embargo, es relativa, porque a fin de cuentas la experimentamos o como una aliada o como un adversario según sea el caso.[39] De ahí que pretender extraer de la naturaleza un criterio para guiar nuestra conducta es en general ilusorio.[40] “No estamos perseguidos por un odio especial del mundo exterior y no somos tampoco el objeto único de las solicitudes

35 RC, §134.

36 RC, §127.

37 RC, §139.

38 RC, §139.

39 Cfr. CL, 66; RC, §132.

40 “Vemos que es igualmente legítimo declarar: la naturaleza es el caos de las estructuras contingentes y la naturaleza es la ley. Esto depende de lo que se mire en ella”, RC, §109.

del destino. En los dos casos, el romanticismo es inexacto y nos da demasiada importancia".[41]

Así que todo sumado a querer tomar la naturaleza como criterio orientador de una conducta es desconocer la indiferencia de la naturaleza respecto al hombre. Más bien parece que el hombre debe habérselas con su propia conciencia. Así y con todo, Nédoncelle reconoce en el conjunto de las doctrinas filosóficas y religiosas la explicación que atribuye a la naturaleza un maquiavelismo de tal calibre que hace surgir ideas generales para los hombres. De esta manera nacieron la metafísica y la moral: la astucia de la naturaleza "consiste en mimar al espíritu suscitando el aliento de las ideas generales y de los valores eternos".[42]

Todas estas afirmaciones están encaminadas a mostrar que es totalmente equivocado concebir a la naturaleza como una fuerza consciente, prácticamente humana, con intenciones parecidas a las nuestras.[43] Hay un error en elevar al rango de modelos ideales a seguir todo el conjunto de cualidades físicas de los seres sensibles. En este sentido cada cualidad encontrada en la naturaleza "es particular" y "no general en el sentido de los platónicos".[44] Un simple ejemplo lo hace patente: "El ladrido del perro no existe más que en un acontecimiento. Lo que existe es el ladrido".[45] Una cualidad sensible puede encontrarse aquí o allá, en diferentes acontecimientos, y por ello es susceptible de abstracción, pero eso no quiere decir que se encuentre existiendo como una generalidad o una idea universal.

La conclusión de estas reflexiones de Nédoncelle consiste en decir que la naturaleza no es una persona que orquesta el curso de la humanidad, ni para bien ni para mal; pero tampoco es, como querrían los relativistas de los que habla Pinker, un material totalmente a nuestra disposición.[46]

41 RC, §139.

42 RC, §132.

43 Cfr. RC, §139.

44 RC, §107.

45 RC, §105.

46 "Nuestra libertad eficaz sobre la naturaleza tiene sus límites", RC, §119.

A decir verdad, somos cada uno de nosotros los que estamos buscando en la naturaleza la respuesta a nuestras preguntas, casi como el agur las busca en el vuelo del pájaro. ¿Qué imperativo moral se podría sacar de allí?

Más bien hay que recordar que "el ser de las cosas es creado de nuevo por el entendimiento humano, y es del yo de quien reciben sus atributos definitivos (es la tesis tomista del concepto) incluso sus definitivas cualidades sensibles (como lo han sostenido con significados diversos Suárez y Kant)".[47] Es una afirmación común decir que no conocemos la realidad en el sentido que lo pretendía el realismo ingenuo. Por eso mismo es ingenuo pretender tomar la naturaleza como un dato absolutamente inequívoco del cual podríamos extraer todas las instrucciones para nuestra vida. Maurice Nédoncelle quiere hacer notar el hiato que hay entre nuestra conciencia y la percepción del mundo sensible; incluido nuestro cuerpo.

> Un ejemplo, basta para mostrar el género de dificultades que comporta la interpretación de los hechos. Que la filosofía de la naturaleza sea difícil y esté expuesta a tomar posibilidades o probabilidades por certezas, es un hecho que hay que reconocer. No podemos estimar la historia del mundo sin traer a nuestro destino las intenciones que creemos discernir. Más aún, no podemos juzgar a la naturaleza sin prolongarla, y no será definitivamente ella misma más que por el juicio de la humanidad. Debemos continuar y reorientar sus caminos inacabados: ésta es la esperanza, en parte libre, de un futuro que ya esbozan. La particularidad no concluye jamás en la misma naturaleza: el equívoco que podríamos reprochar a la filosofía está en las cosas.[48]

Dejando esta cita de lado, me parece ahora oportuno resumir la idea central que he querido presentar al hilo de las palabras de Nédoncelle sobre la persona y la naturaleza. En síntesis, se puede decir que en la reflexión filosófica sobre el sentido de la vida se ha querido buscar muchas veces una

47 RC, §117.

48 RC, §126.

respuesta en la naturaleza imaginada, según se ha dicho, como un concentrado de orientaciones para nuestra vida. Vista en sentido general la naturaleza sería todo el mundo sensible, el cual nos presenta cualidades de lo más variado. Nuestra tendencia es hacer generalizaciones a partir de allí. Desde luego que no pretendo negar la validez de estas generalizaciones, pero sí pretendo negar que se las pueda elevar al rango de imperativos morales.

Por su lado, la noción metafísica de naturaleza, al extender del mundo físico a la totalidad de los entes, las pocas pero evidentes leyes mecánicas de causalidad, ha querido imponer al mundo personal unas leyes para nada evidentes y para nada mecánicas de causa-efecto; el resultado habría sido desastroso. Pues, a decir verdad, "el sistema físico en sentido estrecho, es decir, la región del determinismo, no es más que un aspecto que se aplica a las repeticiones", pero en la práctica nosotros nos las vemos con acontecimientos mucho más complejos donde las variantes son prácticamente infinitas, de tal suerte que "el cálculo de las probabilidades se volatiliza cuando el número de casos y el de los golpes son infinitos: entonces todo es posible y nada es previsible".[49]

Puede entonces entenderse que cuando Burgos hablaba de la naturaleza en el sentido aristotélico estaba denunciando la ineptitud de tal concepto para aplicarlo al orden personal. De hecho, el mundo de las personas no se identifica con los mecanismos físicos, por lo que no vale para definir la naturaleza humana la noción meramente física de naturaleza. Más todavía, Nédoncelle ha puesto de relieve que esa noción física de naturaleza es muy limitada, y que ni siquiera para el conjunto de objetos sensibles podrían deducirse principios tan evidentes que nos mostraran una finalidad incontestable de todo lo físico y luego de la humanidad misma. Estoy de acuerdo con Nédoncelle cuando escribe que "la mecánica de la naturaleza que nos tritura tiene por finalidad revelarnos mejor nuestra sumisión a la mecánica, y especialmente el hecho de que no podamos encontrar en ella nuestra razón de ser".[50] Como se dijo, el concepto metafísico de naturaleza incluye la noción

49 RC, §112.

50 RC, §114.

de finalidad. O sea que es natural aquello que tiene en sí mismo un principio de movimiento dirigido a un fin predeterminado. Sin embargo, esclarecer cuál sea la finalidad de todo el mundo físico y biológico no es algo que se nos dé inmediatamente. Hace falta reconocer que en muchas de nuestras explicaciones sobre la finalidad de la naturaleza hay cierto antropomorfismo.[51]

3.4. Naturaleza y conciencia personal

Ahora quiero explicar con más detalle la relación entre naturaleza y persona. Para referirse a la persona en cuanto diferente a la naturaleza Nédoncelle usa la expresión conciencia personal. Ya se habló de esto, pero aun así es bueno recordar que esta conciencia es de hecho la percepción del propio yo que se origina por un camino que pasa a través de las percepciones sensibles. Dicho con otras palabras, la conciencia aparece como un dato cuando a partir de las propias sensaciones me percibo a mí mismo.

Esto es que en el momento mismo de captarme a mí mismo, me capto como un dato. Soy algo dado a mi propia conciencia. Tómese en cuenta cuanto ya se dijo sobre el modo de conocer, ese camino de la fenomenología a la metafísica, descrito por Nédoncelle. Por lo pronto es importante notar cómo ese dato percibido que soy yo mismo a la vez posee su propia objetividad. Lo ha dicho representativamente De Beer: "Le moi reste au vestiaire quand le Je rentre en scène".[52] El acto de conocer es siempre intencional, es decir, que si conozco, conozco algo. Recuérdese la frase de Nédoncelle: *cogito cogitatum*.[53] Pienso que es bueno tener presente que en el *cogito* nedoncelliano, distinto al cartesiano, la reflexión es testigo de una suerte de presencia paralela de nosotros mismos a nosotros mismos y de nosotros al mundo.[54]

Así pues, tras la percepción sensorial se pasa a una conciencia de sí que no se reduce, obviamente, a la mera conciencia de las cualidades sensibles

51 Cfr. André Lalande, "Finalité", en *Vocabulaire thechnique et critique de la philosophie*, André Lalande (ed.), 7a. ed., París, PUF, 1956, pp. 355-358.

52 De Beer, "L'être parmi nous", p. 151.

53 Cfr. "Carta a Crispino Valenziano (29-XI-1959)", en Valenziano, *Introduzione*, p. 111.

54 Cfr. Amadini, *Ontologia della reciprocità*, p. 118.

percibidas, sino que constituye la aprehensión del ser que yo soy. A esta aprehensión es a lo que llama conciencia de sí. De modo que al hablar de la conciencia de sí o conciencia personal, nos referimos a la percepción que el yo tiene de sí mismo.

De todo esto es importante subrayar que la percepción del yo no aparece por arte de magia al margen del mundo exterior, de lo sensible. Al contrario, el *cogito* jamás es totalmente solitario, sino que se aparece por relación a un mundo. Es a ese mundo al que llama de un modo genérico naturaleza. Al punto esa naturaleza es percibida como algo ligeramente distante o exterior al propio yo. Si enseguida se fija la atención en la exterioridad del propio cuerpo esta percepción es peculiar. También el cuerpo es naturaleza, —en este sentido de mundo exterior— pero ahora es mi naturaleza. "Y mi naturaleza es eso que todavía no soy yo o que no lo es al momento que me aprehendo y tomo, por decirlo así, mi destino en las manos".[55]

Claramente hay una distinción entre persona y naturaleza si se plantean, como hace Nédoncelle en *Conscience et Logos*, dos preguntas: ¿quién soy? y ¿qué soy? La primera es la cuestión de la persona, la segunda es la de la naturaleza.[56] En este sentido, hablar de naturaleza es hablar de rasgos comunes entre los hombres. "No hace falta hacer una lista *ne varietur* de comportamientos para probar que la naturaleza del hombre es constante".[57] Lo llamativo, me parece, son las singularidades. ¿Cómo explicar que a pesar de las constantes haya tantos trazos irrepetibles? Es al responder a esta cuestión que Nédoncelle se fija en la persona. "La persona no procede de la naturaleza como de una esencia abstracta",[58] de tal manera que, a pesar de las constantes, no parece que cada hombre se limite a repetir cualidades de una naturaleza dada. A esto me refiero cuando digo que no somos un simple perchero del que cuelgan rasgos generales y comunes.

A la vez las singularidades de los hombres no son de tal calibre que nada tengan en común entre ellas. Así que a fin de cuentas puede decirse

55 CL, p. 64.

56 Cfr. CL, p, 64.

57 CL, p. 65.

58 CL, p. 65.

que, entre la naturaleza entendida como un conjunto de cualidades repetibles y la conciencia entendida como un centro original e irrepetible de conocimientos y decisiones, hay mucha cercanía. De hecho, ha de admitirse que, en el acto mismo de querer desmarcarme de mi naturaleza, me encuentro más cerca de ella. Soy más yo mismo y soy más parecido a todos los demás.

Los problemas planteados por la distinción entre persona y naturaleza son resueltos por Nédoncelle aceptando, de entrada, que el yo no se enajena por el simple hecho de descubrir su cuerpo como una realidad externa. En efecto, "si la conciencia personal se toma como meta de su propia búsqueda, la misma voluntad de querer desenajenarse le revela una naturaleza de la persona que no está lejos de sí misma, sino que se confunde con el propio yo. El yo de la autoposición es mi propia naturaleza".[59] Pero, además, Nédoncelle piensa que el verdadero yo también me es revelado por los demás que me quieren. El amor de los demás hacia mí es fuente de identidad personal.

Nédoncelle explica esto último apelando a la teología de Mario Victorino, para quien es claro que el Padre engendra al Hijo por un acto volitivo.[60] Esto quiere decir que el Hijo existe por ser querido por otro. Ahí se descubre cómo una voluntad puede engendrar otra. En efecto, en la argumentación de Mario Victorino, el engendrado, el Hijo, es querido por el Padre, pero además también tiene su propia voluntad. Ser querido por otro no le quita su propio querer. El ejemplo le sirve a Nédoncelle para explicar que el querer algo diverso del yo no conlleva una contraposición entre el yo y lo querido que convierta a ambos en antagonistas. De ahí que no debería extrañar que la *ipseidad* coincida con la alteridad más elevada. "La *ipseidad* puede ser sinónimo de la más profunda naturaleza individual del yo; pero el conjunto de naturalezas individuales así entendidas puede formar un universo interpersonal que es la naturaleza de la persona".[61] Lo cual me parece justo resumir diciendo que lo natural del yo es ser un nosotros.

59 CL, p. 66.

60 Cfr. Mario Victorino, *Traites Théologiques sur la Trinité*, Paul Henry y Pierre Hadot (eds.), París, Aubier, 1960.

61 CL, pp. 67-68.

Al parecer, en efecto, una filosofía del nosotros, como la de Nédoncelle, deja de lado la naturaleza entendida como algo meramente físico y la concibe como la esencia del nosotros. Nédoncelle es consciente de estar realizando una metamorfosis de la noción de naturaleza. Esta noción metamorfoseada de naturaleza se identifica con la comunión interpersonal. "En una filosofía del *nosotros*, la naturaleza es recuperada y reintegrada; pues el *nosotros* es precisamente la naturaleza que conviene a las personas y que les asegura una comunidad ontológica sin transformarlas en ideas impersonales".[62]

3.5. El futuro de la naturaleza humana

En un contexto diferente Jürgen Habermas ha abordado el asunto del futuro de la naturaleza humana, preocupándose por la cuestión de la vida recta. Aquí reaparece la controversia sobre la naturaleza como fuente o no de una vida moral. Pienso que la distinción que hace Burgos entre naturaleza en sentido metafísico y naturaleza en sentido moderno es la misma, aunque con matices diferentes, que ya maneja Habermas al hablar de naturaleza exterior y naturaleza interior. Para Habermas los recursos materiales de los que el hombre puede disponer físicamente son la naturaleza exterior; mientras que la naturaleza interior está constituida por las personas con sus diferentes capacidades racionales. Pero más todavía, encuentro un paralelismo entre la naturaleza exterior e interior de Habermas y la naturaleza de los objetos sensibles en general y la de mi propio cuerpo de Nédoncelle. Esta última, la naturaleza que yo soy (naturaleza interior) no es la misma que la de los objetos impersonales. Querer tratarlas igual es la fuente de los equívocos y de los fracasos.

La naturaleza interior se identifica con la esencia del hombre, mientras que la naturaleza exterior es todo lo que técnicamente está a disposición del hombre.[63] Mas, así consideradas las cosas, resulta que también nuestro cuerpo está a disposición técnica del hombre y es justamente aquí que Habermas quiere establecer una separación infranqueable entre la naturaleza exterior y

62 CL, p. 68.

63 Cfr. José Ignacio Galparsoro, "Biotecnología y naturaleza humana. La cuestión del posthumanismo", en *Agora: Papeles de filosofía* 33, núm. 1 (2014): 161.

la interior. Así que para Habermas no sería legítimo intervenir técnicamente en el cuerpo humano al punto de trastocar ciertas propiedades que deberían ser dejadas a la herencia natural. En términos legales esto quedaría formulado afirmando que existe el "derecho a una herencia genética en la que no se haya intervenido artificialmente".[64]

Sin embargo, para un autor como Gregory Stock semejantes prohibiciones serían simplemente ideológicas, pues la misma naturaleza es la que nos ha conducido hasta donde estamos y ha sido, precisamente la naturaleza humana con su característico espíritu aventurero, la que nos ha dado tanta cultura.[65]

Como se percibe, el debate contemporáneo sigue planteándose en torno a dos nociones de naturaleza que parecieran antitéticas. Al retomar la reflexión de Nédoncelle he querido mostrar que este autor tiene razón cuando, tras describir el mundo físico en general, concluye que de ahí no podemos deducir ningún criterio inmediato sobre la acción moral. Lo cual evidentemente nos obliga a dirigir la mirada hacia otro lado.

Pinker y Burgos nos han narrado cómo la modernidad experimenta una desazón con la idea clásica de naturaleza concebida como una voz infalible a la cual el hombre no tiene más que seguir dócilmente para llegar a su plena realización.[66] El hecho, sin embargo, es que la naturaleza en ocasiones se muestra hostil a las más profundas aspiraciones del hombre; además de que no hay consenso sobre el contenido preciso de la voz de la naturaleza. En este sentido, la naturaleza deja de ser una fuente fiable de directrices para la humanidad. Precisamente aquí estaría la médula del conflicto de la modernidad

64 Jürgen Habermas, *El futuro de la naturaleza humana. ¿Hacia una eugenesia liberal?*, Barcelona, Paidós, 2002, p. 42.

65 Cfr. Stock, *Redesigning humans: Choosing our children's genes*, 170; Galparsoro, "Biotecnología y naturaleza humana. La cuestión del posthumanismo", p. 158.

66 A pesar de lo dicho anteriormente parece relevante hacer notar que, para santo Tomás, el hombre no se limita a seguir una voz, sino que debe proponerse sus propios fines. Véase Tomás de Aquino, *De Veritate*, libros 5, 6 y 7; asimismo *Contra gentiles*, III, 113, n. 4, donde explica que el hombre ha sido dejado a su propio gobierno para elegir lo que es bueno según los diversos tiempos y lugares. Quizás Juan Manuel Burgos ha simplificado un tanto el pensamiento de santo Tomás.

con los antiguos en torno a la naturaleza y más específicamente cuando se refiere a la naturaleza humana.

Por mi parte he querido, valiéndome de Nédoncelle, dar la vuelta a la cuestión para preguntar más bien si podemos extraer algo útil de la creatividad de los individuos. ¿Podemos aprender algo de los genios? ¿Es posible deducir principios de comportamiento generales a partir de las genialidades de los grandes hombres? Dicho de otro modo: ya que no tenemos un criterio certero en la voz heterogénea de la naturaleza, ¿acaso lo podemos extraer de los genios; o por el contrario, hemos de descartarlos como meras anomalías?[67]

3.6. La persona en cuestión

Al distinguir entre persona y naturaleza se aborda una cuestión crucial, tanto en el pensamiento de Nédoncelle como en lo que se refiere a la reflexión sobre la historia. Efectivamente, si no se distinguen uno podría decir llanamente que la historia es el resultado del fluir de la naturaleza. La persona no sería sino una pieza más de esa gran máquina que es la naturaleza. Más aún se podría identificar a la naturaleza con una gran conciencia personal —al estilo del idealismo extremo— de la cual los individuos son sólo sus órganos. Dicha conciencia sería la auténtica protagonista de la historia, mientras que los individuos no tendrían, estrictamente hablando, una historia. Esta última será en buena medida la tesis rechazada por Nédoncelle, pero antes debía clarificar la distinción entre naturaleza y persona.

En efecto, Nédoncelle piensa que se debe hacer la distinción "entre la persona singular y la naturaleza común a los hombres".[68] La diferencia se ilustra cuando digo que Pedro es hombre; entonces "proclamo que él no es enteramente Pedro y que su persona está gravada en una naturaleza impersonal".[69] Es decir, que la lista completa de todas las propiedades contenidas en la naturaleza humana no me darán jamás a ningún hombre, al individuo

67 "La sabiduría de los sabios es a menudo la última conquista de la existencia temporal", RC, §268.

68 Sellés, "La distinción", p. 17.

69 RC, §22.

Juan o Pedro.[70] Esto quiere decir que no se debe identificar a la persona con la naturaleza humana.[71]

> Si creemos que hay una naturaleza, es porque efectivamente se impone a nuestro asentimiento. La noción de persona no la contiene. Es una constatación de hecho la que nos muestra la conexión de nuestra vida personal con una exterioridad, o lo que es la misma cosa, el carácter encarnado de nuestras personalidades. Pues esta encarnación no es una deducción necesaria del espíritu.[72]

Más aún para Nédoncelle hay "una noción de persona, pero no una idea general de persona [...]. Si bien la persona es universal, no es general".[73] Así que no es correcto reducir la persona a un concepto general. Al respecto J. F. Sellés opina que por un lado Nédoncelle tiene razón en no equiparar la persona a una idea general, pero por otro no la tiene tanto al decir que es universal.

> Para el pensador galo la noción de persona no es una idea general, lo cual es correcto, porque lo general designa lo lógico, no lo real; pero indica que la persona es universal, lo cual no es correcto, porque lo universal se refiere a una forma real repartida en muchos individuos (*unum in multis*), es decir, a la causa formal distribuida entre la multitud de causas materiales, que la individúan, pero aunque la persona se pueda comparar a la

70 El estudio minucioso de Nédoncelle sobre la definición de persona de Boecio muestra las variaciones que el mismo Boecio tuvo en sus intentos de definición. La más célebre de las cuales, sin embargo, no es tal vez la más afortunada. Señalo aquí que es equivocada la apreciación de B. Castilla al decir que Nédoncelle considera válida la definición de Boecio. Cfr. Blanca Castilla, *Persona femenina, persona masculina*, Madrid, Rialp, 2004, p. 31, n. 7. En cambio, es más acertado Pérez-Soba quien apunta atinadamente que para Nédoncelle el concepto de persona de Boecio no se limita a la definición escolástica. Posiblemente Boecio definiría la persona como "un espíritu razonable y libre llamado a una vida divina", en *Intersubjectivité*, p. 270. Cfr. Pérez-Soba, *La pregunta por la persona. La respuesta de la interpersonalidad*, p. 100, n. 225.

71 "La persona humana no se reduce a las cualidades de la naturaleza; incluso es independiente de ella por esencia", PN, #5.

72 RC, §41.

73 RC, §44.

causa formal, en rigor, no es equiparable a ésta, sencillamente porque la persona no es de orden físico.[74]

Cuando Nédoncelle dice que la persona es universal, quizás la expresión es un tanto equívoca, pero se la puede comprender mejor si se toma en cuenta que en otros escritos la define más bien como una perspectiva universal; dando a entender así que la persona no es un recipiente cerrado.[75] Pero más aún, tal vez la crítica de Sellés se podría evitar si se toma en cuenta que Nédoncelle utiliza la expresión *universal* en el sentido de amplitud de miras. "La persona es pues universal, capaz de extender la presencia de su conciencia a toda la realidad y de tener presente toda la realidad, según una perspectiva singular".[76] De hecho, Nédoncelle ha querido evitar a toda costa que se entienda la persona como una característica "que se repite" o un "rasgo común a varias realidades naturales";[77] por ello ha dicho que la persona no es una idea general. Discusión aparte sobre la diferencia entre general y universal,[78] Nédoncelle ha dejado en claro que la persona "designa una realidad singular", mientras que la naturaleza humana es "una para el género humano, es decir, común a todos los hombres".[79] Más que nada con la noción de universal se aleja de la mónada incomunicada, para abrir desde el inicio a la persona a la relación interpersonal.

Aún más en *Personne humaine et nature* se dice claramente que la "persona y sus aspectos concretos son perspectivas universales".[80] Con esta afirmación Nédoncelle no pretende hablar del universal en el sentido escolástico (*unum in multis*), y quizá Sellés lo podría haber notado. Más bien está

74 Sellés, "La distinción", p. 19.

75 Cfr. AP, p. 75.

76 Amadini, *Ontologia della reciprocità*, p. 103.

77 *Ibid.*, p. 84.

78 "Las glosas necesarias sintácticas y semánticas dejan ver la ambigüedad del binomio universal-general. Sostener que la persona es universal, diversamente de falsas interpretaciones cosmológicas, no equivale a aseverar que es general", *ibid.*

79 Sellés, "La distinción", pp. 30-31.

80 PN, #6.

contraponiendo lo universal a lo parcial. El asunto se esclarece a partir de sus explicaciones sobre la perspectiva. Primeramente, se entiende una perspectiva como un punto de vista, un ángulo de visión único, y por ende parcial. Pero "también supone algo de común: el objeto contemplado es el mismo para la pluralidad de contempladores y éstos se hallan vinculados entre sí gracias a la posibilidad de una traducción recíproca. Por estos últimos caracteres, la idea de perspectiva resulta una metáfora muy feliz para designar la persona y sus aspectos concretos, tales como el yo o el tú o el nosotros".[81] Si se toma la metáfora demasiado literalmente, o sea, como un punto de vista espacial, ciertamente la persona abarca la realidad limitadamente, pero si se aplica la noción a las relaciones espirituales, la perspectiva no conoce límites. Si se está interpretando bien el pensamiento de Nédoncelle, el término perspectiva está a significar la posición del yo en el conjunto de las relaciones interpersonales. En este sentido cada yo es una perspectiva. Pero al agregarle el término universal está explicitando que el ángulo de visión no impide la vista de toda la realidad. Si se comparara con un círculo uno diría que desde cualquier punto del círculo se ve todo el círculo. "El yo —dice Nédoncelle— es una serie ilimitada de percepciones activas; está en cada momento de la serie del mismo modo que la belleza se extiende sobre el conjunto de un rostro"; agregando un poco después que "en principio todos los puntos de una perspectiva universal son igualmente aptos para traducir el contenido verdadero de la comunidad heterogénea que une el mundo racional de los espíritus".[82]

Por universal Nédoncelle está entendiendo *omniabarcante*, o al menos así me parece que debe concebirse. Ciertamente cada persona es única y como tal es un "acontecimiento ontológico inédito";[83] mas por el hecho de ser conciencia, esto es apertura hacía sí y hacia lo otro, la persona tiene una vocación universal.

81 PN, #6.

82 PN, #6.

83 Fernando Ramos, "A ontologia personalista de M. Nédoncelle", en *Revista filosófica de Coimbra* 3, núm. 2 (1993): 175.

> Sostener como he hecho yo —dice Nédoncelle— que la persona es una perspectiva universal es, en un sentido, respetar la vieja fórmula según la cual es un individuo racional. Pero es añadir algo que en principio no se ve en la definición clásica, y que es la importancia radical de una inserción en el orden concreto y total del amor.[84]

La persona puede "trascender reflexivamente sus límites y comprender su propio punto de vista como *un* punto de vista, tanto como los otros puntos de vista de los demás seres que no son ella. La reflexión de la conciencia hace de la persona un *capax universi*".[85] Lo cual permite afirmar que no es necesario proyectar en una supra-conciencia universal la apertura a la totalidad de lo real, sino que cada persona puede hacerse cargo de la totalidad. Evidentemente la universalidad aquí sostenida no está ya terminada. En todo caso su interés en estos renglones es librar al yo del encajonamiento de una naturaleza física que por definición tendría a la persona confinada a su condición corpórea. Al hablar de perspectiva universal se está indicando que la persona está abierta a captar todo el universo de conciencias que la rodean, de modo que desde su punto de vista puede hacerse cargo también del punto de vista de los demás.[86] Esto, desde luego, significa que cada uno se percibe formando parte de una comunidad mucho más amplia que la que alcanza a ver con sus ojos físicos. La conciencia de pertenecer a la totalidad de la humanidad abre también el horizonte a consideraciones históricas. Como se dirá más adelante, la conciencia al abrirse a su propia realidad se percibe como antecedida por una historia de conciencias que le preceden. Lo cual la lleva a querer integrar todo el pasado en el presente. Esta reflexión por supuesto cae en la filosofía de la historia.

Pienso además que no es aventurado interpretar el pensamiento de Nédoncelle sobre el universal al hilo de la nota de Blondel en el *Vocabulaire*

84 CL, pp. 8-9.

85 Ramos, "A ontologia personalista de M. Nédoncelle", p. 175.

86 Así que además de evocar la tesis aristotélica del alma que es en cierto modo todas las cosas (*De Anima*, III, 8, 431b, p. 21), Nédoncelle estaría incluyendo la capacidad de hacerse con el punto de vista del otro (*cum-scire*) por el amor.

de Lalande. Dice allí Blondel que la idea más viva, importante y verdadera del universal es la que nos da Pascal cuando hablando del Ser dice que está todo en todos lados y entero en cada parte. Universal significa "*totum singulis* como el pensamiento y sobre todo como la caridad. En todas las otras acepciones hay un tanto de representación espacial y una suerte de deterioro físico de una noción que, como el uno, es ante todo espiritual".[87] De este modo puede quedar más en claro que Nédoncelle está lejos de imaginar la persona en cuanto universal como una formalidad repartida materialmente en muchos individuos. Mucho menos, como reprocharía Sellés, como una forma que se multiplica numéricamente a causa de la materia. Si algo ha querido dejar en claro Nédoncelle es que la materia no es el principio de individuación de las personas.

La persona no es, pues, un molde que se estampa en una materia inicialmente amorfa, repitiéndose incontables veces y sólo distinguible por las variantes que introduce la materia en la que se imprime. Tampoco se está hablando aquí de la persona como de una unidad exclusivamente material, hecha, valga la redundancia, sólo de la materia que la compone. En tal caso la historia de la humanidad sería el despliegue de un código o instrucciones ínsitas en la materia —en esta peculiar materia que se identificaría con la naturaleza humana— que la impelen a repetirse indefinidamente. De ser esto así estaríamos ante las tesis *biologicistas* sobre la historia.[88]

Ciertamente al hablar de todo esto se exigiría un estudio más profundo sobre la persona. No es el objetivo de este trabajo. No obstante, se ha querido mostrar que Nédoncelle no identifica la persona con la naturaleza, evitando así descargar por completo en la naturaleza la razón de ser de la historia. Nédoncelle la sitúa, en cambio, en el ser personal. Por el contrario, si la persona está encerrada en la naturaleza como en una caja fuerte, cada una va donde va la caja. Así se explicaría la historia de la humanidad en función del movimiento físico de la naturaleza.

87 Maurice Blondel, "Universel", en *Vocabulaire technique et critique de la philosophie*, André Lalande (ed.), 4a. ed., París, PUF, 1997, p. 1170.

88 En el neologismo *meme* acuñado por Dawkins, veo una versión contemporánea de esta explicación del devenir basado en la biología. Cfr. Richard Dawkins, *El gen egoísta*, 2a. ed., Barcelona, Salvat Editores, 2000.

Desde luego también es posible explicar la historia arguyendo que las piezas físicas son movidas por un espíritu externo a las cajas lo suficientemente fuerte para influir en cada contenedor, al que hemos comparado con una caja, pero no tanto como para liberarse de él. Esta hipótesis requiere de muchas concesiones para que se admita por un lado la existencia del espíritu exterior, por otro su capacidad de influir en la naturaleza física y en fin su capacidad de concurrir con el movimiento interno de los espíritus dentro de las cajas. Queda, en fin, la posibilidad de que el movimiento de la historia sea protagonizado por los espíritus, mientras que la naturaleza se presenta como una fuerza que opone resistencia al movimiento espiritual. No se dice que los espíritus caminen todos en la misma dirección, pero sí que sean las verdaderas causas del movimiento histórico. Esta parece ser la tesis de Nédoncelle, aclarando, empero, que desde el principio hay una conexión entre todos los espíritus, así que el caminar de algún modo es compartido por todos. "También por ello —y frente a Hegel— Nédoncelle admite que la historia, la cual depende de cada persona, no es un sistema cerrado, sino un devenir abierto. De modo que, si bien se puede hablar de un *alma* colectiva de los pueblos, e incluso de una mejora espiritual colectiva, sin embargo, los cambios no se deben a la necesidad, sino a la libertad de cada persona humana, la cual tiene su destino propio".[89]

89 Sellés, "La distinción", p. 24.

Capítulo 4

El absoluto

Parece innecesario recordar que las filosofías antiguas, en vez de concebir al hombre sobre el modelo de las cosas, procedían inversamente por analogía con el hombre. ¿Qué tiene de extraño que Empédocles hable del amor y del odio como motores del cambio en el mundo? En contraste, al recordar el intento de Leibniz por resolver el problema de la comunicación de las substancias, caemos en la cuenta de que se dejó atrás el hombre como paradigma y se tomaron las cosas como referentes. Es posible entonces decir que M. Nédoncelle quiso recuperar una filosofía de la persona donde el referente primero es la relación interpersonal.[1]

En *La reciprocidad de las conciencias* Nédoncelle probaba suerte con una *nueva monadología*, cuyo punto de partida fuera la reciprocidad.[2] "En vez de caracterizar a la persona por la incomunicabilidad, era preciso hacer lo contrario: pues lo misterioso es que seamos llevados por una tendencia antipersonalista, y que la conciencia de sí busque su centro retrayéndose en sí misma".[3]

Como ya se explicó más arriba *La reciprocidad de las conciencias* comienza afirmando como dato originario la comunión interpersonal. Las tres partes del libro van mostrando la naturaleza y alcance de dicha comunión.

---

1 Cfr. Devivais, "La réciprocité des consciences chez M. Nédoncelle", p. 220.

2 La expresión "nueva monadología" (*nouvelle monadologie*) la toma Nédoncelle de la obra de Charles Renouvier y Louis Prat, *La nouvelle monadologie*, París, Armand Colin, 1899.

3 Lacroix, "La Philosophie Chrétienne de Maurice Nédoncelle", p. 110.

La primera parte expone directamente la comunicación de las conciencias; mientras que la segunda se las ve con la naturaleza en tanto que, por un lado, parece ratificar dicha comunión, mientras que por otro aparenta ser enemiga declarada. Esta suerte de contraposición da pie a la tercera parte donde se busca encontrar una posible armonía.

Discurriendo pues sobre la comunión de las conciencias, en determinado punto Nédoncelle se preguntará si ésta tiene algún sentido o conduce a alguna meta. Incluso la misma pregunta por la armonía que aparece sugerida en el encabezado de la tercera parte implica postular esta especie de objetivo. Pero para abordar el asunto sobre el sentido de la comunión, que pienso está encuadrado en la filosofía de la historia, es preciso explicar antes algunas cosas.

4.1. La comunión de las conciencias

El problema de la comunión de las conciencias le parece a Nédoncelle mal resuelto por Leibniz, quien se habría detenido en el problema de la influencia recíproca de las mónadas, pero ignoró la percepción. "Y lo que hay de inaceptable en la idea tan profunda de una armonía preestablecida proviene, en gran parte, de esta negligencia psicológica".[4] En otras palabras, el planteamiento heredado de Leibniz nos ha dejado la impresión de que al tratar el problema de las relaciones interpersonales estamos ante un problema de mecánica, pues no ha postulado como dato originario la percepción del otro. Lo mismo le sucede a Octave Hamelin (1856-1907), quien, al ignorar la percepción del tú por un yo en su sistema, tiene luego que introducirla gratuitamente.[5] A ambos responde Nédoncelle sosteniendo que la percepción del tú es algo originario en cada uno.

4 RC, §55.

5 Cfr. Octave Hamelin, *Essai sur les élements principaux de la répresentation*, 2a ed., París, Alcan, 1925, pp. 497-501. Citado en RC, §55.

La percepción del nosotros está presente en potencia en el yo "como adarajas" que están llamando "oscuramente a un tú todavía desconocido".[6] Esto mismo, dice Nédoncelle, puede ser entendido a la manera de Platón con el mito del ser humano demediado o con las palabras de MacTaggart, para quien es clara la conciencia de una pertenencia ontológica del amante y del amado. En todo caso estamos ante la percepción del tú por el yo, que no es derivada sino antecedente. De ahí se pasa al siguiente plano: la percepción del nosotros y de ahí al plano ulterior: la percepción del Absoluto.

En efecto, el tercer capítulo de la primera parte de la *Reciprocidad de las conciencias* lleva por título *El descubrimiento del Absoluto divino*. Allí retoma Nédoncelle cuanto ha desarrollado anteriormente recordando que "la reciprocidad humana de las conciencias comienza en una armonía sin principio; antes de ser una respuesta que se desarrolla, y a fin de llegar a serlo, es un don que viene de una región de mi yo, a la vez esencial e incapaz de ser dominada por el otro".[7] La interrelación de las personas, a más de ser un hecho originario, pone de manifiesto una especie de movimiento predeterminado que conduciría a la interrelación de todos hasta formar una gran comunión de todos con todos. A esta unión total de todos los individuos justamente es a la que podríamos llamar Absoluto.

Enseguida hablaré del Absoluto con la intención de mostrar cómo tal concepto tan clásico en el pensamiento idealista de corte hegeliano se presenta como una respuesta a la inquietud por el destino de los individuos. De algún modo se está abordando el problema del fin del devenir temporal. Si bien no estaremos hablando directamente de la razón de ser del tiempo, sí se hablará del anhelo de encontrar una meta como punto de llegada del decurso temporal de la existencia humana.

6 RC, §56. Hemos traducido *pierre d'attente* como adarajas. Si bien la traducción española nos remite literalmente a la expresión "piedra de espera" [sic], por adaraja se entiende a la saliente de piedra de forma desigual en una pared o muro para que sirva de unión con otra parte de la pared o muro para continuarlo.

7 RC, Cap. 3.

4.2. El descubrimiento del Absoluto

Nédoncelle abre su reflexión sobre el Absoluto tras haber llegado a la conclusión de que la pluralidad armoniosa de los sujetos es más perfecta que la soledad.[8] Esta constatación le permite introducir la idea del Absoluto. Digamos que en la conciencia personal se percibe una "conexión de los espíritus", la cual no admite la imposición de una ley en contra, sino que por el contrario "estamos encerrados en una vocación común por un *ordo ordinans*".[9]

En la percepción del nosotros, opina Nédoncelle, se insinúa la presencia de una especie de *daimon*, el cual impone su anterioridad y es inmanente a toda ingeniosidad psíquica. "Es una especie de ley interior y viviente que nos habla de nosotros mismos y nos juzga. [...] Desde que tenemos conciencia de nosotros mismos, percibimos y experimentamos, en este sentido, que somos una voluntad de este dios".[10] Luego la descripción de Nédoncelle se entretiene en considerar el carácter personal de esa especie de "sino" que gobierna el devenir de la conciencia. Ese dios que me conduce es postulado como un dios personal y no como una fuerza impersonal.

Nédoncelle aduce muchas razones para "sostener el carácter personal del principio supremo de nuestro yo",[11] so pena de atribuir a la naturaleza impersonal el gobierno de todo el mundo, incluidas las conciencias. Así que más estrictamente hablando al referirse a la divinidad habría que hablar de uno o varios seres suprapersonales. Si la naturaleza es infrapersonal, mi dios o los dioses o Dios serán realidades suprapersonales. No obstante, al hablar de dioses Nédoncelle apunta sus reservas al decir que, aunque el politeísmo tenga aspectos "interesantes y profundos", se trata más bien de una solución fácil que se limita a dar cuenta del "pluralismo de la naturaleza y de la humanidad", a la vez que se contenta con una visión del "orden moral disparatado, incoherente y en lucha intestina".[12]

8 Cfr. RC, §61.

9 RC, §66.

10 RC, §67.

11 RC, §69.

12 RC, §70.

Ya se han visto los problemas suscitados en torno al análisis de la naturaleza que se presenta multiforme y caprichosa en muchos aspectos. De hecho, varios de esos problemas son tocados en la segunda parte de la *Reciprocidad de las conciencias*, pero de momento estamos viendo cómo Nédoncelle, a partir de la idea del nosotros (la díada tú-yo), concibe la existencia de un ser absoluto que acomuna a todos los nosotros. En principio este ser debe ser personal, pero ¿cómo saberlo con certeza?

Un razonamiento rechazado por Nédoncelle tiene que ver con la filosofía de la historia.

> Los argumentos sacados de la finalidad del conjunto de los fenómenos, es decir, de una tendencia hacia la realización de un plan en la historia del mundo, dan la esperanza en Dios más que la fe en él. Los acontecimientos del impulso vital o humano, considerados en la experiencia exterior, no contienen la esencia de Dios y no nos hacen creer en él. No dando ni más ni menos que una esperanza. De hecho, el plan no parece ser único, si es que exige uno. Y por hipótesis, el plan no está terminado. Haciendo abstracción de estas incertidumbres, suponiendo un designio muy neto y legible, tendríamos todavía que examinar de qué género es este "poder" divino que le conduce.[13]

He aquí que la naturaleza del Absoluto no puede deducirse del devenir histórico apreciado en su exterioridad. Nada ha dicho, en cambio, del devenir percibido desde la interioridad de las conciencias. Es un punto que habrá que tratar. Por lo pronto Nédoncelle está armando una argumentación que concluye en la existencia de un Absoluto concebido como aquel ser personal que promueve la reciprocidad de las conciencias.

En efecto, a la pregunta por el carácter personal del Absoluto, responde apelando a la experiencia interior: "Al mismo Dios no lo encuentro directamente más que en mi alma".[14] No es éste, empero, el lugar para detenerse

13 RC, §76.

14 RC, §76.

en las argumentaciones de nuestro autor para mostrar la índole personal del Absoluto, al que llama Dios;[15] mas es importante notar que la tesis de la reciprocidad de las conciencias tiene por soporte esa realidad divina personal que antecede y lleva a plenitud la reciprocidad misma. Es claro pues que el tema del Absoluto no es marginal en el pensamiento de Maurice Nédoncelle.

4.2.1. *El Absoluto supremo*

Al hablar del Absoluto Nédoncelle, usando el lenguaje de Jaspers, dice que es *englobante*, pero no englobado. "En otras palabras, la misma profundidad y el fundamento de mi ser se me da como una llamada que me precede y que me completa; la profundidad de cada ser particular me es dada como una llamada que lo precede y lo completa".[16] De este modo Nédoncelle está diciendo que el aspecto fenoménico de la realidad no nos satisface, porque ya tenemos un sentido del ser que abarca más de lo que nos da la experiencia del fenómeno. "Como han dicho otros, no puede haber génesis de la idea del Absoluto; si no está presente desde el principio, no aparecerá jamás".[17]

No tiene problemas Nédoncelle en afirmar que "existe un Absoluto supremo ya que tenemos una noción de totalidad".[18] Como se ve hay una práctica sinonimia entre absoluto y totalidad. Ambas nociones están ya dadas en el deseo de la totalidad, o sea en la "voluntad de comunión universal"[19] que percibimos al momento de percibir la reciprocidad del yo-tú. El hombre no se conforma con la díada. Sin embargo, queda todavía por dilucidar que sea este absoluto.

Según afirma Nédoncelle el absoluto tiene diversos grados y sólo uno de ellos podría ser identificado con Dios; o bien, "podría ser que el Absoluto no fuese Dios, o que tuviese distintas formas y que solamente una convenga

15 Cfr. Benítez, "Una prueba personalista", pp. 9-37; Kevin Rafferty, "Nédoncelle's personalist way to God", en *Philosophical Studies: An International Journal for Philosophy in the Analytic Tradition* 20, núm. 1 (1971): 22-50.

16 Liddle, "The personalism of Maurice Nédoncelle", p. 124.

17 *Ibid.*

18 RC, §84.

19 RC, §84.

al ser divino".[20] En todo caso el idealismo, encabezado por Hegel, ha propuesto la concepción más rigurosa del Absoluto. Entre estos idealistas está Bernard Bosanquet para quien el absoluto es en la práctica una totalidad que incluye todas las cosas. Ahora bien, la totalidad de la que estamos hablando es la totalidad de los individuos. Para Bosanquet, en efecto, debe existir una totalidad que contenga todas las conciencias y todos los seres. Y con ello se acerca a Hegel, para quien existe una ley inexorable por la cual se alcanzará esa unificación de todas las cosas. Bosanquet, siendo de la misma idea, tendrá que explicar cómo se compagina esta ley con la libertad de los individuos. La distinción entre determinación y determinismo le sirve para esclarecer las interrogantes al respecto.

4.2.2. *Determinación y determinismo*

Para Bernard Bosanquet el devenir temporal o es arbitrario y lo llamamos determinismo o tiene lógica y lo llamamos determinación. En este segundo caso la lógica es la misma que esperamos en un silogismo bien armado.

Hay una distinción crucial entre determinación y determinismo; la misma que hay entre lógica y fatalidad. "Por lógica entendemos, con Platón y Hegel, la ley suprema o naturaleza de la experiencia, el impulso hacia la unidad y la coherencia (el espíritu positivo de no-contradicción) por el cual todo fragmento ansía ir al todo al que pertenece, y cada yo hacia su plenitud en el Absoluto, y del cual el Absoluto mismo es a la vez una encarnación y una satisfacción".[21] Siguiendo este orden de ideas Bosanquet dirá entonces que "el amor es la fuerza motriz de la lógica".[22] Aunque en este pasaje Bosanquet no elabora mucho su idea del amor, es fácil deducir que se trata de un impulso vehemente hacia la unidad armónica de todas las mentes.

En cambio, la fatalidad es todo lo contrario, o sea, un movimiento sin lógica ni amor. Se trata en este caso de la sucesión de movimientos externos y yuxtapuestos. Son movimientos que también nosotros hacemos, pero

20 RC, §80.

21 Bernard Bosanquet, *The principle of individuality and value. The Gifford Lectures for 1911 delivered in Edinburgh University*, Londres, Macmillan, 1912, 340.

22 *Ibid.*, p. 341.

inconscientemente. Lo propio de ellos es que en realidad no tienen cohesión alguna. Sólo cuando los aglutinamos artificialmente en una unidad se convierten ante nuestros ojos en una fatalidad o determinismo.

De estas afirmaciones de Bosanquet, que Nédoncelle toca en su obra sobre la reciprocidad de las conciencias, me interesa simplemente remarcar que la lógica tiene para Bosanquet valor de paradigma para la vida del individuo. En otras palabras, la cohesión del yo es semejante a la coherencia lógica. En efecto, piensa este autor que el yo es identificable justamente como una unidad vital. "Un yo, pues, nos aparece como la forma activa de la totalidad, realizándose en un cierto cúmulo de experiencias, yendo hacia la unidad y la coherencia".[23] De ahí que para Bosanquet la verdadera noción del yo va de la mano de la noción de unidad. La comparación que pone para ilustrar esto es la de la lógica de las proposiciones. Pues, así como las premisas bien hilvanadas entran a formar parte de un todo, que es la conclusión, la cual contiene, pero trasciende las premisas, así el yo sólo alcanza la unidad perdiendo su propia forma al alcanzar el Absoluto.[24] De lo contrario cada uno permanecería como una pieza independiente y apilada junto a las demás. O lo que es lo mismo, no habría verdadera comunicación interpersonal.

En esta línea de argumentación lo que Bosanquet está afirmando es que el "bien consiste en la unificación de la vida",[25] pues tanto como es un fracaso la falta de coherencia lógica, es un vicio la falta de cohesión del yo. Esta relación entre la lógica entendida como coherencia del discurso y la unidad de vida me parece digna de mención, pues pone en relación el lenguaje con la vida y abre una puerta para explorar la relación entre las filosofías que se preguntan por la identidad del yo y las que han brotado del giro lingüístico. Como se vio, hay una estrecha relación entre el lenguaje y la afirmación de la individualidad pensante.

Todo este asunto de la lógica y el amor se entiende en el contexto del planteamiento hegeliano que Bosanquet recoge. Así enmarcado resulta que

23 *Ibid.*, p. 335.

24 Cfr. *Ibid.*, pp. 335-337.

25 *Ibid.*, p. 346.

el problema es saber si cada existente singular tiene valor por sí mismo, como una proposición aislada, o si lo tiene en función del todo, tanto como la premisa queda subsumida en la conclusión.

Este planteamiento que acabo de hacer puede verse de dos maneras. Una por la cual se afirma que el individuo se integra en un todo más amplio, pero sin desaparecer. Una segunda manera de verlo es afirmar que el individuo desaparece totalmente al quedar integrado en un todo más amplio al que podemos —con Hegel y Bosanquet— llamar el Absoluto.

En el primer caso, sobre el cual también Nédoncelle opina, estaríamos hablando de un "absoluto que reúne infinitamente en él los fragmentos finitos", mas, para no dejar de existir, "estos fragmentos tienen por tanto una tendencia opuesta a la unidad lógica y en ellos se designa una especie de contra-corriente, un contra-absoluto".[26] Curiosamente, a pesar de que este razonamiento de Nédoncelle pone en evidencia las contradicciones, Bosanquet va a tratar de sostener la segunda manera, pero afirmando a la vez la permanencia de los individuos. A lo que Nédoncelle apostilla: "¿No es esto un indicio de que la pluralidad frecuenta el más unitario de todos los sistemas y que en el interior de la totalidad absoluta se resiste a admitir los todos relativos que son sus rivales?"[27]

Con esto no pretendo sino subrayar cómo una visión de la historia que sostiene una meta común para todos los individuos, debe luego dar razón de la existencia de los individuos en cuanto agentes independientes. Una manera de justificar esa existencia es considerándolos meras piezas que sólo son independientes por un tiempo, pero que a la postre se funden en el todo y dejan de existir. Sin embargo, las filosofías que se niegan a considerar al individuo una simple etapa del proceso, deberán luego explicar cómo entra cada individuo a formar parte de un todo orgánico. Una respuesta, la que venimos explicando ahora, es que por el amor los individuos se vinculan unos a otros en un todo más amplio, pero sin desaparecer como tales. En esta concepción el amor sería, como decían los antiguos, una inclinación natural (*appetitus naturalis*).[28] Esta

26 RC, §81.

27 RC, §81.

28 Cfr. Rousselot, *Pour l'histoire de problème de l'amour au Moyen Age.*

posición, sin embargo, ofrece las mismas dificultades que se ven en las posturas que hacen del amor una indiferencia supina del amante respecto al amado o viceversa.[29] Además esta postura, al ser similar a la del amor puro, encuentra las mismas deficiencias que la hacen inepta para explicar los actos amorosos del hombre.[30] Por lo pronto quiero mostrar las oscilaciones que el pensamiento de Bosanquet plantea cuando quiere retener a la vez un Absoluto en sentido fuerte y la autonomía y pervivencia de los individuos.

4.2.3. *Bosanquet y el valor del individuo*

En la primera de sus *Gifford Lectures* Bosanquet expresa que en el conjunto del devenir histórico el individuo no parece tener mucho valor, pues a su juicio "el destino y la conservación de las mentes en particular es de importancia inferior e instrumental"[31] respecto a los valores y a los ideales o metas por alcanzar. Lo que realmente le importa a un hombre no sería su pervivencia en el tiempo sino su contribución a una obra que le supera.[32]

Simplemente para evitar equívocos aclaremos que cuando Bosanquet habla de mentes se está refiriendo a los individuos. Por individuo entiende cada uno de nosotros en cuanto es una mente. "Lo que podemos afirmar es que el individuo, tal como lo conocemos, es mente, *una* mente".[33] Que cada mente sea un individuo no significa que lo sea por referencia a otros. No es este el sentido que le da Bosanquet, pues si este fuera el caso lo que sucedería de hecho es que el criterio de individuación sería externo al individuo mismo. En cambio, Bosanquet piensa que cada individuo, esta mente, es individual porque forma una totalidad a la que se puede llamar "un mundo".[34] Pero además se debe

29 Por ejemplo, en la de Anders Nygren y en la doctrina del *amor puro.*

30 Cfr. Le Brun, *El amor puro.*

31 Bosanquet, *The principle of individuality and value. The Gifford Lectures for 1911 delivered in Edinburgh University*, p. 20.

32 "It is not the bare personality or the separate destiny that occupies a healthy mind. It is the thing to be done, known and felt; in a word, the completeness of experience, his contribution to it, and his participation in it", *ibid.*, p. 21. Y aquí mismo, a pie de página: "To identify the conservation of values with the permanence or survival of given personalities, as professor Varisco appears to me to do, is to my mind an extraordinary assumption".

33 *Ibid.*, p. 286.

34 *Ibid.*, p. 287.

considerar a cada mente un individuo, pues por más complejo que sea el contenido de la mente, constituye una sola volición.[35]

Se puede describir un poco más la noción de individuo manejada por Bosanquet. Por individuo entiende aquello que no puede ser dividido y que además si se le agregara o quitara algo dejaría de serlo. En este sentido fuerte sólo existe un Individuo, así con mayúscula, y es el Absoluto. En cambio, cuando se habla de los seres humanos se les puede aplicar el término "individuo" secundariamente.[36] Luego, hecha esta aclaración, se puede definir al individuo como aquel centro consciente en el cual las experiencias son unificadas. Las unificaciones sin embargo admiten grados diversos y por lo mismo hay un *minimum* y un *maximum* de individualidad.[37]

Con todo y reconocer que cada individuo es un ser aparte, Bosanquet no concede gran importancia al destino y supervivencia de cada uno en particular; pues cada uno está al servicio de un destino más grande.

Frente a esta tesis se podría oponer la experiencia del amor, en la cual la pervivencia del ser amado está en el centro del querer del amante. Ante esta objeción, planteada por el mismo Bosanquet, se responde que el amante, salvo que sea muy egoísta, lo que en realidad quiere es que el amado encarne un valor más alto, esto es, el valor por el cual ese amado, esa mente, lleva a cabo su contribución a la meta común de todos. "Esto es lo que en realidad significa el deseo de eternidad, y con ello adviene una transformación".[38]

Esta breve respuesta de Bosanquet nos abre una interesante reflexión sobre la que volveré más adelante. Por lo pronto se puede notar que, si así están las cosas, la esencia del amor no es otra que el deseo de ver en el amado la realización de unos valores, que lo son, en relación con un valor último, a una meta o ideal hacia el cual todos debemos caminar. En cambio, un amor que se quedara en el deseo de poseer eternamente al amado sería a fin de cuentas una corrupción del verdadero amor. A decir verdad, estas ideas ya estaban esbozadas en el pensamiento de Hegel, sobre el cual será necesario

35 Cfr. *Ibid.*

36 Cfr. *Ibid.*, pp. 69-70.

37 Cfr. *Ibid.*, p. 274.

38 *Ibid.*, p. 23.

detenerse después. Ahora, en cambio, es preciso exponer en qué sentido Bosanquet afirma también la pervivencia del individuo en el Absoluto.

4.3. Bosanquet y el destino del individuo

En la segunda de sus *Gifford Lectures*, titulada *The value and destiny of the individual,* Bosanquet dirá que la realidad última de las personas está en el Absoluto. Esta afirmación pareciera conceder una vez más que los individuos, es decir, las personas terminan por disolverse en el Absoluto. Pero, de hecho, Bosanquet dice que cada uno de nosotros es ya "aquí y ahora, sin posibilidad de evasión, un elemento del Absoluto".[39] De hecho se cuida mucho de decir que cada individuo es un miembro del Absoluto, pues eso podría llevar a confusión, haciendo pensar que cada uno es una realidad separada e independiente.[40] Así que a final de cuentas no tiene mucho sentido preguntarse por la pervivencia del individuo tras la muerte en cuanto sujeto autónomo, porque aunque cada uno de nosotros parece un individuo autónomo, en realidad ya desde ahora somos un elemento del Absoluto. Con todo es válido preguntarse de qué manera se es un elemento del Absoluto.

Bosanquet ha dicho que el yo es ante todo una mente y una volición. De donde esencialmente un individuo se define por su querer. "Nadie pondrá objeciones a la identificación del yo con las cosas que desea".[41] Esto equivale a decir que yo soy lo que deseo. Así que preguntar por la pervivencia del yo es preguntar por la pervivencia de mis deseos. Claro que Bosanquet no cae en la simpleza de decir que cualquier deseo será eterno. Más bien piensa que, puestos a definir qué es lo que perdura en el tiempo más allá de la muerte cuando hablo de pervivencia del yo, se ha de responder que sea lo que sea, lo única respuesta coherente es que lo que permanece es lo más esencial, —lo que me define como persona— a saber, mi querer. Así que "en general sabemos que aquello que nos importa, siempre y cuando sea realmente lo que nos importa,

---

39 Bernard Bosanquet, *The value and destiny of the individual. The Gifford Lectures for 1912 delivered in Edinburgh University*, Londres, Macmillan, 1913, p. 258.

40 Cfr. *Ibid*., p. 258, n. 1.

41 *Ibid*., p. 260.

está asegurado en su continuidad a través del Eterno. En esta seguridad está comprendido, en principio, todo lo que deseamos al desear nuestra propia supervivencia".[42]

En la expresión *siempre y cuando sea realmente lo que nos importa*, está el centro del pensamiento de Bosanquet respecto a la pervivencia del yo. En efecto, a lo largo de varias páginas este autor explica cómo, aun y cuando tengamos muchos deseos, sólo un deseo auténtico nos da razones suficientes para afirmar con certeza la inmortalidad del yo. De donde la pregunta que realmente se pone Bosanquet es la que se pregunta por nuestros deseos legítimos. "La autocrítica de nuestros deseos nos podrá mostrar que nuestra confianza en su satisfacción depende menos de preguntas incontestables de cuanto habitualmente se dice".[43] Esto es, que para Bosanquet, la identificación nítida de lo que realmente deseamos, nos dejará ver que tal deseo es a fin de cuentas la garantía de nuestra supervivencia. Ese deseo, claro está, no puede ser otro que la plenitud de conciencia requerida por el Absoluto. Se podría entonces decir que existo en cuanto mi deseo, con todo y ser mío, es el deseo de la totalidad.

Dicho esto, parece indudable que en realidad lo único que subsiste tras la muerte es una especie de ente deseante, cuyo querer es idéntico al querer del Absoluto. A su modo Nédoncelle resume la tesis de Bosanquet al decir que "sólo si coincidiera con la totalidad, podría ser inmortal nuestra personalidad histórica".[44] Esa totalidad por supuesto no sería externa a los individuos, sino más bien el conjunto de todos ellos. Sin embargo, en esta totalidad parece que sería imposible reconocer a los sujetos, pues al formar el Absoluto estarían como disueltos en él. "Una de las paradojas del pensamiento de Bosanquet —dice Nédoncelle— es que el individuo debe conducir al todo, pero el todo es impersonal".[45] Por ello pienso que tiene razón Nédoncelle cuando apunta que la explicación de Bosanquet "está dominada por la imagen bastante grosera de un cuerpo soluble, que no puede desparramarse por

42 *Ibid.*, p. 261.

43 *Ibid.*, p. 260.

44 RC, §259.

45 Maurice Nédoncelle, reseña de "François Houang, *Le néo-hegelianisme en Anglaterre. La philosophie de Bernard Bosanquet 1848-1923*, París, Vrin, 1954", en *Revue des Sciences Religieuses* 29, núm. 2 (1955): 187.

el líquido en que se lo echa sin fundirse y desaparecer".[46] Entonces, al final de cuentas, ¿piensa o no Bosanquet en la pervivencia individual tras la muerte? La opinión de Nédoncelle es que aun y cuando en algún pasaje Bosanquet está "a punto de concederlo",[47] lo cierto es que su interés auténtico es afirmar que, sea cual sea la pervivencia, ésta no debe imaginarse como la existencia de nuestro yo tal y como la conocemos. Apela entonces a la idea de una transformación. Esto parece razonable concederlo, pero hasta cierto punto. Pues tras negar que mi yo será reconocible corporalmente, también niega que se lo podrá identificar por una historia. Lo cual resulta muy curioso, pues Bosanquet da gran valor a la "permanencia de los valores y de los resultados históricos", pero critica el "devenir de Croce o de Gentile que elimina los seres a medida que se van produciendo".[48]

Me parece entonces que al final sólo queda en Bosanquet un sentido del devenir temporal: crecer en el deseo de alcanzar ese nivel de conciencia, que es unificación de la experiencia, propia del Absoluto. Si esto significa disolverse en el Absoluto o identificarse con él, al punto de ser indistinguible el individuo del Absoluto, no parece preocuparle. "El contenido de los objetos de pensamiento termina por devorar a los sujetos y disolver su pluralidad", poniendo ante nuestros ojos un despliegue formidable de una gran mónada disolviendo a las personas, a semejanza de "Saturno devorando a sus hijos".[49]

Se debe aclarar enseguida que Bosanquet, tras pasar revista a varias posturas filosóficas y religiosas que sostendrían una inmortalidad genérica, desecha semejantes posiciones y aboga por una inmortalidad individual. En unos pocos párrafos enuncia sus conclusiones. "Primero, pues no concluimos que el deseo de lo mejor, de la perfecta satisfacción, sólo puede ser coherente con la absorción y aniquilación del yo concreto y positivo".[50] Desde luego que no, pero esto no significa tal cual defender la pervivencia del yo en su condición corporal. Más bien Bosanquet está rechazando las posturas que

46 RC, §259.

47 Cfr. RC, §259.

48 RC, §81.

49 Nédoncelle, *reseña de* "François Houang, *Le néo-hegelianisme en Anglaterre.*", p. 187.

50 Bosanquet, *The value and destiny*, p. 287.

defienden una disolución de la conciencia en un todo amorfo e incoherente. Como ya ha dicho, la falta de unificación es un fracaso del yo. De allí que no se trata de aniquilar la unidad alcanzada. Pero, ¿quiere eso decir que tal unidad ha de ser encontrada siempre en este cuerpo? La respuesta es la segunda parte de sus conclusiones, donde escribe: "En segundo lugar, concluimos que tal deseo [de lo mejor] sólo es coherente en la medida que permite afirmar el verdadero contenido positivo del yo, a expensas de una distinción formal, o lo que yo llamo, bajo protesta, una identidad numérica, esto es, la identidad de mi yo con un ser corporal, descrito externamente por un nombre y una historia terrenal".[51] Me parece que esta respuesta suscita perplejidad, pues no queda claro de qué individuo está hablando a final de cuentas. Ha querido defender la pervivencia del individuo a la vez que lo único que existe al final es el todo. ¿Acaso no es esto disolver el principio de individuación y el de no contradicción en un todo indefinido?[52] En todo caso el interés de Bosanquet se dirige en otra dirección.

Efectivamente, Bosanquet termina su *Lecture* enfatizando la idea según la cual lo que realmente nos importa es la realización o satisfacción de unos valores eximios. Tal realización se da en el Absoluto, con que el mismo sentido común nos lleva admitir que podemos querer mucho más "lo que nos trasciende, que querer al propio yo".[53] Será entonces la certeza, la seguridad de la realización de lo que más nos importa en el Absoluto lo que importa en sí mismo. "Sea o no que seamos conscientes de ello, es decir, hasta qué punto lo que es o posee la realización pueda ser identificado con mi yo actual, es en realidad una cuestión de grado, respecto a la importancia que tenga poder distinguir el yo presente en el todo del que forma parte".[54]

Como se puede ver la atención de Bosanquet no está dirigida hacia el destino particular del individuo, sino más bien hacia el destino o meta de la totalidad. Desde luego que hablar de meta es introducir la pregunta por

51 *Ibid.*

52 Cfr. Nédoncelle, *reseña de* "François Houang, *Le néo-hegelianisme en Anglaterre*", p. 187.

53 Bosanquet, *The value and destiny*, p. 288.

54 *Ibid.*, p. 289.

el sentido del devenir temporal. De ello también se ocupó Bosanquet al hablar de la teleología.

4.3.1. *Identidad y tiempo*

El examen anterior muestra que al decir de Bosanquet la pregunta pertinente sobre el devenir de los individuos es la realización de algunos valores. Bajo esta tesitura la realización de los valores es el punto neurálgico de una filosofía de la historia. ¿Pero acaso esto no convierte la filosofía de la historia en una axiología? No se puede responder a esta cuestión sin antes aclarar otros puntos; pero es preciso señalar que la axiología no da cuenta de la temporalidad. Lo que introduce una reflexión sobre la historia a la pregunta por el sentido del progreso no es simplemente una cuestión sobre los valores por realizar, sino una sobre el significado mismo del devenir temporal. Claro que también podría preguntarse si la temporalidad es un valor en sí mismo, a lo que algunos contestarían afirmativamente para, de esta forma, hacer explícito el problema subyacente al valor y destino del individuo.

Nédoncelle efectivamente piensa que al definir al individuo se tendría que notar en primer lugar que lo que lo hace ser lo que es, es él mismo. Puede recordarse esta frase ya citada en el contexto de la metafísica aristotélica sobre las causas: "Lo que me hace ser yo, es yo mismo".[55] Pero luego hay otros dos principios de individuación. El segundo "consiste en la realización histórica más o menos fiel de un cierto número de variaciones sobre un tema fundamental que me ha sido dado y que es mi propia identidad (*est moi même*)".[56] De aquí se sigue que para Nédoncelle la identidad misma del individuo es inseparable del devenir temporal. "Lo que me individualiza —afirma— es mi desarrollo temporal, con lo que tiene a la vez de nuevo y de continuo, incluso en sus carencias o incoherencias".[57] Es patente la importancia del tiempo en la identidad personal. Cada quien es diferente no sólo por una serie de cualidades físicas o psicológicas, sino por su peculiar biografía.

55 CL, p. 21.

56 *Ibid.*

57 *Ibid.*, p. 22.

Únicamente por no dejar incompleta la explicación de Nédoncelle es preciso decir cuál sea el tercer principio de individuación. Para explicarlo Nédoncelle acude a la idea de Fichte según la cual el principio de individuación es la propia voluntad; sin embargo, para Nédoncelle la voluntad no se ha creado a sí misma. Consecuentemente, "hace falta, mal que bien, introducir una voluntad trascendente y creadora de mi acto constitutivo".[58] Tal sería el tercer principio de individuación. Si bien sobre esta voluntad trascendente ya se mencionó algo, aquí sólo me interesa dejar constancia de esta tesis nedoncelliana.

Volviendo al segundo principio de individuación, es claro que Nédoncelle concibe la identidad del yo esencialmente desplegada en el tiempo. Lo que me individualiza es mi propio despliegue temporal. Pienso que la tesis así dicha hace eco a las ideas de Maurice Blondel para quien el cosmos no es un bloque cerrado y petrificado. El análisis de Blondel en *Être et les êtres* lo lleva a destacar la naturaleza dinámica de los seres. Desde este punto de vista dinámico se puede notar cómo es propio de las cosas naturales y de los espíritus el devenir, el cambio que revela un patrón y el significado de una finalidad.[59]

Más todavía, Nédoncelle considera estas afirmaciones de Blondel en la reseña a la obra mencionada. Allí expresa cómo Blondel es semejante a un organista que toca siempre usando los dos registros, de modo que encuentra al ser a la vez en la experiencia (*recherche*) y en el proceso (*devenir*). "Esta dualidad tiene muchas aplicaciones: no hay solo la dualidad del Ser y los seres, también hay la del pensar y la realidad y la de la historia y la ontología".[60] Al moverse en este doble registro da la impresión de que Blondel está cerca de Spinoza y poco después que lo está de Kierkegaard, oscilando constantemente al punto de que sus críticos ven en ello un defecto.

Con todo, la idea del ser esencialmente temporal es cuanto a mí me interesa subrayar. Si bien parece de Perogrullo, es preciso decir que un ser que deja de perdurar en el tiempo deja de ser. ¿Acaso no revela esto la naturaleza

58 *Ibid.*

59 Cfr. Blondel, *L'Être et les êtres*, p. 70.

60 Nédoncelle, "M. Blondel's Philoophy", p. 225.

esencialmente temporal de los seres? Siendo esto así no es de extrañar que una mirada atenta al ente, a ese ente que es cada uno, implica descubrir tanto su entidad como su temporalidad. En consecuencia, pienso que tiene razón Blondel cuando pregunta: "¿Acaso no habría que decir que un ser no es simplemente aquello que aparece en tal momento o en tal punto, sino que para conocerlo y afirmar legítimamente su existencia hace falta dar cuenta de todo su devenir?"[61]

En todo caso se pretende aquí remarcar que tanto en Blondel como en Nédoncelle la pregunta por el ser y los seres recae forzosamente en la pregunta por el tiempo. Para ambos filósofos una inquisición ontológica es impensable sin el análisis de la temporalidad. Lo cual me permite resaltar la estrecha conexión entre los intereses de Nédoncelle por la existencia y naturaleza de la persona y sus relaciones, así como la preocupación por su devenir tanto individual como colectivo. Retomando las ideas de Bosanquet se aprecia cómo también allí el estudio del individuo lleva a la pregunta por su destino temporal. Es posible ahora retomar esta pregunta bajo la óptica de Nédoncelle, quien anda en pos de una posible armonía entendida como ese destino del que se ha hablado.

4.4. En busca de la armonía

Ha bastado la lectura de algunas nociones apreciadas por el idealismo de Bosanquet para notar cómo, tras la pregunta por el Absoluto, sigue latiendo la pregunta por el destino de los individuos. También Nédoncelle se hace esta pregunta y propone, a partir de la comunión de las conciencias, una solución. Para Nédoncelle, según se ha dicho reiteradamente, el dato originario con el que cada uno de nosotros se encuentra es la reciprocidad de las conciencias. Estar en comunión es el punto de partida, que a la vez me deja entrever que la comunión de mi yo con un tú debe expandirse a todos los demás. Esa sospecha plantea la existencia del tú divino, que sería el garante de la comunión total. Sin embargo, no es posible precipitarse en las conclusiones. Por ello,

61 Blondel, *L'Être et les êtres*, p. 93.

Nédoncelle muestra en la segunda parte de *La reciprocidad de las conciencias,* titulada "El lazo perdido", que la naturaleza y los fenómenos que de ella se siguen se oponen frontalmente a la unidad. Pareciera que la ley interna del mundo es la división. Con ello quedaría anulada la premisa inicial de su filosofía, a saber, que la reciprocidad es el origen y la meta de los individuos.

Si la primera parte de *La reciprocidad de las conciencias* tiene por objetivo mostrar la comunión interpersonal, la segunda parte es la constatación de una oposición a la comunión. Resta encontrar una solución, o como titula Nédoncelle a su tercera parte, se busca hallar "Posibilidades de armonía". La pretensión de esta tercera parte es "conciliar, o al menos hacer compatibles, dos concepciones enfrentadas del mundo".[62]

Conciliar lo universal, es decir, el absoluto que reúne en comunión todas las cosas, con lo particular, o sea, los seres físicos concretos que aparecen divididos y hasta antagónicos, ha sido el intento de Hegel, a quien Nédoncelle menciona como autor de una presunta solución. Allí donde la naturaleza se muestra como algo disperso pudiera concluirse que está llamada a desaparecer. La naturaleza, según Hegel, estaría al servicio de la totalidad. Ya se vio también cómo Bosanquet termina diluyendo a los individuos de carne y hueso en una totalidad desencarnada, donde ya no es posible reconocer al individuo en su singularidad. Tal cosa sería, sin embargo, condenar al individuo a su propia destrucción, una especie de hades donde ya no es posible reconocer al otro, ni ser reconocido por él. Si se sigue este punto de vista se cae en la cuenta de que se está afirmando que "no hay felicidad más que por una conciencia personal y, sin embargo, parece que la conciencia personal no pueda realizarse más que hundiéndose en un infierno".[63]

Ahora bien, en esta segunda parte ("El lazo perdido"), donde Nédoncelle estudia la naturaleza en relación a la comunión interpersonal, se llega a la conclusión de que la naturaleza tiene una "finalidad real, pero incoherente".[64] Pero además el estudio mismo de las relaciones interpersonales parecería confirmar

62 RC, §172.

63 RC, §171.

64 RC, §140.

el punto de vista de Jean Paul Sartre, para quien el aislamiento y la ruptura son lo propio de la condición humana.

Como se dijo, *El ser y la nada* fue publicado unos meses después de *La reciprocidad de las conciencias*, así que con antelación Nédoncelle se enfrentaba con ese cúmulo de heridas, desaciertos y dolor que provienen del encuentro de unos con otros. El análisis de la realidad parece llevar a la conclusión de que las relaciones interpersonales no conducen a ningún lado. "La reciprocidad aquí abajo —escribe Nédoncelle— parece desgraciadamente víctima de la precariedad y el fracaso".[65]

En más de un acápite Nédoncelle expresa el caos que protagonizan las conciencias en sus relaciones contradiciendo así un "idealismo optimista" para el que por encima o tal vez más allá de las contradicciones la destrucción se limita a la materia, mientras que los espíritus se unen armónicamente, pero eso es pura ilusión, pues lo que constatamos empíricamente es la "hostilidad de las conciencias".[66] "El universo de los sujetos hace imaginar una máquina con las correas sueltas, donde las ruedas giran desordenadamente".[67]

Me parece destacable la alusión que en este punto hace Nédoncelle al *clinamen* de Epicuro, pero aplicándolo al mundo moral. Como se sabe, autores contemporáneos aluden a este principio de desviación para justificar las alteraciones y rupturas en las relaciones.[68] Pero en el contexto de la reciprocidad de las conciencias este concepto es mencionado para hablar de la indeterminación de las relaciones. De manera similar Renouvier y Prat, en *La nouvelle monadologie*, de la que Nédoncelle se hace eco, hablan del *clinamen* como principio de indeterminación distinguiéndolo de la *impredeterminación*.[69] La distinción tiene su importancia. Los fenómenos que dependen del libre albedrío son impredeterminados, y justamente por ello los llamamos libres. Mientras que el indeterminismo puro, el del *clinamen*, es el caso

65 RC, §142.

66 RC, §143

67 RC, §143.

68 G. Deleuze es uno de estos autores que hace referencia al *clinamen*, pues "es ciertamente esencial que el átomo se relacione con otro átomo", Gilles Deleuze, *Différence et répetition*, París, PUF, 1968, p. 239.

69 Renouvier y Prat, *La nouvelle monadologie*, p. 42.

de cierta contingencia de las leyes de la naturaleza. Contrariamente las ciencias experimentales irían cada vez más mostrando que las supuestas irregularidades son en realidad casos antes desconocidos de la norma general. Así que la contingencia sería bastante relativa. Esto dicho uno comprende que se podría establecer una ley general del devenir histórico a partir de las variaciones observadas en la naturaleza. Si de hecho no ha sido posible es porque hay un principio de indeterminación, el *clinamen*, que como elemento desestabilizador impide aprehender un patrón regular del devenir.

El idealismo no tendría problemas en aceptar que de momento no puede dar razón de las irregularidades en el devenir de la naturaleza, pero que se debe aceptar que hay una regla o designio que todo lo conduce a un destino. Esto pudiera ser así, pero ello sólo permitiría aceptar un destino de los seres humanos si se los considera totalmente subordinados al caminar de la naturaleza biológica, en cuyo caso dejaría de hablarse de libertad. Precisamente para evitar esto, Renouvier y Prat hablan de la impredeterminación de los actos humanos. Curiosamente se estaría de nuevo ante el viejo problema naturaleza-libertad. En este contexto Nédoncelle intentará mostrar que la solución no puede consistir ni en negar la libertad a favor de la naturaleza, ni viceversa. Sin embargo, queda por mostrar que los actos libres del hombre también parecen estar afectados por una ley de dispersión, de la cual nada puede deducirse.

Es en ellos que se fija Nédoncelle con la intención de mostrar que también allí pareciera que existe un *clinamen* de orden moral que todo lo desestabiliza. Se está una vez más ante la constatación de un mundo de relaciones marcadas por la fragmentación. “Así, la dispersión es el término del proceso y no queda más que el alma ulcerada”.[70]

A Hegel no parecería importarle demasiado la constante indeterminación de la naturaleza que es dispersa en sus energías. En ella los seres físicos aparecen y desaparecen sin poderse deducir una razón de su ser que hablara de un fin o meta. Para Nédoncelle, el filósofo de la Universidad de Jena peca de optimismo: “La naturaleza está allí demasiado finalizada; pese a algunos conflictos,

70 RC, §143.

se pone toda entera al servicio del espíritu".[71] Sin embargo, también el espíritu está en permanente conflicto, y esto no parece asumirlo Hegel al colocar la "hostilidad en la exterioridad sensible", cuando el "verdadero drama del destino no está, pues, allí donde Hegel ha puesto su principal centro de gravedad".[72]

4.4.1. *La posible armonía*

Hacia el final de *La reciprocidad de las conciencias* se plantea la pregunta que de algún modo ha estado presente en todo el escrito: "¿Es posible la armonía del universo, pese a la diversidad de nivel en que se sitúan las conductas personales?"[73] La respuesta enunciada sintéticamente dice así: "La comunión de todos los destinos es siempre posible".[74] Con ello Nédoncelle quiere colocar a las personas en el centro del problema planteado por una filosofía de la historia que se preocupa por el destino del devenir. En vez de preguntarnos por un destino de la humanidad en general, estamos preguntando por el destino de los individuos en particular. Claro está que una lectura superficial del personalismo daría la impresión de que cada individuo se realiza o fracasa al margen de los demás, y es por tanto irrelevante preguntarse por un destino común.

En este orden de ideas, Nédoncelle advierte que de ninguna manera el yo puede "buscar construirse espiritualmente fuera de la comunidad o contra ella. El odio y la rebelión son antítesis inmateriales del espíritu".[75] A pesar de las apariencias, el verdadero destino del individuo no se encuentra en el aislamiento sino en la comunión. Sin embargo, como se vio al hablar de la naturaleza —esa naturaleza hostil— todo parece apuntar en sentido contrario. Nédoncelle no escamotea los problemas y los afronta directamente. Si la naturaleza entendida físicamente parece fuente de fragmentación, no es menos cierto que también el tiempo lo parece. Enseguida se hablará del

71 RC, §172.

72 RC, §172.

73 RC, §266.

74 RC, §301.

75 RC, §96.

tiempo, pero ahora es atinado dar un repaso a la idea de armonía sostenida por Nédoncelle.

El problema del mal, sea físico o moral, no puede escamotearse. A Bosanquet le ha parecido suficiente la pervivencia de un querer —que quiera la realización del valor—, para garantizar la realización del Absoluto. Con todo, la biografía de las conciencias no parece interesarle y piensa que la supervivencia está garantizada por el hecho de que la inclinación a la unidad es imparable. En cambio, la fragmentación sería imposible como meta. Sin embargo, a mí me parece que no hay suficientes datos para negar la supervivencia de un mundo de conciencias empeñadas en vivir alejadas unas de otras. En las antípodas cabe también afirmar que "el apetito exacerbado de conservación individual no da evidentemente ninguna garantía contra la aniquilación".[76] El hecho es que no tenemos modo de verificar experimentalmente el desenlace de todas las vidas. "Cualquiera que sea lo que digamos sobre nuestro estado de ultratumba, por hipótesis no podemos tener de ello certeza vivida".[77]

Si se pretende encontrar una respuesta a nuestro destino en la naturaleza uno se topa con un muro de silencio. La naturaleza está siempre comenzando y nunca termina por revelarnos su meta.[78] Con todo, esta misma situación nos deja entrever que la idea de un punto final, tras el cual no sucede nada, es más el anhelo de un reposo que la atestación de un final. Cuando decimos que algo acaba, o que hemos acabado, la palabra acabar es ambigua. Da la impresión de que se ha conseguido exactamente lo que uno quería. Si esto es así no podemos dejar de imaginar que el fin es la suma de todos los quereres cumplidos o, en último término, el cumplimiento de una voluntad general, válida para todas las particulares.

El problema del Absoluto o el de la armonía de todas las conciencias, gira en torno a una finalidad o meta de cada conciencia y del conjunto de todas ellas. Si bien la muerte termina con la ilusión de que una conciencia

76 RC, §255.

77 RC, §248.

78 Cfr. RC, §248.

exista más allá de la individualidad corporal, también es cierto que "la muerte no autoriza ninguna conclusión sobre la conciencia personal".[79] Al respecto, ha sido importante destacar cómo la percepción del tú no es idéntica a la percepción de las cualidades sensibles, de modo que hablar de una conciencia personal no es lo mismo que hablar de una individualidad corporal. Pero entonces, ¿qué? "¿No sería verdaderamente la aniquilación parcial de la conciencia —que es posible— su transformación en espíritu anónimo? He aquí una hipótesis muy oscura e incierta".[80]

Ciertas experiencias de conciencia parecerían indicar la presencia de un espíritu separable del cuerpo, pero quizás son más bien estados psicológicos de perturbación o mecanismos de supervivencia. Como si el sistema nervioso protegiera la cabeza del resto del cuerpo, "todo ocurre como si fuera la última ciudadela de la vida".[81] Pero por otro lado está el hecho, digno de mención, de que, a más tiempo vivido, el desgaste de las fuerzas físicas no se corresponde con la ingente experiencia acumulada en la memoria. En este sentido, la conciencia se hace más fuerte y no más débil. La conciencia, que ha necesitado del desarrollo orgánico para conformarse, llega a un punto en que supera el clímax del crecimiento corporal. Las fuerzas físicas comienzan a decaer, pero la conciencia no. Así que uno no se identifica a sí mismo por la cantidad de variaciones físicas cuyas huellas son palpables en la epidermis. Esta simple observación permite establecer que una persona se reconoce más a sí misma por la vida transcurrida, como la retiene en la memoria, que por los rasgos físicos que pueda enumerar mirándose al espejo. El yo, a la vez que el nosotros, está vinculado a la conciencia de las biografías. Uno es capaz de asumir que cada uno es protagonista de una vida consciente. Asumir este punto de vista es asumir una perspectiva, y mirar las conciencias desde este ángulo es mirar la propia posición sabiéndola parcial, aunque abierta a todas las otras.

79 RC, §257.

80 RC, §257.

81 RC, §258.

En este orden de ideas la inmortalidad está en relación con la memoria. Así piensa Nédoncelle al escribir que "todo es inmortal si todo es memoria".[82] Con todo, es muy difícil demostrar sin resquicio de duda la pervivencia de la conciencia al margen del cuerpo que la ha encarnado. En este sentido, la idea de una especie de fantasma que sobrevive al cuerpo que ha sido su hogar, por más atractiva que parezca no se impone a la razón.[83] Sobre esto estoy de acuerdo con Nédoncelle quien escribe: "En este punto la naturaleza es muda, pero la experiencia moral y religiosa no lo es".[84] Existe, desde luego, la hipótesis de un intelecto separado. Erigir desde el principio un intelecto común a todos, pareciera obviar el mutismo de la naturaleza respecto a la suerte de las conciencias individuales. En este caso el intelecto agente separado sirve también como garante único de la armonía de todas las conciencias. Pero, ¿acaso no es esto una claudicación ante el problema? A decir verdad, me parece mucho más razonable aceptar que la individualidad de los intelectos es un dato incontestable, aun y cuando no sabemos bien a bien cuál será su destino.

Uno puede preguntarse si esto no es una cuestión ociosa. Tal vez los filósofos no le conceden o no les ven utilidad a estas preguntas sobre la vida futura. Tal vez, en cambio, no es sino "el drama de la filosofía religiosa".[85] De todas formas esto no obliga a guardar silencio, pues a fin de cuentas la reflexión sobre el propio destino nunca es ociosa. Lo que parece vislumbrarse es que la conciencia misma, mi propia conciencia, me revela una tendencia. Si, como dice Nédoncelle, el hecho originario no es un *cogito* solitario sino un *cogitamus,* allí mismo queda al descubierto el deseo de la existencia de toda otra conciencia. De alguna manera, ¿no es esto descubrir que mi propia conciencia ha sido querida por las otras? En último término, ¿no es descubrir una conciencia originaria que las quiere a todas? La respuesta afirmativa a estas preguntas es, desde luego, el pensar de Nédoncelle.

82 RC, §262.

83 Cfr. Pinker, *La tabla rasa.*

84 RC, §260.

85 RC, §267.

Seguir el hilo de las preguntas recién enunciadas nos alejaría del propósito que me he fijado en este trabajo. Sin embargo, este orden de ideas permite descubrir una cosa: querer una conciencia es querer toda su biografía. Si el tiempo exterior parece un obstáculo a la realización de la comunión, en el fondo, es también la condición necesaria para que cada uno sea quién es verdaderamente. Aunque una muerte prematura deja la impresión de una vida truncada, no por eso creo que se deba renunciar a la idea de que cada uno debe recorrer todo el arco de su vida para ser, en definitiva, más que un perchero de rasgos generales y comunes. El transcurrir del tiempo se muestra así como la consistencia de nuestra propia identidad. Mas esto nos conduce a las preguntas sobre la propia razón de ser de nuestra condición temporal y del tiempo mismo.

Capítulo 5

Tiempo y tiempos

Una clara prueba de que Nédoncelle se ocupó de la filosofía de la historia son sus variados escritos en torno al tiempo y la temporalidad. En ellos se aprecia el interés que tuvo por mostrar la estrecha relación del tiempo con el tema del amor, siendo este último el más mencionado entre los estudiosos como típico de su quehacer filosófico. Aquí intento mostrar que sus composiciones sobre el amor se mueven en el contexto de una argumentación sobre el sentido del tiempo y de la historia.

Es de notar que la reflexión sobre la historia ha sido precedida de aclaraciones sobre el significado del tiempo mismo.[1] Esto es así en el caso de los antiguos como Platón y san Agustín, como en el de autores más recientes como Henri Bergson y Paul Ricoeur. Como era de esperarse Nédoncelle no es ajeno a esta reflexión que se detiene en discurrir sobre la temporalidad. Un recorrido por algunas páginas de su obra dedicadas al tiempo permitirá abordar la reflexión sobre la historia en sus raíces, pero además dejará ver, de nuevo, cómo monseñor Nédoncelle se ocupó de este asunto más de cuanto se ha hecho notar.

En su tesis de 1942, *La reciprocidad de las conciencias*, Nédoncelle habla del tiempo en el "inciso A" de la segunda parte dedicado a la naturaleza. Ésta aparece como una barrera que divide y separa las conciencias unas

1 Véase Scott Campbell, "Biological Rhythms and Psychological Time", en *Encyclopedia of Time*, Samuel L. Macey (ed.), Garland, Nueva York, 1994; Antonio Alegre Gorri, "El mundo griego. Tiempo e historia", en *Filosofía de la historia*, por Reyes Mate, Madrid, Trotta, 1993, pp. 21-38.

de otras. La separación se extiende por el espacio y el tiempo al punto que se afirma que "el espacio y el tiempo son sistemas de distribución de las cualidades naturales que tienen por resultado aislar la conciencia".[2]

Del tiempo se había ocupado brevemente en un artículo de 1937 para remarcar la pluralidad de tiempos experimentados por la conciencia en la medida que realiza diferentes actividades.[3] Pero será realmente en la tesis de 1942 que se detenga a hablar del tiempo físico como tal y de los problemas que plantea a sus postulados del amor y la comunión de las conciencias. Estos problemas reaparecerán en los breves capítulos de filosofía de la historia incorporados luego a su ensayo sobre el amor. También se encuentran anotaciones muy relevantes sobre el tiempo en dos breves artículos incorporados a su obra póstuma: *Sensation séparatrice et dynamisme temporel des consciences*. El primero se titula *Remarques sur la pluralitè des temps à l'usage des philosophes et des théologiens* y fue publicado originalmente en las actas del coloquio organizado en honor del profesor Stanislas Dockx;[4] el segundo, titulado *Simultanéité physique et simultanéité des consciences,* con ocasión del congreso de filosofía en Gallarate data, como el anterior, de 1976.

5.1. El espacio-tiempo

Se puede abrir la reflexión sobre el tiempo constatando que se trata de "un nido de dificultades metafísicas".[5] Con estas palabras Nédoncelle nota las complejidades asociadas al análisis del tiempo que derivan del hecho de que el tiempo se presenta a la vez como una realidad exterior, llamada tiempo físico o del mundo, y una realidad interior llamada tiempo subjetivo o psicológico.

2 RC, §97.

3 Maurice Nédoncelle, "L'activité du moi et la pluralité du temps", en *Cahiers de la nouvelle journée* 36 (1937): 151-158.

4 A este artículo se refiere en una breve nota enviada a Carlos Díaz, donde además de agradecerle los libros que le había enviado, le manda a su vez dicho artículo. "Le adjunto —dice— un pequeño artículo sobre el tiempo, sin concordismo ni separación entre la ciencia y la filosofía o la teología, pero con un espíritu de estimulación interdisciplinar", "Carta a Carlos Díaz (2-VI-1976)", en José Luis Vázquez Borau, *Introducción al pensamiento de Maurice Nédoncelle*, 2a ed., Madrid, Instituto Emmanuel Mounier, 1992, p. 6.

5 RC, §97.

Como se verá más adelante, Nédoncelle gusta hablar de un tiempo físico y de uno metafísico. Este último es el que he señalado como subjetivo, pues se da en la conciencia de los sujetos.

Hablar del tiempo es inevitablemente considerarlo desde la experiencia de la conciencia. Con razón se dice que la manera de hablar del tiempo es más que nada una manera de representarlo ante nuestra conciencia. Entre las representaciones más comunes está la newtoniana, que "descansa sobre los presupuestos más espontáneamente simpáticos a nuestra inteligencia".[6] Existe un cierto acuerdo por el cual imaginamos el tiempo como un ritmo homogéneo marcado por una especie de reloj universal. Este tiempo sería considerado neutro u objetivo porque estaría descargado de toda apreciación subjetiva. Con cierta ironía, me parece, Nédoncelle dice que "el tiempo de los relojes nos pone de acuerdo porque no es ni lamentable ni agradable sino indiferente e impersonal".[7] Pero la verdad es que jamás podemos deshacernos de una apreciación subjetiva del tiempo, de tal suerte que incluso el esquema científico del tiempo "evoca todavía en la imaginación un inevitable acompañamiento de duración subjetiva. Mientras que el espacio es rápidamente despojado del elemento afectivo debido al entorno, el tiempo se mantiene mezclado con la emoción".[8]

No está de más comentar que Nédoncelle pasa rápidamente a considerar el tiempo como realidad que atañe a la conciencia. Se echa de menos un análisis más detallado del paso desde el tiempo físico como es percibido por los sentidos externos, al tiempo psicológico. A mi juicio esta laguna bien puede subsanarse con las observaciones de Joseph Maréchal (1878-1944).[9] Efectivamente, en el quinto cuaderno de sus elucubraciones sobre el origen de la metafísica Maréchal anotaba que "todos nuestros juicios están afectados por el modo temporal";[10] es decir, que el juicio guarda relación con el

6 RC, §97.

7 RC, §101.

8 RC, §97.

9 Baste aquí señalar que Nédoncelle sin duda leyó a Maréchal. Véase Valenziano, *Introduzione*, p. 80.

10 Joseph Maréchal, *El punto de partida de la metafísica. Lecciones sobre el desarrollo histórico y teórico del problema del conocimiento*, vol. 5: El tomismo frente a la filosofía crítica, Madrid, Gredos, 1959, p. 282. Remite a *S. Th.*, I, q. 85, a. 5, 2a obj. concedida por Tomás.

pasado, presente o futuro. Es notorio que conocemos las cosas a través de los sentidos, y estas cosas "revisten en nuestro pensamiento la forma del tiempo",[11] a tal grado que incluso la eternidad no la podemos entender si no es al modo de las cosas temporales.

Dicho esto, Maréchal concluye que si nuestro pensamiento está tan sujeto a la temporalidad es por una doble razón. De una parte, "es consecuencia del modo discursivo de nuestra inteligencia, obligada a escalonar sobre diferentes etapas su paso de la potencia al acto perfecto".[12] No cabe duda que nuestro pensamiento va dando pasos conforme se van agregando premisas a las anteriores hasta llegar a conclusiones que a su vez serán premisas de conclusiones sucesivas. Por otra parte, nuestro pensamiento está sujeto a la temporalidad "como consecuencia de las relaciones que encadenan todas nuestras representaciones intelectuales a los objetos temporales de la sensibilidad".[13]

Respecto a lo primero es conveniente señalar que nuestro pensamiento, por el simple hecho de ser discursivo (actos intelectuales unos después de otros), nos hace concebir el tiempo. Si por hipótesis, dirá Maréchal, no hubiera objetos sensibles por conocer, de todas formas conoceríamos el tiempo "por reflexión sobre nuestra actividad intelectual sucesiva".[14] Serán, me parece, justamente estos actos intelectuales sucesivos los que harán concebir en nuestra mente la idea de un devenir temporal del pensamiento de la humanidad. O, en otras palabras, se llega a la idea de historia del pensamiento porque nuestro propio pensar tiene forma temporal.

Se quiera o no aceptar esta tesis lo cierto es que nuestra inteligencia pasa de la potencia al acto y ese paso conlleva la noción de tiempo. Se puede hablar simplemente de un orden, pero se trata en realidad de una sucesión. Maréchal ayuda así a plantear la idea de devenir temporal a partir del discurrir de nuestra propia inteligencia, sin necesidad de hacer intervenir directamente el movimiento de los objetos físicos. Esto a su vez conduce a idear el

11 *Ibid.*, 282-283. Aquí remite a *S. Th.*, q. 13, a. 1, ad 3.

12 *Ibid.*, p. 283.

13 *Ibid.*

14 *Ibid.*

tiempo en conexión con las conciencias, más que a las cosas. Es por ello que pienso que la reflexión de Nédoncelle, que enseguida veremos, se enriquece con el trabajo de Maréchal.

Se podría entonces reprochar a Nédoncelle el no dejar en claro por qué la reflexión sobre el tiempo hace caer casi automáticamente dicha reflexión en la experiencia subjetiva de la temporalidad. Sin embargo, en *Sensation séparatrice* Nédoncelle se detendrá, aunque escuetamente, a considerar el modo de concebirse el tiempo en la mente precisamente porque ella guarda relación con el cuerpo. Efectivamente el párrafo que más abajo citaré de la obra de Gerald J. Whitrow (1912-2000), recogido por Nédoncelle, deja testimonio de su interés por aclarar el modo de concebirse el tiempo en la mente. Se trata de captar que por ser sujetos corpóreos no podemos por menos que pensar al hilo del tiempo. Desde el momento en que soy un cuerpo, el mundo con su modo de devenir es parte de mi composición. Imaginar un espíritu separado del cuerpo no hace justicia a mi experiencia. Lo que conozco es pensamiento fusionado con el cuerpo. "En la medida que soy mi cuerpo, el mundo con sus simultaneidades físicas me es accesible y entra en mi composición".[15] Esto, por un lado, pero por otro está el hecho neto constatado por Maréchal de que la mente concibe el tiempo porque ésta es temporal en su mismo quehacer. Esta es también la opinión defendida en el texto de Whitrow:

> Hemos de concentrar toda nuestra atención sobre el hecho de que nuestro cerebro, siendo un objeto material, existe a la vez en el espacio tridimensional y en el tiempo, mientras que el espíritu, tal como se manifiesta en la conciencia, existe sólo en el tiempo. El espíritu es un proceso no una cosa. En consecuencia, el cerebro y el espíritu no pueden interactuar más que en el tiempo; y, por consiguiente, tal interacción debe tener lugar mentalmente. El espíritu por su naturaleza es esencialmente temporal.[16]

15 Nédoncelle, *Sensation séparatrice*, p. 101.

16 Gerald James Whitrow, *The natural philosophy of time*, Londres, Harper, 1961, p. 113, citado por Olivier Costa Beauregard, Préface, en Robert Wallis, *Le temps, quatrième dimensión de l'esprit*, París, Flammarion, 1966, p. 8. Cfr. Nédoncelle, *Sensation séparatrice*, p. 101, n. 6.

Así y con todo debe advertirse que los actos de conocimiento suponen la sensibilidad. A fin de cuentas, de algún modo impactan los objetos sensibles en la idea de tiempo.[17] Luego, si se quiere, puede hablarse del tiempo en sentido físico al referirlo al movimiento de los objetos y del tiempo psicológico o mental refiriéndolo a la sucesión habida en los actos intelectuales. Pero además es de notar que la temporalidad referida a los objetos sensibles es concebida en nuestra inteligencia como tal sólo cuando tiene lugar la *conversio ad phantasmata*, de suerte que se les asigna un lugar en el tiempo. Sin embargo, sería un error hacer de las ideas objetos sensibles con el simple afán de colocarlas en el tiempo. Las ideas en cuanto tal no tienen tiempo físico, pero como diría Maréchal, pueden tener forma temporal en cuanto son sucesivas en el intelecto.

El pasaje citado de Whitrow permite además tener a la vista que por el cuerpo se está también en el tiempo. El espacio físico juega indudablemente un papel en la configuración del tiempo, de sus ritmos. Quizás a esto se refiere Nédoncelle cuando dice que "la esclavitud en la que nos tiene la naturaleza se mantiene potente, sean las que sean las virtualidades teóricas de la memoria".[18] En efecto, sólo por un delirio se imagina que concebimos y vivimos el tiempo al margen del devenir mismo de nuestro cuerpo y sus relaciones con el entorno físico. La pura memoria no puede hacer presente físicamente los cuerpos materiales que han quedado en el pasado o por su destrucción o por la distancia que los separa de mí. Me parece acertado que Nédoncelle aclare que "el espacio-tiempo limita la actividad del yo poniéndole desde fuera un obstáculo. E incluso se insinúa en el interior de la conciencia. El hecho de vivir en este siglo nos marca hasta las profundidades de nuestra personalidad y no es simplemente una influencia exterior".[19]

17 "La forma del tiempo no es pues una condición *a priori* interna de nuestra inteligencia; sin embargo, gracias al vínculo natural de la inteligencia y de la sensibilidad, deviene la condición material y exterior de las actuaciones sucesivas del entendimiento posible", Maréchal, *El punto de partida*, vol. 5: El tomismo frente a la filosofía crítica, 285.

18 RC, §102.

19 RC, §102.

Hay, sin embargo, un interés en Nédoncelle por no reducir el tiempo al tiempo físico. O, dicho en otras palabras, el hombre no se limita a vivir su temporalidad dejándose llevar por una especie de corriente apacible constituida por la naturaleza. Ésta en su mera materialidad no es sin más la temporalidad misma. Hace falta concebir el tiempo en la memoria, pues como se verá, sin la mente que mide el decurso de los seres no habría modo de hablar del antes y del después, esto es, del tiempo.

Teniendo en cuenta todo esto es posible decir ahora que el tiempo físico y el psicológico no se identifican, pero están interrelacionados. Una cosa es contar el movimiento de un objeto (tiempo físico o del objeto) en referencia al movimiento constante de otro objeto (el péndulo de un reloj, por ejemplo), y otra cosa es percibir la sucesión en los actos del entendimiento (tiempo psicológico o subjetivo). Este último es el que sitúa al sujeto en la más pura de las subjetividades cuando se habla del tiempo.

No obstante, es común la tendencia de querer trasladar al mundo de las conciencias el mismo modo de querer medir el tiempo por referencia al movimiento *isocrónico* de otro objeto que serviría de medida mensurante. De esta suerte se estaría imaginando que se puede medir el devenir de las conciencias en referencia a una que sirve de medida para todas las demás. Pero el hecho es que la existencia de una conciencia cuyo ritmo sea la medida del devenir de las demás se ha planteado sólo como una hipótesis. Así, por ejemplo, san Agustín, recogiendo una tesis platónica (Platón en el *Timeo*) y neoplatónica (Plotino en las *Enneadas*), sostendría la existencia de un *anima mundi*, la cual sería medidora universal del tiempo. En el libro de las *Retractationes* juzga no ser absurda la hipótesis de una mente universal.[20] Nédoncelle no aludirá al *anima mundi* de Agustín, pero sí lo hará al *facies totius universi* de Spinoza haciendo notar, empero, que se trata de una hipótesis. Quizás sólo se posee la idea de que el tiempo transcurre idéntico para todos, pero que la percepción del tiempo es diferente para cada uno por un mero engaño de la imaginación, pero también pudiera ser que en realidad se vive a ritmos totalmente diferentes.

20 Cfr. San Agustín, *Retractationes*, Madrid, BAC, 1974, pp. 11, 4.

Sirvan para aclarar estas ideas las palabras de Jean Piaget (1896-1980), quien estudiaba el tiempo por las mismas décadas que Nédoncelle. Según Piaget un movimiento repetido en las mismas circunstancias nos proporcionaría una medida uniforme del tiempo. Mas, ¿cómo podríamos saber que se está ante circunstancias idénticas? En realidad, diría Piaget, lo que cuenta es un acuerdo práctico, es decir, convencional sobre las medidas del tiempo; esto es, todos suponemos que los relojes, o al menos uno (el que vale para todos) tienen un movimiento uniforme.[21]

De igual forma se es proclive a pensar que los actos de conciencia propios tienen una velocidad estándar de modo que se considera de igual manera que los hombres que viven físicamente en la misma época pertenecen también a la misma época de pensamiento. "Pero el tiempo así concebido está unido al espacio",[22] llevándonos a pensar que por el simple hecho de coincidir en un sitio se coincide en el tiempo. Esto vale sólo para un tiempo meramente exterior, pero no para el tiempo en la conciencia.

En los párrafos que siguen me detendré en algunas páginas de la obra de Nédoncelle donde considera lo relativo que resulta hablar de simultaneidad, incluso cuando se la concibe físicamente. Es preciso caer en la cuenta que la verdadera comunión de las conciencias tiene lugar en la duración no-espacial. Únicamente recorriendo el camino de la duración se puede alcanzar la comunión de las conciencias. Sólo considerando la duración como elemento no-espacial se puede hablar de historia. Por lo demás, esto había sido fuertemente subrayado por Henri Bergson para quien la duración (*durée*) es justamente la prueba en contra de un tiempo concebido como espacio. Al final la duración se identifica con la conciencia. "Se comprende —dirá Nédoncelle haciéndose eco de Bergson— que la duración así definida haya sido contemplada como la categoría más comprensiva y que sea la personalidad misma".[23] Más adelante retomaré el pensamiento de Bergson para resaltar las ideas que, muchas veces sin hacerlo explícito, Nédoncelle ha tomado

21 Cfr. Jean Piaget, *Introduction à l'épistémologie génétique*, París, PUF, 1950, pp. 39-42.

22 RC, §100.

23 RC, §101.

de él. Será interesante notar, además de la filiación de ideas, la importancia que tiene la duración en el concepto de tiempo; concepto, por cierto, que hace concebir la idea de una unidad de las conciencias. Ahora, sin embargo, conviene mirar más de cerca las observaciones que hace Nédoncelle en torno a la idea de simultaneidad.

5.2. La pluralidad de los tiempos

En el breve escrito titulado *Remarques sur la pluralitè des temps à l'usage des philosophes et des théologiens*, Nédoncelle distingue sin más entre un tiempo físico y un tiempo metafísico. Este último designa el tiempo tal como es percibido por el hombre, al punto de poder afirmar que existen muchos tiempos individuales. O mejor dicho, debe afirmarse que cada hombre tiene su ritmo particular, el cual "no es ni una pura cualidad ni una cantidad homogénea, sino tanto una tensión como una distensión de la duración individual".[24] En cambio, el tiempo físico sería una duración homogénea. Ahora bien, a partir de la teoría de la relatividad postulada por Albert Einstein (1879-1955) se hizo cada vez más común hablar de que no existe un tiempo universal del mundo físico. Esta teoría, hoy ya aceptada, le sirvió a Nédoncelle para explicar algunas ideas sobre la pluralidad de los tiempos como se viven en la conciencia. Para ello echó mano del ejemplo de Paul Langevin en un famoso artículo publicado en 1911.[25]

Hoy otros trabajos, incluso de divulgación,[26] hablan del ejemplo puesto por Langevin como de la paradoja de los gemelos, a fin de dejar en claro que no hay un punto de vista universal o privilegiado para establecer la quietud o el movimiento de un objeto, sino tan sólo relativamente para tal o cual observador. Aunque en la vida cotidiana las diferencias entre lo percibido por

24 Nédoncelle, *Sensation séparatrice*, p. 88. Aclaro que en español el término "distensión" significa aflojar o relajar, pero en el vocabulario filosófico entra a la saga de la expresión agustiniana *distentio animi*. La justificación para usar el término distensión en el contexto de la temporalidad la tomo de Ángel C. Vega, véase San Agustín, *Confesiones* Madrid, BAC, 1965.

25 Cfr. Paul Langevin, "L'evolution de l'espace et du temps", *Scientia* 10 (1911): 31 y ss.

26 Cfr. Pedro Gómez-Esteban González, *Relatividad especial sin fórmulas*, Madrid, Creative Commons/El Tamiz, 2007, versión digital: www.eltamiz.com

unos y por otros es tan mínima que vemos casi lo mismo, y a eso lo llamamos realidad, sin embargo, la percepción del tiempo es relativa al punto de vista del observador.

El ejemplo de los gemelos consiste en decir que, si de dos gemelos, uno viaja a una velocidad casi equivalente a la de la luz a un planeta distante un año luz y regresa, a la vuelta el otro gemelo habrá experimentado un tiempo más largo que el vivido por el viajero. El resultado es que el gemelo viajero regresa siendo más joven que el que se quedó en la Tierra. O, dicho de otro modo, cada gemelo percibiría el tiempo de manera diferente.

Nédoncelle pensaba que a partir de los descubrimientos en este orden se podían obtener conclusiones valiosas para la filosofía, más allá de lo que Henri Bergson hacía al considerar que los ejemplos de la teoría de la relatividad eran meras representaciones mentales.

La constatación de la pluralidad de tiempos físicos permite ilustrar la pluralidad de tiempos en la conciencia. Para uno el tiempo pasa velozmente, para otro es lento. No se deben trasladar sin más los experimentos físicos a las relaciones entre las personas y Nédoncelle se abstiene de ello. Sin embargo, el paralelismo le sirve para notar que una conciencia podría tener concentrado como en un punto de vista superior algo que otra conciencia recorre más lentamente.[27]

Me permito desarrollar el pensamiento de Nédoncelle al decir que para un observador que recorre a velocidad infinita todos los puntos del espacio es claro que todos los objetos le aparecen simultáneamente presentes. Podría decirse que todos los objetos están presentes para ese observador. Es a esto a lo que se referían los medievales cuando hablaban de que para el Dios Eterno no hay pasado ni futuro, sino que todo es presente.[28] Podría aseverarse también que todas las conciencias están presentes simultáneamente, no entre sí claro está, sino para ese observador en movimiento infinito.

Ahora bien, si se prescinde del supuesto observador y se considera únicamente aquello que se mueve a máxima velocidad, puede decirse que,

27 Cfr. Nédoncelle, *Sensation séparatrice*, p. 89.

28 Cfr. Joseph De Finance, "La présence des choses à l'éternité d'après les Scolastiques", en *Archives de Philosophie* 1 (enero de 1956): 24-62.

respecto a eso, todos los seres están presentes. Hasta ahora se habla de la luz como aquello cuya velocidad es insuperable. De hecho, la velocidad de la luz es uno de los postulados sobre el que se sostiene toda la teoría especial de la relatividad. En cierto modo, la luz es el referente común a todos los objetos del espacio. Más adelante se podrán hacer consideraciones sobre la luz como punto de referencia, pues si esto es así en el mundo físico, también parece exigirse un referente invariable e insuperable en la reciprocidad de las conciencias.

Si se piensa ahora en los sujetos conscientes puede decirse que, para un observador cualquiera, bien pudiera acontecer que muchas personas están presentes a la vez en el mismo evento, mientras que para otro se trata de eventos sucesivos. La simultaneidad es relativa de tal suerte que "dos eventos pueden ser simultáneos para un observador y no serlo para otro".[29]

Sin duda nuestra experiencia generalmente nos dice otra cosa. Por decirlo de algún modo, mientras que la realidad es einsteiniana nuestros sentidos son newtonianos. En efecto, lo común es percibir cosas una después de otra, pero la realidad es que al momento de percibir un objeto nuestros sentidos están siendo excitados con retraso respecto al objeto de donde proviene el estímulo. Esto es sabido y el caso de la luz de las estrellas que nos llega con miles de años de dilación respecto a su emanación nos lo recuerda.

Siendo esto así, también es posible aclarar que la historia de la humanidad puede ser considerada como sucesión o simultaneidad. Todo dependerá del punto de vista del observador. Al respecto, Nédoncelle hace un apunte interesante notando que no escapamos a las condiciones materiales de nuestra sensibilidad, pero la sensibilidad no es el único camino para establecer una simultaneidad. Es por ello que al hablar de la simultaneidad entre las personas se deben distinguir varios planos: *a)* el de las sucesiones tal como son percibidas por cada uno, según se les asigna un pasado, presente y futuro; *b)* el de las simultaneidades, según se coincida en los mismos principios intelectuales o en los mismos valores, como la verdad, lo bello y lo bueno; *c)* el de las recuperaciones efectuadas por la reflexión al retomar los encuentros

29 Nédoncelle, *Sensation séparatrice*, p. 92.

físicos; *d)* el de la comunidad donde los miembros convergen en sus ritmos interiores de conciencia y coinciden en la interpretación.[30]

Afirmar, pues, que varios eventos son simultáneos puede significar cosas diferentes. La distinción de los niveles enunciada permite ver que el flujo temporal observable físicamente no es lo único que determina la existencia de un presente o de un pasado. Para un sujeto consciente pueden ser igualmente simultáneos los objetos físicos que le circundan como los eventos del pasado que están siendo objeto de sus reflexiones.

5.2.1. *Simultaneidad relativa*

Los tiempos, pues, que asignamos a las épocas son arbitrarios y dependen totalmente del punto de vista del observador. Lo que para uno puede ser sucesivo para otro es simultáneo. Esto, desde luego, plantea cuestiones interesantes para quien se pregunta por el devenir histórico. Precisamente en el mencionado capítulo *Simultanéité physique et simultanéité des consciences,* Nédoncelle vuelve a indicar que la noción de simultaneidad es relativa. Esto que ya notaba él se puede ilustrar echando mano de un autor contemporáneo que lo ilustra con el ejemplo de los gemelos en el espacio.

Imagínense dos gemelos en el espacio lejos de cualquier punto de referencia moviéndose uno hacia el otro. Uno de ellos, sosteniendo una lámpara apagada, está situado dentro de un cubo de cristal cuyas paredes internas izquierda y derecha son espejos. El otro gemelo pasa a gran velocidad justo enfrente del cubo al momento en que el que está adentro enciende la lámpara. Si se piensa en lo que ve cada uno de ellos podrá observarse cómo para el que está adentro la luz de la lámpara se aleja hacia los espejos reflejando la luz al mismo tiempo en ambas direcciones; en cambio, para el que está en movimiento pasando frente al cubo las cosas se ven diferentes. El rayo de luz que sale hacia donde viene el gemelo en movimiento parece alcanzar el espejo antes que el que va en la otra dirección. La impresión es que un espejo está más cerca que el otro produciendo así la imagen de que un rayo de luz llega antes que el otro a sus respectivos espejos. Visto lo cual se

30 Cfr. *Ibid.*, p. 93.

concluye que para el gemelo al interior del cubo la iluminación, esto es, el reflejo de la luz en los espejos, acaece simultáneamente; mientras que para el otro gemelo un espejo recibe la luz antes que el otro.[31]

El ejemplo en su simplicidad deja en claro que la simultaneidad es relativa al punto de vista del observador. El tiempo es percibido, pues, de modos muy diferentes. Sin embargo, la mera afirmación de que un evento es simultáneo a otro no establece una conexión causal. La presencia simultánea de diversos eventos físicos no indica que haya relación causal entre ellos. "Incluso si se admite una finalidad y en este sentido la acción de un porvenir sobre una serie de fenómenos, de todas maneras, ellos forman un todo atemporal".[32] Sólo nuestro espíritu les asigna un lugar en el pasado, el presente o el futuro.

Se puede decir igualmente que la presencia de un observador no causa la simultaneidad de los eventos. De hecho, el observador universal (*facies totius universi*)[33] no debe ser concebido como una sustancia que ejerce un influjo sobre el resto del cosmos. La alusión a la expresión de Spinoza le sirve a Nédoncelle para indicar que no tenemos constatación de la existencia de un tal observador universal. Se trata por tanto de una hipótesis, pues la realidad es que hay siempre multitud de observadores. Afirmar, en cambio, que las leyes de la naturaleza son iguales para todos supone que el punto de vista de todos los observadores es el mismo. "Pero el simple enunciado de esta proposición nos coloca más allá de las constataciones empíricas y finalmente nos coloca en un *Logos* que permite conocer el cosmos sin ser el cosmos".[34] Sobre esta alusión al *Logos* volveré enseguida; de momento empero me interesa recalcar que el uso común hace caso omiso de la relatividad, cuando lo cierto es que hablar de hechos simultáneos supondría aclarar que sólo lo son para tal o cual observador.

31 Cfr. Pedro Gómez-Esteban González, *Relatividad especial*, p. 15.

32 Nédoncelle, *Sensation séparatrice*, p. 95.

33 Cfr. "Carta de Spinoza a Tschirnhaus" (Ep. LXVI) y "Carta de Spinoza a G. H. Schuller" (Ep. LXIV), en Baruch Spinoza, *Epistolario*, Introducción y notas de Diego Tatián, Buenos Aires, Colihue Clásica, 2007.

34 Nédoncelle, *Sensation séparatrice*, p. 96.

Teniendo esto en mente, resulta sorprendente que pueda seguir hablándose de simultaneidad. Se debería hablar más bien de una pluralidad de simultaneidades. Tantas cuantos sean los observadores. Propiamente hablando la noción de co-presencia referida a varios eventos al situarlos en el pasado o en el futuro es "una aportación del espíritu".[35]

A pesar de lo anterior, las personas nos relacionamos dando por sentado que coincidimos espacial y temporalmente. Pero la experiencia empírica no basta para dar razón de las relaciones temporales. En efecto, es importante remarcar que la co-presencia de dos eventos no implica automáticamente relación causal entre ellos. De esta manera se cae en la cuenta de que la pura simultaneidad de eventos no produciría ningún orden. La conexión entre los objetos debe ser de otra naturaleza para justificar que no todo sea una amalgama fortuita. Si esto es así en el orden físico, ¿qué impide pensar que la relación entre las conciencias no es meramente de orden temporal? ¿Acaso la sola constatación de la simultaneidad entre las conciencias es suficiente para hablar de una época histórica?

Estos apuntes de Nédoncelle a la noción de tiempo buscan desentrañar la verdadera naturaleza de la simultaneidad de las conciencias. La tesis sostenida por Nédoncelle apunta en la dirección del amor, en el cual se daría la auténtica simultaneidad. Se puede ser más precisos distinguiendo con Nédoncelle dos formas de simultaneidad: "Una es física, hecha de elementos que coexisten sin influjo causal; la otra es la simultaneidad de las conciencias, la cual es el punto de llegada de un proceso de causalidad recíproca y que asume en ella esta causalidad".[36] He aquí una distinción clave en el pensamiento del decano de Estrasburgo, por la cual se remarca que la cuestión del tiempo desemboca en la de las causas. Más adelante se verá esta conexión entre temporalidad y causalidad, pero ya ahora se destaca la importancia que concederá Nédoncelle a la causalidad intersubjetiva. Por mi parte resulta interesante que sean los problemas en torno a la simultaneidad física los que lleven a plantearse la comunión de las conciencias.

35 *Ibid.*, p. 97.

36 *Ibid.*, p. 100.

5.3. Reciprocidad y tiempo

Se ha hecho alusión a un *Logos* al recoger la expresión de Nédoncelle según la cual, para poder hablar de una simultaneidad absoluta, tendríamos que colocarnos en la posición de un observador universal, esto es, estar en todo el cosmos sin ser el cosmos. Pues bien, en un escrito de 1966 sobre la reciprocidad y la eternidad incorporado después a *Explorations personnalistes*[37] Nédoncelle expone en pocas palabras una idea que aparece recurrentemente en sus escritos; esto es, la idea de que una comunidad de conciencias exige la existencia de una supraconciencia o *Logos* que las acomune a todas.

La mera presencia de muchas personas a la vez en un lugar no hace una comunidad. De hecho, como se acaba de exponer, resulta difícil establecer un *a la vez* en términos absolutos. Así que resulta más coherente hablar de una comunión de conciencias partiendo de otra base. Nédoncelle hablará claramente de la colegialidad de las conciencias como un dato primigenio. Ahora bien, hablar de una comunión de las conciencias supone hablar de una estructura que permita su coincidencia. Quiero decirlo una vez más: la afirmación de una co-presencia física o temporal no es un dato absoluto sino una afirmación relativa al punto de vista del observador. La comunión entre las personas no podría tener lugar en medio de la dispersión de la materia; lo cual deja entrever la existencia de un orden que posibilita a todos los participantes una correspondencia mutua. Tal sería, por ejemplo, el orden imaginado por Leibniz al hablar de la armonía preestablecida; o bien, la doctrina del ocasionalismo excogitada por Nicholas Malebranche. "Hace falta al menos —dice Nédoncelle— retener de estos filósofos que la norma de cohesión es más que un ideal y que la mejor manera de describirla es representándola como una inteligencia que comprehende las nuestras y como un querer que suscita el vuelo o que sostiene las relaciones de nuestros quereres".[38]

La idea de una coincidencia de todas las personas en un solo tiempo, una especie de concomitancia universal, supone no sólo una yuxtaposición

37 Nédoncelle, *Explorations*, pp. 85-89. El texto en cuestión lleva por título "La genèse réciproque des consciences et l'èternitè", publicado originalmente en *Tempo ed Eternitá nella condizione umana* (Brescia, 1966).

38 *Ibid.*, p. 87.

física de los cuerpos, sino una auténtica comunión de los espíritus a la que Nédoncelle llamará amor. Pero es menester notar que hablar de una comunión espiritual de los espíritus presupone la existencia de tal aspiración.

Curiosamente la reflexión sobre la pluralidad de los tiempos y las simultaneidades nos ha llevado a pensar en las condiciones espacio temporales de la comunión de las conciencias. A partir de la reflexión sobre el tiempo se cae en la cuenta de que la idea de una simultaneidad de las personas rebasa la mera temporalidad y agrega la presencia de uno o varios observadores. De esta manera, se va dibujando poco a poco la exigencia de dar cuenta del devenir histórico más allá de las meras categorías temporales. Estas no son suficientes para hablar de épocas históricas; es necesario hacer explícito al observador. Más aún, se debe dar cuenta de aquello que realmente constituye una co-presencia entre las conciencias.

5.3.1. *La naturaleza del tiempo*

Antes de proseguir con las ideas de Nédoncelle, quiero detenerme en las de Henri Bergson sobre el tiempo. Ya se ha mencionado que Bergson influyó en Nédoncelle, pero ahora se trata de recoger algunas de las ideas principales del autor del *Ensayo sobre los datos inmediatos de la conciencia* (1888) que de algún modo marcan las coordenadas en las que también se mueve Nédoncelle al hablar del problema del tiempo. Es especialmente interesante el contraste entre el tiempo exterior o mecánico y el tiempo real o duración.

El universo —decía Bergson— aparenta formar una unidad, de tal manera que si alguna de sus partes nos parece que dura en el tiempo imaginamos que todo él tiene duración y de allí nace la idea de un tiempo universal; "es decir, la idea de una conciencia impersonal que sería el trazo de unión entre todas las conciencias individuales, tanto como la unión entre estas conciencias y el resto de la naturaleza".[39] Esta frase tomada del ensayo de Bergson sobre la duración y la simultaneidad lleva el interesante subtítulo que indica que se trata de reflexiones a propósito de la teoría de Einstein, lo cual evoca intereses semejantes a los que mostraba Nédoncelle décadas después. Si se considera

39 Henri Bergson, *Durée et simultanéité, à propos de la théorie d'Einstein*, 2a ed., París, Félix Alcan, 1923, p. 56.

ahora el asunto central de esta frase se ve que trata de la existencia o no de una conciencia impersonal. También aquí se nota un interés similar al que mostraba Nédoncelle al hablar de un *Logos* suprapersonal.

Es sabido que Henri Bergson quería hacer frente al pensamiento positivista de su época para el cual, entre otras cosas, el tiempo era reducido al espacio. Pero el hecho es que el tiempo es puro fluir. Bergson no deja de repetir "que la duración pura es lo que cambia por naturaleza, es la heterogeneidad pura. En consecuencia, con ello, en el momento en que atribuimos la menor homogeneidad a la duración, introducimos subrepticiamente el espacio".[40] Como ya se ha notado, el tiempo que se fija en relación al movimiento de un objeto (v. gr. la aguja del reloj) en relación con otros objetos es en realidad una mera comparación de movimientos en el espacio, pero eso no es el tiempo. Así lo dice Bergson, para quien el tiempo verdadero es duración. La duración es, por lo demás, algo exclusivo de la conciencia.

Nédoncelle también hablará de este tiempo que radica en la conciencia. Con todo hará notar el peso del espacio material en nuestra percepción del tiempo, lo cual implica un modo de vivirlo que sería diferente si lo percibiéramos de diferente manera. Así que el impacto de las cosas materiales en la sensibilidad juega también su parte en la concepción del tiempo y Maréchal nos lo ha recordado. Pero ahora es posible aprender de Bergson la importancia del tiempo tal como aparece en la conciencia. Sin pretender analizar a fondo lo que dice este autor quiero, en cambio, mostrar el nexo entre la noción de *continuidad heterogénea* que usa y el uso que de la misma hace Nédoncelle.

De entrada, un ejemplo: al escuchar una melodía se percibe un fluir de sonidos. Si se hace abstracción de la diferencia entre una nota y otra, y se retiene sólo la idea de flujo, de transición ininterrumpida, entonces se concibe el tiempo. "Tal es la duración percibida inmediatamente, sin la cual no tendríamos la idea de tiempo".[41] En efecto, aquí el tiempo está en la conciencia que tiene en sí el fluir de la melodía como una sola corriente, cuando el hecho es que cada nota apenas suena deja de existir sin formar físicamente la

40 Gemma Muñoz-Alonso López, "El concepto de duración: la duración como fundamento de la realidad y del sujeto", en *Revista general de información y documentación* 6, núm. 1 (1996): 298.

41 Bergson, *Durée et simultanéité*, p. 55.

cadena que en cambio sí se forma en nuestro interior. Este ejemplo es casi un clásico desde san Agustín[42] y plantea la siguiente pregunta: ¿cómo pasamos del tiempo interior al tiempo de las cosas? La respuesta de Bergson pone de manifiesto la doble cara del tiempo. "De un lado es un estado de conciencia; por otro, es una capa superficial de materia donde coinciden el sentiente y lo sentido. A cada momento de nuestra vida interior corresponde un momento de nuestro cuerpo".[43] Siempre nos da la impresión de que la materia participa de la duración que existe en nuestro interior, al punto que extendemos esta noción a todo lo que nos rodea.

De esta forma —al decir de Bergson— concebimos que, así como a las pocas cosas que nos rodean las aglutinamos en un lapso percibido en nuestro interior, así todas las cosas repartidas en la inmensidad del espacio son retenidas en un determinado tiempo por un observador largo mirante. En otras palabras, tanto como nos parece que existen simultáneamente las cosas en nuestro horizonte de visión, así se lo deben parecer todas las cosas a un observador, con la mirada tan amplia, capaz de verlas todas de un solo golpe de vista.

La existencia de un observador universal es en este punto una mera hipótesis barajada por Bergson con el fin de esclarecer cuál es realmente nuestra experiencia de la duración. Lo cierto, para este autor, es que la conciencia se siente durar y que de algún modo los objetos corpóreos que nos rodean intervienen en hacernos sentir la duración. Sin embargo, en qué consista esta intervención es desconocido. Bien pudiera ser que se percibe la duración de los objetos por una cualidad propia de los mismos objetos, y que estos imprimen en la conciencia un cierto ritmo, justamente el de su propia duración. Si esto fuera así, al cambiar de entorno los nuevos objetos imprimirían diferentes ritmos en la conciencia. Esta sería la explicación para dar cuenta de la diferente percepción del tiempo que experimenta la conciencia individual según está sometida a diversos entornos. Pero esta solución plantea tales problemas,

42 Véase por ejemplo Henri Irénée Marrou, *L'ambivalence du temps de l'histoire chez saint Augustin*, Montreal-París, Conférences Albert le Grand, 1950. Pero se debe recordar el testimonio de Jean Guitton, quien afirma que Bergson le comentó que no había sido influido por el pensamiento de san Agustín. Véase Jean Guitton, *Le temps et l'éternité chez Plotin et Saint Augustine*, París, Vrin, 1971, p. 15.

43 Bergson, *Durée et simultanéité*, p. 57.

que Bergson más bien opta por "la hipótesis de un tiempo material único y universal".[44]

El razonamiento en el que apoya esta idea de un tiempo universal se formula más o menos de esta forma: todas las conciencias tienen la misma naturaleza. Ahora imaginemos que hay innumerables conciencias diseminadas por el universo, pero de tal forma que siempre hay la suficiente cercanía entre una y otra como para que, tomadas dos al azar, se pueda decir que ambas están en el mismo entorno. Por este hecho puede decirse que tienen la misma experiencia exterior y por lo mismo perciben el tiempo al mismo ritmo. Se concluye, pues, que la medida del tiempo para estas dos conciencias es el mismo. Ahora repitamos este razonamiento para cada par de conciencias tomado al azar y diseminados por el universo. Como quiera que siempre hay una conciencia lo suficientemente cerca de la otra para percibir el tiempo en el mismo entorno exterior, se debe llegar a la conclusión que hay un tiempo que abarca todo el universo.

La manera de llegar a esta conclusión dice así: "Podemos eliminar las conciencias que habíamos distribuido a distancias tales que hubiera nexo entre ellas: ya no habrá más que el tiempo impersonal en el que se desarrollan todas las cosas".[45] Se trata ciertamente de un ejercicio mental por el que se intenta mostrar que la idea de un tiempo universal es casi de sentido común, pues en principio, como notaba Piaget, se da por sentado que dos personas habitando un mismo espacio perciben el tiempo externo de igual manera. La vida cotidiana está basada en esta experiencia común. Si luego se prolonga esta experiencia a todo el universo donde habitan sujetos cercanos unos a otros, la conclusión se impone: el tiempo externo es el mismo a lo largo y ancho de todo el cosmos.

Con esto se podría concluir entonces que los seres humanos distribuidos por el cosmos viven el mismo tiempo. La imaginación, sin embargo, juega aquí una mala pasada, porque la verdad es que mil hombres repartidos en el espacio no tendrían forzosamente ninguna conciencia de estar viviendo al

44 *Ibid.*, p. 58.

45 *Ibid.*, p. 59.

mismo tiempo. Hace falta deshacer la idea de un tiempo espacial para caer en la cuenta de que el tiempo es totalmente otra cosa. No serán las coincidencias físicas en el espacio las que hagan una época. Si se me permite la expresión, decir que mil hombres por el hecho de estar físicamente juntos viven en la misma época es tan arbitrario como decir que mil hombres que vivieron en diferentes épocas cada uno, por el hecho de compartir las mismas ideas ocupan el mismo espacio.

Bergson no está abordando los problemas que se plantearon antes sobre la simultaneidad, pero sí quiere que nos deshagamos de la idea espacial del tiempo. Si se miran los objetos en el espacio es posible distinguirlos numéricamente, aunque sus cualidades sean idénticas; en cambio, los diferentes estados de conciencia no se distinguen más que por sus cualidades. Allí no habría cantidad. Un modo de expresar esta distinción es notando que puedo hacer muescas a lo largo de una superficie de arcilla y numerar cada segmento del 1 al 10; puedo hacer idénticas marcas, es decir, a la misma distancia una de otra, sobre el asfalto. En este sentido, los segmentos en la arcilla y en el asfalto son iguales, o sea, homogéneos. En cambio, cuando cuento del 1 al 10 paso de un momento a otro, pero no puedo trazar ninguna muesca para distinguir los momentos. Sólo me queda retenerlos en la memoria. Pero además, cada vez que cuento se trata de un nuevo acto de conciencia diferente al anterior. Los actos de conciencia no son homogéneos, sino heterogéneos. Y por heterogéneo Bergson está entendiendo la absoluta inequidad entre un momento de la conciencia y el que sigue. “En breve, la pura duración no es sino la sucesión de cambios cualitativos que se funden, que se penetran, sin contornos precisos, sin tendencia a exteriorizarse los unos en relación con los otros, sin ningún parentesco con el número: eso sería la heterogeneidad pura”.[46]

46 Henri Bergson, *Essai sur les données immédiates de la conscience*, 144a, ed. París, PUF, 1970, p. 49. Por lo demás, conviene aclarar que “Bergson define el número como una colección de unidades idénticas entre sí, cada una de las cuales se detiene esperando que las siguientes se yuxtapongan a ella. Con lo cual el concepto de número implica admitir una serie reversible y homogénea susceptible de aumento o de disminución”, Gemma Muñoz-Alonso López, “El concepto de duración”, p. 296.

Claramente Bergson está rechazando una idea del tiempo que lo redujera al espacio, tal como hacían los positivistas. Pero a su vez tiene una concepción peculiar del espacio al concebirlo como una tendencia y no una substancia, como "una forma de acción", que consiste en la "solidaridad de las partes y la repetición del conjunto".[47] Separada de la vida la materia no es sino una repetición monótona y necesaria de un patrón. Tal reiteración, nota Nédoncelle, dejaría sin explicación la aparición de cosas realmente nuevas. La materia no hace más que repetirse. De allí que Nédoncelle, comentando las ideas de Bergson sobre la materia, retome estas palabras de san Agustín: "Las causas corporales, que más bien son producidas (*fiunt*) que producen (*faciunt*), no deben contarse entre las causas eficientes".[48] Lo cual recuerda que también Nédoncelle ha enfrentado el problema de explicar la razón del devenir histórico. Como veíamos, deja de lado la explicación que educe de la naturaleza, entendida en su materialidad física, todas las respuestas. Más bien hay que fijar la atención en la capacidad creadora de las conciencias. Esas serían las verdaderas causas eficientes del devenir temporal. La siguiente cita de Nédoncelle permite captar el contraste entre la duración propia de la conciencia y el devenir temporal del espacio físico.

> La duración propiamente dicha no tiene la vulgaridad empobrecedora de la naturaleza; no es más una prisión, sino el símbolo de la sociedad de los espíritus. ¡Cuánta distancia entre la duración rescatada, liberadora y el tiempo que hemos considerado como una de las coordenadas de los acontecimientos exteriores! El tiempo-espacio pasa y nos dispersa, pero la duración espiritual lo devuelve y lo salva, pues la memoria no tiene límite; y si un recuerdo acompaña todo acontecimiento, nada impide que el espíritu mantenga en él toda la vida mortal.[49]

47 Nédoncelle, *Explorations*, p. 244.

48 San Agustín, *La ciudad de Dios*, 5, 9, 4. Citado en *ibid.*

49 RC, §101.

Díganse las cosas de esta manera u otra, el caso es que se mantiene la diferencia irreconciliable entre el espacio y el tiempo. Así que propiamente hablando, cuando lo hacemos del tiempo nos las vemos con algo totalmente diferente al espacio. Estamos más bien ante nuestro propio devenir vital. El tiempo físico y el del espíritu de los que hablaba Whitrow no son idénticos, sino que se corresponden con lo que Bergson llama tiempo "espacializado" por un lado y duración por otro.[50] Retener esta idea es fundamental para comprender que el análisis del devenir de las conciencias es analizar en última instancia sus relaciones vitales y no su coincidencia en el espacio.

Sin desarrollar su pensamiento Nédoncelle esboza en estas páginas de *Sensation séparatrice* los rasgos de una simultaneidad vital. La vida, dirá, nos coloca ante un dato nuevo en el análisis de la temporalidad. A diferencia de la materia inerte, los seres vivos se despliegan temporalmente en un proceso de cambio evolutivo sorprendente. Si en el mundo la entropía no consigue imponerse como regla, por la existencia de la neguentropía, todo parece hablarnos de un designio poderoso donde el tiempo es un ingrediente esencial de los seres. Desplegarse temporalmente parece ser su misma razón de existir. La vida no acaba de desaparecer dispersándose en el espacio. Yendo más allá es posible hablar de un impulso vital en las conciencias que las lleva a mantener relaciones recíprocas vitales, justamente llamadas *simultáneas*, si bien diversas específicamente de la mera coincidencia en el espacio. En este caso la simultaneidad es más bien una causalidad intersubjetiva, es decir, se coincide en la medida que se da influjo mutuo, "el yo que modifica al tú es modificado por él".[51]

¿Acaso esta breve constatación no hace pensar que el estudio de la historia es el estudio de los influjos mutuos? Siendo así es claro que quien se pregunta por el sentido de la historia tarde o temprano se pregunta por el modo de influirse los unos en los otros. Uno puede seguir imaginando el devenir temporal como el movimiento de una gran nave en el espacio cuyo destino es un puerto más o menos conocido; pero esto no sería más que la descripción de

50 Cfr. Nédoncelle, *Sensation séparatrice*, p. 101.

51 *Ibid.*, p. 99.

un movimiento espacial. Por el contrario, de la mano de Nédoncelle he querido subrayar que el estudio del tiempo no es, como denunciara Bergson, el del espacio, y que mirar el tiempo en su más pura esencia es mirar las relaciones entre las personas. También se puede decir a la inversa, *i.e.*, que mirar las relaciones interpersonales es mirar el tiempo.

5.4. Duración y ritmo

Volviendo a Bergson se puede subrayar que para este autor la verdadera noción de tiempo es la de duración. La cual es prácticamente sinónimo de conciencia o de memoria.[52] Prosiguiendo con el ejercicio mental mencionado antes, se debe imaginar un instante que existe independientemente de cualquier conciencia. Ahora inténtese imaginar otro instante igual y júnteselo al instante anterior, pero sin memoria alguna para identificar cuál instante fue primero y cual después. Si se hace esto se cae en la cuenta de que sin la memoria no hay antes ni después. Esto dicho, el ejercicio mental sirve sobre todo para establecer un dato, a saber, que "no se puede hablar de una realidad que dura sin introducir la conciencia".[53] No hay modo de hablar del tiempo sin una conciencia que lo mide. Bergson ha querido enseñar que la percepción del tiempo radica en la memoria. "Sin una memoria elemental que conecta los instantes, no habría más que un instante u otro; en consecuencia, un instante único, sin antes ni después, sin sucesión, no habría tiempo".[54]

Es claro que Bergson hace de la conciencia que retiene el antes y el después, esto es, de la memoria, el elemento indispensable para hablar de tiempo. Más todavía identifica el tiempo con el devenir mismo vivido en la conciencia, al cual llama duración. Pues bien, aún sin mencionar a Bergson explícitamente Nédoncelle, en un escrito que pareciera nada tener que ver

52 "La relación de identidad entre conciencia y duración siempre se mantiene, ya que en su intento de decirnos qué es la duración Bergson nos la define como 'la forma que toma la sucesión de nuestros actos de conciencia cuando nuestro yo se deja vivir'. Puede decirse entonces que la conciencia, el núcleo mismo del sujeto humano, es el dominio por excelencia de la duración, la negación misma del concepto de espacio, ya que fuera de nosotros no se encuentra más que espacio", Gemma Muñoz-Alonso López, "El concepto de duración", p. 299.

53 Bergson, *Durée et simultanéité*, p. 60.

54 *Ibid.*, p. 61.

con todo esto, habla, como de paso, de la duración. "Uno no define la duración; uno constata que es la estofa (*étoffe*) misma de la persona, si no es que también del mundo. Si el tiempo es entendido como sinónimo de duración, uno no puede describirlo sino según el antes y el después como una corriente cualitativa. Mas la continuidad de la duración o del tiempo al que esta se equipara es heterogénea".[55]

La noción de heterogeneidad aplicada al tiempo ha sido tomada de Bergson y le sirve a Nédoncelle para hablarnos del ritmo. Cada conciencia parece tener su propio ritmo, esto es, la duración heterogénea de unas conciencias respecto a otras. Con razón uno se preguntará qué es un ritmo. Las respuestas oscilan entre dos extremos. O bien, es una cualidad propia e individual de un movimiento; o es la repetición de un elemento en una sucesión a intervalos regulares. En este último caso la repetición parece disolver la duración al dar la impresión de que el nuevo ciclo de movimientos es sin más igual a otro anterior; mas aquí de nuevo es por intervención de la conciencia que un momento es vinculado al otro.

Ahora bien, entre estos dos extremos existe una tercera forma de concebir el ritmo. Cuando se lo concibe a partir de la relación entre dos movimientos. Basta comparar el ritmo de dos movimientos dispares y unificarlos en la conciencia a modo de medida común para ambos. Antes de unificarlos hay simplemente movimientos dispares, al unificarlos hay un común denominador, a saber, el antes y el después. Este denominador común es llamado tiempo. "Así concebido el tiempo es coextensivo a todos los seres".[56] Pero unificar según el antes y el después resulta ser una acción de la conciencia la cual tiene, por definición, su propio ritmo. De allí que hablar del tiempo es siempre ambiguo. De hecho, hablar de tiempos diferentes es hablar de ritmos diferentes. Una comparación —dice Nédoncelle— ilustra esto. Si voy en un tren bien puedo percibir el ritmo del tren, pero no puedo percibir el ritmo del pensamiento

55 Nédoncelle, *Intersubjectivité*, pp. 181-196. aquí, 183. El texto de estas páginas lleva por título "Les equivoques des notions d'evenement et de temps dans le langage religieux" presentado originalmente en el *Colloque sur 'Théologie de l'histoire. Hermeneutique et eschatologie'*, Enrico Castelli (ed.), Roma-París, Aubier, 1971, pp. 29-44.

56 *Ibid.*, p. 184.

de Heidegger. Puedo pensar en Heidegger tratando de acoplar el ritmo de mi viaje al de su pensamiento, o bien, pensar en él para criticar su pensamiento. Heidegger mismo podría estar en el tren mientras va repitiendo su filosofía, o la va glosando libremente. Así que el tren en marcha contiene la maraña inmensa de todos los ritmos de conciencia que son los viajeros. Las posibilidades de entrecruzamientos de los ritmos son innumerables.[57]

La comparación sirve para mostrar que el ritmo del mundo es como el del tren. Nada me informa sobre el ritmo de pensamiento, de la duración, de los pasajeros. Son y serán otras las formas por las que se acoplarán los ritmos. Claro que hace falta distinguir entre el pasado vivo que por lo mismo está presente en la conciencia y el pasado muerto que ya simplemente no está. El pasado vivo no es otra cosa que todo el pasado hecho presente, sin rupturas, en la conciencia. "Llevamos en nuestro cuerpo animado y en nuestro psiquismo la totalidad de nuestra vida anterior. A un observador atento le basta mirarnos para encontrar en nosotros una fuente permanente de lo que hemos sido".[58] Este pasado no termina en el individuo, sino que abarca también los encuentros con los demás y todo el conjunto de relaciones sociales. Así que "en cierto modo, como un hilo de Ariana, todo el pasado humano persiste en nosotros".[59] De hecho, cada civilización es el reflejo de un ritmo complejo formado por las acciones y los pasados de muchos individuos, de suerte que hablar de una civilización es hablar de cierto ritmo formado por quienes así vivían.

Así y con todo hay un pasado muerto. Ese pasado totalmente olvidado y ausente en la conciencia. De algún modo esos huecos de olvido en la conciencia nos hacen extraños a nosotros mismos. Lo mismo vale para las cosas externas que ya no forman parte de mi ritmo interior porque están totalmente ausentes. Es preciso admitir que nuestra conciencia es en realidad selectiva. El hilo de Ariana, nuestra duración, está horadado, dejándonos ver que entre el pasado y nosotros hay una distancia. "Ella nos invita a una reconstrucción por medio de una interpretación".[60]

57 Cfr. *Ibid.*, p. 185.

58 *Ibid.*, p. 189.

59 *Ibid.*

60 *Ibid.*, p. 190.

Dicho esto, el siguiente paso es presentar las reflexiones en torno a la filosofía de la historia como un esfuerzo por interpretar los encuentros y desencuentros de las conciencias. En la visión de Nédoncelle la historia está tejida por la reciprocidad de las conciencias, cada una con su ritmo, formando un complejo entramado que no puede ser reducido al movimiento de la naturaleza. Obviamente no se puede negar la relación entre la materia y la conciencia; pero hay dos cosas ciertas al respecto,

> de un lado la simultaneidad física y la simultaneidad intersubjetiva tienen cada una su especificidad; por otro lado, las personas pueden trascender su condicionamiento físico para constituir la simultaneidad de su comunión, para luego elaborar, más allá de la díada, las redes secundarias de una simultaneidad híbrida en vista de los cambios psico-sociales.[61]

Las páginas que siguen pretenden desglosar esta peculiar simultaneidad intersubjetiva que extiende su influjo a toda la red de condiciones culturales y sociales dadas en un determinado tiempo al que llamamos historia.

61 Nédoncelle, *Sensation séparatrice*, p. 103.

PARTE II

Una filosofía de la historia

Capítulo 6

La filosofía de la historia

Basta una mirada a la filosofía francesa de mediados del siglo XX para constatar cómo un tema acaparaba la reflexión: la historia.[1] Jacques Derridá, testigo de excepción, rememoraba cómo los argumentos sobre el sentido y el fin de la historia se repasaban con frecuencia.

> Indudablemente muchos jóvenes de hoy en día (del tipo "lectores-consumidores de Fukuyama" o del tipo "Fukuyama" mismo) no están lo bastante enterados: los temas escatológicos del "fin de la historia", del "fin del marxismo", del "fin de la filosofía", de los "fines del hombre", del "último hombre", etc., eran en los años cincuenta, hace cuarenta años, el pan nuestro de cada día. Este pan del apocalipsis no se nos caía ya de la boca. Con toda naturalidad. Con la misma naturalidad con que tampoco se nos caía de la boca aquello, que, después, en 1980, denominé "el tono apocalíptico en filosofía".[2]

Puede decirse, con razón, que en los años cincuenta del siglo XX, la reflexión sobre la historia se había concentrado en la pregunta por el fin de la

1 Además de las referencias en este y los siguientes capítulos, pueden mencionarse: Henri Irénée Marrou, *De la connaissance historique*, París, Seuil, 1956; Jacques Maritain, *Pour un philosophie de l'histoire*, París, Seuil, 1959; Raymond Aron, *Introduction à la philosophie de l'histoire. Essai sur les limites de l'objectivité historique*, París, Gallimard, 1938.

2 Jacques Derrida, *Espectros de Marx. El estado de la deuda, el trabajo del duelo y la nueva internacional*, 3a ed., Trads. José Miguel Alarcón y Cristina de Peretti, Madrid, Trotta, 1998, p. 28.

historia;[3] pero la pregunta iba precedida por una vasta cantidad de asuntos que podían todos caer bajo el epígrafe de la filosofía de la historia. El contexto en que estas reflexiones se movían estaba marcado por el marxismo y su implantación en lugares y formas diversas; por el escatologismo de corte teológico que, con el título "historia de la salvación" (*Heilsgeschichte*), se cultivaba en las facultades protestantes de teología; por las corrientes existencialistas, inspiradas o no en el pensamiento de Martin Heidegger, las cuales, por lo demás, se cruzaban con la teología; y por la veta particular de los filósofos católicos los cuales intentaban elaborar su propia reflexión, en parte como respuesta a las instancias mencionadas y en parte intentando agregar algo al debate teológico que, por esas mismas fechas, se gestaba en torno a la teología de la historia.[4]

Maurice Nédoncelle tuvo su parte en el grupo de filósofos católicos interesados en los debates sobre la historia y el progreso. Además de los textos ya mencionados y los que se analizarán en los siguientes capítulos, cabe mencionar su artículo sobre la noción de evento en el lenguaje religiosos (1971), junto con aquellos de talante más estrictamente teológico (de 1965, sobre el yo de Cristo y de 1956, sobre la transformación escatológica del mundo). Por lo demás, se encuentra igualmente en otros autores —desde el exégeta protestante Bultmann que se remite al filósofo existencialista Heidegger, hasta Ricoeur quien, abocado a los problemas de hermenéutica, se interesará

3 De hecho, este tema no era nuevo y Nédoncelle detectaba que ya el estoicismo tenía su propia visión del fin: "El Pórtico tiene una escatología. Anuncia el fin del mundo y coloca a sus adeptos en la perspectiva de una conflagración universal. Todas las realidades habituales se reunirán trágicamente en su principio, que es la razón animada. La historia del universo está formada por periodos sucesivos de expansión y contracción. ¿Quién sabe si no estamos al fin de una expansión y si nuestro mundo que envejece no debe esperar la catástrofe final? De nuevo, el tema volvía a estar de acuerdo con facilidad con la mentalidad apocalíptica de los semitas, que imprimía su huella tan profunda en el cristianismo naciente. Es verdad que los estoicos creían en un eterno retorno, mientras que los semitas poseían una idea lineal del tiempo, pero, bajo representaciones divergentes, las sensibilidades intelectuales eran paralelas o incluso convergentes", en Nédoncelle, ¿Existe una filosofía cristiana?, p. 23.

4 Véanse Paul Ricoeur, "Le Yogi et le Commisaire, le Prolétaire et le Prophète", *Christianisme Social* 1, núm. 1 (1949): 32-53; Roger Mehl, "Philosophie de l'Histoire ou Théologie de l'Histoire?", *Revue d'Histoire et de Philosophie Religieuses* 30 (1950): 93-120; Alfons Weiser, "Heilsgeschichte", en *Lexikon für Theologie und Kirche*, vol. IV; M. Buchberger (ed.), Herder, Freiburg im Breslau, 1995, pp. 1333-1339; Karl Löwith, *Meaning in History*, Chicago, University of Chicago Press, 1949.

a su vez por los trabajos de Bultmann— un entrecruce de intereses filosóficos diversos confluyendo, empero, en la reflexión sobre la historia.

En síntesis, la variedad de horizontes desde los cuales se abordaban los temas históricos daba lugar a diferentes modos de concebir la filosofía de la historia, o bien, daba pie a incluir bajo el mismo rubro problemas epistemológicos, ontológicos, axiológicos y metafísicos. Puesto a identificar las razones de este amalgamiento de problemas en un mismo rubro, el de la historia, Albert Dondayne escribía lo siguiente:

> Una de las características fundamentales del pensamiento contemporáneo es haber reconocido con singular perspicacia la mutua imbricación entre la metafísica, la noética y la antropología filosófica. Con ello se separa de la concepción wolffiana de la filosofía que hacía de la ontología (*metaphysica generalis*) una ciencia *a priori*, anterior a cualquier consideración sobre el mundo de la experiencia humana (*metaphysica specialis*), y por ello, elaborada a la luz de nociones puramente intelectuales. Para el pensamiento actual la antropología filosófica no es una metafísica aplicada, sino más bien, por decirlo con Heidegger, una "ontología fundamental". El análisis existencial (*Daseinanalyse*) precede y penetra en la pregunta por el ser. Poner el problema del ser es poner al hombre en cuestión. La relación entre metafísica general y metafísica especial es más bien una relación de circumincesión recíproca: una llama a la otra. Pero si esto es así, es fácil comprender que la existencia humana histórica no es ya un tema filosófico entre otros, sino la característica central de la reflexión filosófica.[5]

Es posible entonces decir que a mediados del siglo XX la filosofía había adquirido un cariz peculiar al atraer la atención sobre la historicidad del hombre. Las disquisiciones elaboradas de esta suerte podían ser consideradas todas como parte de una filosofía de la historia; sin embargo, el alcance de la expresión no era claro ni idéntico para todos los pensadores. Por ello

5 Albert Dondayne, "L'historicité dans la philosophie contemporaine", en *Revue Philosophique de Louvain* 54, núm. 41 (1956): 19.

uno debe aclarar el sentido que se le da a la expresión "filosofía de la historia" antes de abordar sus contenidos. El caso es que el estatuto mismo de la filosofía de la historia como ciencia estaba inmerso en un amplio debate, que iba desde considerarla "una especie de centauro",[6] hasta retirarle a la historiografía el título de ciencia y reservárselo a la filosofía sobre la historia. Sin pretender aquí zanjar las discusiones quiero hacer un recorrido por algunos hitos de la filosofía de la historia a fin de ubicar el pensamiento de Maurice Nédoncelle en este contexto.

6.1. Historia de la filosofía de la historia

Habitualmente la expresión "filosofía de la historia" se atribuye a Françoise-Marie Auoruet alias Voltaire (1694-1778).[7] En un intento por explicar la historia humana sin recurrir a la noción de providencia divina, Voltaire publicó en 1756 su *Essai sur les moeurs et l'esprit des nations*. Pretendía desentrañar la lógica de las vicisitudes humanas sin recurrir a un designio divino. Si hasta entonces los autores que reflexionaban sobre la historia se habían inspirado más o menos en el *De Civitate Dei* de san Agustín, la obra de Voltaire se presentaba como una franca novedad. En línea agustiniana Jacques Bénigne Bossuet (1627-1704) había dado a la imprenta en 1681 su conocido *Discours sur l'histoire universelle*, donde pretendía demostrar cómo hasta el más nimio detalle de los sucesos históricos caía bajo la mira indefectible de la divina providencia. La obra del ilustrado Voltaire, en contraposición a la de Bossuet, ponía las cosas en otro plano. No se trataba de establecer y conectar los sucesos como hace la historiografía, ciencia o teoría de la historia, ni de exponer un designio como hacía la historia salvífica inspirada en la Biblia; sino de entender la historia.

La empresa de Voltaire dio pie a proyectos de diversa índole y es preciso aclarar el sentido que se le da a la expresión "filosofía de la historia". Si se la entiende como reflexión filosófica sobre el quehacer del historiador o sobre

6 Jacob Burkhardt, *Reflexiones sobre la historia universal*, México, FCE, 1961, p. 44.

7 Así lo afirma Thyssen, a quien seguirán los demás. Cfr. Johannes Thyssen, *Historia de la filosofía de la historia*, Buenos Aires-México, Espasa Calpe, 1954.

el estatuto que ocupa la historia en el conjunto de las ciencias, suele matizarse la expresión hablando de filosofía crítica o analítica de la historia. Desde luego que este significado de la expresión tiene también su interés, por cuanto se debe justificar el objeto de estudio de la historia. Correctamente se afirma que "si se apura la exigencia explicativa, no cabe dar razón del conocimiento historiográfico sin una correlativa teoría, por incipiente o larvada que sea"[8] acerca de su objeto. Justamente en este ámbito se mueven las disquisiciones de Blondel, retomadas por Nédoncelle, que se comentarán en el siguiente capítulo. También puede entenderse la expresión referida al estudio del sentido y fin de la historia. Este otro significado ha sido juzgado despectivamente por los historiadores de oficio (como se apreciará en la opinión de Herbert Fisher), arguyendo que el filósofo se entromete en su quehacer rellenando con fantásticas teorías lo que los hechos desnudos no dicen. Quizás ha sido la reducción de la filosofía de la historia a este exclusivo menester lo que la fue sacando del interés de los filósofos.[9] Sin embargo, debe decirse que la filosofía de la historia no se identifica forzosamente con las extrapolaciones a las que se refieren sus detractores. A mi juicio, uno puede preguntarse por el sentido y fin de la historia, dando lugar a una auténtica filosofía de la historia, por el hecho de interrogarse sobre el significado del devenir, sin que esto implique asentar unos pronósticos más o menos atinados sobre el futuro de la humanidad.[10]

El hecho es que la filosofía de la historia, a partir de Voltaire, hizo carrera hasta cristalizar en la magna obra de Georg Wilhelm Friederich Hegel (1770-1831).[11] Entremedio, sin embargo, están pensadores como Gottfried Leibniz (1646-1716), Gianbatissta Vico (1668-1744) y Gotthold Ephraim Lessing

8 Carlos Baliñas, "Historia V: Filosofía de la historia", en *Gran Enciclopedia Rialp*, vol. 12, p. 22, Rialp, Madrid, 1981.

9 Cfr. Manuel Reyes Mate (ed.), *Filosofía de la historia*, Madrid, Trotta, 1993.

10 Sobre el vocablo *sentido* puede consultarse el diccionario de Lalande. Ahí da tres acepciones del término: *a)* función sensorial; *b)* significado; *c)* orientación de un movimiento. Las últimas dos tienen en común la idea de intención o tensión hacia: la intención en el habla da lugar al significado; la dirección o tendencia a un fin da lugar a la de orientación. Los autores, empero, no se ponen totalmente de acuerdo y el término *sentido* sigue siendo discutido. Véase André Lalande, "Sens", en *Vocabulaire technique et critique de la Philosophie*, 14a. ed., París, PUF, 1983, pp. 967-976.

11 Véase Eusebi Colomer, *El pensamiento alemán de Kant a Heidegger*, vol. 2: El idealismo: Fichte, Schelling y Hegel, Barcelona, Herder, 1986, pp. 113-402.

(1729-1781), cuyas especulaciones sobre la historia y su devenir no coinciden necesariamente con las de Hegel. En todo caso puede decirse que dos obras de Hegel, la *Fenomenología del espíritu* y las *Lecciones sobre filosofía de la historia universal,* marcaron un hito en el modo de abordar la reflexión sobre la historia, al pretender haber descifrado el mecanismo, no teológico, causante del devenir histórico. A partir de los acontecimientos del pasado Hegel pronosticaba el siguiente paso, pues consideró que el verdadero protagonista del devenir es un único espíritu, el cual sigue una lógica dialéctica en su desplazamiento, manifestándose precisamente en los diferentes eventos de la historia. Para el filósofo alemán el hecho de que el futuro nos sea desconocido, no implica desconocer cuál será el desarrollo del espíritu, pues este sigue una lógica ideal necesaria. Así que las peripecias contingentes de cada época en nada podrían extraviar el despliegue dialéctico del espíritu. Esta manera de concebir el devenir histórico recibe el nombre de idealismo.

Casi por la misma época, Johann G. Fichte (1762-1814) expresaba en la novena lección de sus *Disertaciones* cuál debía ser la actitud del filósofo ante la historia. Los siguientes renglones nos permiten entender por qué, al descubrir en un mapa hecho de ideas todo el decurso histórico, se les llama con razón idealistas.

> El filósofo que en cuanto filósofo se ocupa de la historia sigue *a priori* el curso del plan del mundo (*Weltplanes*). Ese plan es claro para él sin necesidad de recurrir al decurso histórico. Si hace uso de la historia, no es para pedirle la demostración de alguna cosa, pues sus principios han quedado demostrados independientemente de la historia; sólo recurre a la historia para confirmar con ejemplos y usar en el mundo real de la historia lo que ha sido ya comprendido sin necesidad de su ayuda.[12]

12 Johann Gottlieb Fichte, *Die Grundzüge des gegenwärten Zeitalters*, vols. 1-8, Berlín, Veit & Comp., 1845/1846, p. 4; citado por Robert Flint, *La philosophie de l'histoire en Allemagne*, París, Germer Ballière, 1878, pp. 124-125. A esto puede agregársele lo siguiente tomado de la misma fuente: "El filósofo, partiendo de la unidad de sus principios puestos *a priori*, debe deducir todos los fenómenos posibles de la experiencia. Pero es claro que para llevar a término su empresa debe proceder únicamente como filósofo, sin recurrir ni prestar la más mínima atención a la experiencia. Ha de representar bajo una forma totalmente *a priori* el tiempo considerado en su totalidad, así como todas las posibles épocas de los tiempos", *ibid.*

Aunque con variantes considerables, Hegel también concibe un sistema donde se da cuenta del devenir histórico en razón de unos principios asentados previamente. No obstante, uno se pregunta si esos principios no han venido a remplazar la noción de providencia. Para Eusebi Colomer es claro que Hegel ha secularizado la visión cristiana de la historia, si bien ha dejado fuera uno de sus aspectos fundamentales: "La esperanza escatológica. Hegel, en cambio, transmutó la esperanza cristiana trascendente en el conocimiento de la autorrealización inmanente del espíritu en la historia y contempló, en consecuencia, la historia universal como una consumación en sí misma".[13] En cierto modo estriba aquí la diferencia radical entre la visión de la historia inspirada en san Agustín, una historia guiada por la providencia divina y llamada a consumarse en el reino trascendente, y la visión hegeliana que coloca la consumación en un fin intramundano. Con razón ha dicho Karl Löwith que la filosofía de la historia de inspiración hegeliana es el resultado de una secularización del sentido de la historia de origen judeo-cristiano.[14]

Conviene, sin embargo, observar cómo a principios del siglo XX no todos los autores se concentraban en la pregunta sobre el fin de la historia. Al menos en Francia, Léon Brunschvicg ya había detectado el peso de Hegel sobre la reflexión histórica por el hecho de haber adoptado algunas coordenadas teológicas, principalmente la idea de un inicio y un fin. Sin embargo, no está dicho que la historia tiene un inicio. Además, es bien conocido el debate medieval protagonizado por Buenaventura y Tomás de Aquino al respecto.[15] Efectivamente, Brunschvicg advertía que no se debía aceptar la idea mítica de un inicio y un fin absolutos: "Dos cosas están prohibidas: pretender remontar hasta el caos original de las antiguas cosmogonías o a las formas elementales

13 Colomer, *El pensamiento alemán*, vol. 2: El idealismo, Fichte, Schelling y Hegel, p. 375.

14 Cfr. Löwith, *Meaning in History*, pp. 191-203.

15 Cfr. Tomás de Aquino, *De aeternitate mundi contra murmurantes*, Pierre Mandonnet (ed.), París, Lethiellieux, 1927; Alejandro Cavallazi Sánchez, "Un comentario a la estructura lógica del opúsculo 'De aeternitate mundi contra murmurantes'", en *Open Insight* 3, n. 4 (2012): 113-141.

de una función social; y marcar dentro de la historia una época a partir de la cual *ya no habrá historia*".[16]

Se puede apreciar así que las discusiones sobre filosofía de la historia no necesariamente están concentradas en el problema del fin. Si bien la reflexión de Brunschvicg no fue seguida por todos, lo cierto es que a la generación de sus alumnos les ofrecía panoramas de reflexión diferentes a los que más adelante abrirían Kojève e Hyppolite. A Brunschvicg le interesará, no tanto el fin de la historia en su conjunto, cuanto el significado del devenir del individuo. Su reflexión se acerca mucho a la de los anglo-hegelianos, y Nédoncelle no dudará en criticar a uno y a otros,[17] a la vez que retoma el problema para ofrecer una solución diferente. Como se ve, a principios del siglo xx la Filosofía de la Historia podía ser concebida como respuesta a la pregunta por el progreso y destino de la humanidad, o bien, de una manera que podría llamarse más existencialista, como respuesta al sentido del devenir temporal del individuo. La metáfora de los insectos, que aparecerá más adelante, ilustra bien esta doble meditación. Si para unos el hormiguero es ejemplo del valor de la colectividad por encima del individuo, para otros es el ejemplo de lo que no es el hombre.

Por último, puede decirse que los reparos a la propuesta de Hegel no vinieron sólo de los teólogos. Ante un sistema que pretendía explicar nítidamente todos los acontecimientos a la luz de un esquema general, se le objetó pronto que la contingencia de los hechos históricos es refractaria a una explicación generalizada del devenir. Tal es la crítica del historicismo.

6.1.1. *Historicismo*

"La médula del historicismo —explicaba Meinecke— radica en la sustitución de una consideración generalizadora de las fuerzas humanas históricas, por una consideración individualizadora".[18] Consecuentemente, Johann G. Herder

16 Léon Brunschvicg, "Histoire et philosophie", Séance du 31 mars 1923 (Bulletin de la Societé française de philosophie, 1923), 147, citado por Marcel Deschoux, *La philosophie de Léon Brunschvicg*, París, PUF, 1949. Las cursivas son del original y recogen una cita de Marx.

17 Cfr. Nédoncelle, *Explorations*, p. 255.

18 Friedrich Meinecke, *El historicismo y sus génesis*, México, FCE, 1943, p. 12.

(1744-1803) uno de sus representantes, reacciona contra la visión de quien al leer la historia pretende "ofrecer un cuadro acabado, de perfiles rígidos",[19] ajeno a las vicisitudes de la vida concreta de los individuos. De maneras diversas Herder se desmarcará de las visiones generalizadoras de la historia alegando que él sabe, como cualquier otro, que "todo cuadro general, todo concepto general es sólo una abstracción".[20] Herder no niega que se pueda intentar una valoración general de los pueblos y naciones, lo que niega es que los pueblos se hayan ido sucediendo unos a otros en una línea ascendente, de forma que los posteriores sean siempre mejores que los anteriores. Más bien piensa que se deben documentar con mayor detalle las características de los pueblos, antes de forzarlas en un esquema preconcebido. Este surco de pensamiento fue seguido por otros, quienes, no necesariamente identificándose con Herder, han sido encuadrados en el llamado historicismo. Término, por cierto, usado elogiosa o peyorativamente según los autores.[21] En Francia, por caminos diversos, el historicismo se hizo presente ya avanzado el siglo XIX, encontrando en Charles Seignobos (1854-1942) y Victor Langlois (1863-1929) a sus representantes, si bien en una vertiente positivista.

Seignobos y Langlois, catedráticos en la Sorbona, escribieron *de consuno*, una introducción a los estudios históricos, con la intención de enseñar un método científico y positivo de hacer historia. "La historia se hace con documentos",[22] dicen en las primeras páginas de su texto. No perseguían pues hacer un libro más sobre filosofía de la historia. Por el contrario, les producía una "desconfianza casi invencible", la tarea de esos intelectuales que reflexionando sobre la historia e intentando acertar con sus "constantes y sus normas", creyeron descubrir "las leyes que rigen el desarrollo de la humanidad".[23]

19 Eugenio Pucciarelli, "Introducción", en *Filosofía de la historia para la educación de la humanidad*, por Johann Gottfried Herder, Trad. Elsa Tabering, Buenos Aires, Espuela de Plata, 2007, p. 12.

20 Johann Gottfried Herder, *Filosofía de la historia para la educación de la humanidad*, Sevilla, Espuela de Plata, 2007, p. 54.

21 Cfr. Alfonso López Quintás, "Historicismo", en *Gran Enciclopedia Rialp*, vol. 12. Rialp, Madrid, 1981, pp. 36-39.

22 Charles Victor Langlois y Charles Seignobos, *Introducción a los estudios históricos*, Salamanca, Universidad de Alicante, 2003, p. 59.

23 *Ibid.*, p. 45.

Su desconfianza iba contra los filósofos de la historia reseñados en la extensa obra de Robert Flint.[24]

Seignobos y Langlois estaban convencidos de que en su tarea se enfrentaban únicamente con documentos, jamás con nada real. "En historia —dicen— no se ve nada real, salvo el papel escrito y esporádicamente edificaciones u objetos manufacturados. El historiador no cuenta con nada que pueda analizar realmente, nada que desarmar y recomponer".[25] Tal es a grandes rasgos su punto de partida. Será esta doctrina la que Maurice Blondel, cuya crítica recoge Nédoncelle, reprochará cuando argumente en contra del historicismo positivista. Efectivamente, en la exposición de los dos catedráticos de la Sorbona aparecen algunos fallos detectados por sus censores.

Quien recorre las páginas de la *Introducción a los estudios históricos* encontrará, casi al final, una serie de pasos marcados por los autores como los únicos seguros para garantizar la validez del método histórico. Ante todo, la búsqueda de los documentos del pasado, labor llamada "heurística". Luego la formación de imágenes a partir de los datos dispersos en los documentos. En este paso —advierten los autores— existe el peligro de representarnos a los personajes y eventos del pasado a partir de nuestras propias experiencias, proyectando en ellos los rasgos psicológicos, estados de ánimo o modos de ver las cosas, que son nuestros y no de ellos. "La tarea de la historia consiste en rectificar gradualmente nuestras imágenes y sustituir uno por uno los rasgos falsos por otros exactos".[26] He aquí donde la exposición de los autores va dando paso a las conjeturas bien evidenciadas por Blondel y Nédoncelle, quienes sin entrar directamente en discusión con ellos atacarán, sin embargo, a los pensadores que se sirvieron de este mismo método. Así, en efecto, tras los pasos enunciados, Seignobos y Langlois agregan otro más, consistente en agrupar los hechos imaginados —suponemos ya rectificados de las falsas imágenes— en un esquema elaborado a partir del "modelo de un conjunto

24 Robert Flint, *History of the philosophy of history: Historical philosophy in France, French Belgium and Switzerland*, Londres, Blackwood and Sons, 1893.

25 Langlois y Seignobos, *Introducción a los estudios históricos*, p. 219.

26 *Ibid.*, p. 224.

observado en la realidad que supongamos análogo al conjunto pretérito".[27] Dicho lo cual me parece que se viene abajo la crítica inicial de estos autores contra los filósofos de la historia, quienes pergeñarían esquemas interpretativos de la historia muy a su manera. Más aún, Seignobos y Langlois admiten que en ese esquema no todo está sustentado por los documentos, así que no queda más remedio que rellenar las lagunas —"siempre considerables"— mediante razonamientos, de modo que "merced a una operación lógica se acrecienta la masa de conocimientos históricos".[28]

Sin entrar en más análisis subrayo aquí cómo la pretensión del historicismo positivista de ser lo más objetivo posible, a final de cuentas no puede prescindir de un modo de razonar, de un esquema interpretativo de la historia. El punto no es si se necesita o no de un esquema, sino saber cuál es mejor. Así pues, se entenderá que Nédoncelle en su reflexión sobre la historia se detendrá —de la mano de Blondel— en esclarecer esta especie de prolegómenos metodológicos sobre el quehacer del historiador. Por lo demás las lecciones de Seignobos y Langlois lanzaban a los filósofos el reto de mostrar que la historia no era parcela exclusiva de los historiadores. Se comprende, además, cómo la siguiente generación de filósofos, también en la Sorbona, retomó con interés los asuntos que habían puesto sobre la mesa los historicistas.

Si la obra de Langlois y Seignobos es representativa del historicismo positivista, la de Flint, al pasar revista al esfuerzo de los pensadores francófonos en su empresa por comprender y explicar filosóficamente la historia de la humanidad, representa la línea opuesta.[29] El libro de Robert Flint concluye analizando el pensamiento de Charles Renouvier (1815-1903). Este autor ejerció su influjo sobre pensadores como Henri Bergson y Octave Hamelin, quienes a su vez habrían de marcar la línea seguida por René Le Senne y Louis Lavelle,

27 *Ibid.*, p. 228.

28 *Ibid.*

29 "El principal propósito de esta obra es trazar el curso del pensamiento humano en su intento por explicar la historia humana; o en otras palabras, dar cuenta del ascenso y progreso de la reflexión y especulación en torno al desarrollo de la humanidad", Flint, *History of the philosophy of history*, p. 1.

profesores de Nédoncelle.[30] Se ve pues que ante al positivismo presente en la Sorbona a finales del siglo XIX y principios del XX se abría paso una corriente filosófica diferente, dentro de la cual se inscribirá, a su manera, Nédoncelle. No se debe pasar por alto, entonces, que Maurice Nédoncelle, al elaborar sus reflexiones filosóficas sobre la historia, de alguna manera está heredando los planteamientos surgidos por el enfrentamiento entre estos dos grupos, positivistas por un lado y, por otro —sin formar escuela— los críticos del positivismo.

6.1.2. *Hegelianismo*

Dejando de lado el historicismo hay que considerar ahora cómo la obra de Hegel sobre la historia dio pie a variadas interpretaciones generalmente agrupadas en las llamadas derecha e izquierda hegelianas. Así y con todo podría decirse, con el mismo sentido del humor con que lo hacía Franz Gregoire, que en filosofía de la religión Hegel es un hegeliano de izquierdas, mientras que en política es un hegeliano de derechas.[31] De esta forma estaríamos notando cómo después de Hegel las elucidaciones han sido tan dispares que quizás el mismo Hegel se sorprendería de haber dicho cosas tan contradictorias.

Nédoncelle se familiarizó con la recepción inglesa de Hegel, representada por autores heterogéneos. Tras las monografías de J. Hutschinson Stirling (1820-1909) y la formación de un grupo de hegelianos en torno a los *Essays in Philosophical criticism* (1883), los estudiosos se reparten en tres grupos: primeramente el de los comentadores perspicaces pero ya olvidados como William Wallace (1844-1897); en segundo lugar, el idealismo personal del tipo Andrew Pringle-Pattison (1856-1931) o el espinosismo de Henry Nettleship (1839-1893); en fin, Francis H. Bradley (1846-1924), Bernard Bosanquet (1848-1923) y John MacTaggart (1866-1925), forman el grupo de

30 Cfr. Xavier Tilliete, *L'intuition intellectuelle de Kant à Hegel*, París, Vrin, 1995, p. 260; José Ferrater Mora, "Renouvier Charles", en *Diccionario de filosofía*, vol. 4, Josep-Maria Terricabras (ed.), Barcelona, Ariel, 2001, pp. 3071-3073; Nédoncelle, *Explorations*, pp. 267-281.

31 Cfr. Maurice Nédoncelle, reseña de "Franz Grégoire, *Aux sources de la pensée de Marx: Hegel, Feuerbach* (París, Vrin, 1947)", en *Revue des Sciences Religieuses* 22, núm. 1 (1948): 183.

los anglo-hegelianos, los cuales son "más ingleses que hegelianos y cuyo absoluto no se parece en nada al de los ítalo-hegelianos como Croce o Gentile".[32]

Por lo que se refiere a Bernard Bosanquet, se puede observar su intento por conciliar las doctrinas de Bradley y de Thomas Hill Green sobre la inmortalidad, a fin de ofrecer una imagen del absoluto fiel a la de Hegel. Quizás, sin embargo, el absoluto de Bosanquet es en definitiva lo bello. Nédoncelle piensa que este autor es incapaz de mantener a la vez el principio de identidad y el de no contradicción. "Es por eso que Bosanquet es tan hegeliano y tan poco leibniziano".[33] De hecho Nédoncelle era de la opinión que se echaba de menos un estudio serio sobre la no-contradicción en Hegel. Sea como fuere, lo cierto es que esta línea de pensamiento hegeliana se interesaba sobre todo por el problema del absoluto. Como se vio antes, Nédoncelle tuvo en mente los problemas abordados por Bosanquet e intentó dar una respuesta que, a su juicio, salvara las contradicciones de un devenir que desemboca en un monismo extremo a la manera de Bradley.[34]

Dejando de lado tanto al historicismo como al anglo-hegelianismo nos encontramos, en Alemania, ante las llamadas izquierda y derecha hegelianas. Esta última es representada por Friederich Michelet (1801-1893) y Karl Rosenkranz (1805-1879), entre otros; mientras que la izquierda está asociada a los nombres de Friederich Engels (1820-1895) y Karl Marx (1818-1883). Estos últimos hicieron más por la gloria de Hegel —dice Nédoncelle— que su maestro Rosenkranz, "¡pero con qué infidelidad!".[35]

La parte representada por Marx y Engels, también llamada materialismo histórico dialéctico, reconocía en Hegel el haber postulado la dialéctica como la esencia del devenir. Para Marx, sin embargo, no es el espíritu a la manera hegeliana, el motor de la historia sino las condiciones materiales de la vida; de donde la expresión *materialismo histórico dialéctico*, "suele entenderse

32 AP, p. 211.

33 Nédoncelle, reseña de "François Houang, *Le néo-hegelianisme en Anglaterre. La philosophie de Bernard Bosanquet 1848-1923* (París, Vrin, 1954)", p. 187.

34 Cfr. RC, §81.

35 AP, p. 211.

una dialéctica de la naturaleza independiente del hombre".[36] Según Marx, la ley de la historia nos presenta a un proletariado, el cual es de entrada víctima, luego revolucionario y, en fin, dueño en espera de una sociedad sin clases. La dialéctica de este movimiento está en relación directa con las condiciones materiales de producción. Ante lo cual uno no puede dejar de preguntarse si esas condiciones no resultan tan determinantes que deberían ser calificadas de ontológicas. Sea como fuere, de las relaciones entre las condiciones materiales y el proletariado resulta un cuadro donde el individuo está subordinado al movimiento general de la historia marcado por la dialéctica. En breve, para el marxismo el protagonista de la historia es el proletariado cuyo movimiento se rige por una ley dialéctica inexorable.[37]

Es justo notar que la filosofía de Marx es una filosofía de la toma de conciencia. "En efecto, el comunismo según Marx no es un *ideal* por alcanzar, sino la toma de conciencia de la lucha de clases, del movimiento de la historia".[38] Dicho movimiento es la lucha protagonizada por las clases sociales y no por un caudillo o reformador. No es el sujeto, sino el proletariado en su conjunto el que toma conciencia de su condición e intenta resolverla poco a poco —con acciones concretas— hasta que desaparezcan las clases en conflicto. Llama la atención que Jean Lacroix llame precursor del personalismo a Marx. A favor cita con gusto la frase encontrada en los *Manuscritos* de 1844: "En la ciudad comunista será suficiente ser un ser amante para hacer de uno mismo un ser amado". Pero se debe observar —critica Wattiaux— que para instaurar esta ciudad el marxismo toma un camino que, de hecho, contradice dicho programa, porque Marx no se interesa por el libre albedrío, sino sólo por la *libertas a coactione*, no siendo el individuo concreto más que un instrumento de la historia y del devenir social.[39]

36 Jean Lacroix, *Panorama de la philosophie française contemporaine*, París, PUF, 1966, p. 133.

37 Cfr. Franz Gregoire, "*La pensée communiste* (Louvain: Anc. Libraire Desbarax, 1953/1955)". Reseñado por Maurice Nédoncelle, en *Revue des Sciences Religieuses* 30, núm. 2 (1956): 213-216.

38 Lacroix, *Panorama de la philosophie française contemporaine*, p. 136.

39 Cfr. Henri Wattiaux, reseña de "Jean Lacroix, *Le personnalisme. Sources, fondements, actualité* (Lyon, Chronique Social, 1981)", en *Revue Théologique de Louvain* 14, núm. 1 (1983): 125-126.

De este cuadro general a Nédoncelle le interesará la tesis sobre la prioridad del colectivo, o sea el proletariado, sobre el individuo en la dialéctica de la historia. Antedicha tesis tiene su origen en Hegel, si bien él no coloca en la materia el quicio del devenir, sino en el espíritu. De todas formas, se puede ver ya aquí un asunto central analizado y confrontado por Nédoncelle en su obra. De hecho, veía no sólo en el marxismo sino también en el estructuralismo a los principales adversarios del personalismo filosófico.[40] Al defender su propia tesis sobre la reciprocidad de las conciencias, intentará mostrar las insuficiencias del planteamiento hegeliano. Vale la pena, antes de ver en los próximos capítulos esta discusión, mostrar cómo todo este asunto se relaciona asimismo con el tema del amor.

Recuerda Nédoncelle que para la doctrina hegeliana el motor del devenir de la humanidad es el espíritu. Dicho espíritu va manifestándose en los pueblos, de donde uno deduciría que cada individuo tiene razón de ser en la medida que forma parte de un pueblo. Con todo y las matizaciones que puedan hacerse, lo cierto es que Hegel tendrá en menos al individuo y su filosofía es más una "filosofía de la colectividad o de la totalidad, incluso cuando reivindica para cada ser humano una vocación superior".[41] Colocado entonces el acento en la colectividad, no debería pensarse que los pueblos adquieren la fisonomía que tienen a causa de la iniciativa de alguno de sus miembros o como consecuencia de la genialidad de tal o cual sujeto, sino más bien que el cuerpo social es depositario del espíritu que lucha por expandirse y manifestarse. El individuo, en cambio, no forja nada en el grupo, más bien el grupo lo forja a él. Tal es la tesis que Nédoncelle impugna.

Si nos preguntamos entonces qué mueve la historia, si la colectividad o los individuos, encontraremos que Nédoncelle responde en la línea de Henri Bergson, para quien serían los individuos los creadores de los valores espirituales, mientras que la colectividad simplemente se atiene a ellos. Por ello

40 Cfr. Nédoncelle, reseña de "*Il personalismo*, Armando Rigobello (ed.) (Roma, Città Nuova, 1975)", p. 89.

41 Maurice Nédoncelle, reseña de "Paul Asveld, *La pensée religieuse de jeune Hegel. Liberté et aliénation* (París, Vrin, 1953)", en *Revue des Sciences Religieuses* 30, núm. 1 (1956): 97-98.

Nédoncelle preferirá a Bergson por encima de Hegel para quien la colectividad, el Absoluto, tiene prioridad por encima del individuo.[42]

Me parece que para discutir mejor todo este asunto sirve la descripción hecha por Arnold Toynbee (1889-1975), a quien Nédoncelle recurre. Al decir de Toynbee no faltan filósofos de la historia para quienes la única historia que cuenta es la de las sociedades.

> Según esta concepción el ser humano individual no es sino una parte de la sociedad de la que es miembro. El individuo existe para la sociedad, y no la sociedad para el individuo. Por lo tanto, lo significativo en la vida humana no es el desarrollo espiritual de las almas sino el desarrollo social de las comunidades. En mi opinión esta tesis no es verdadera; y cuando se la ha tomado por tal y se la ha llevado a la práctica ha producido atrocidades morales.[43]

Sin duda estas ideas del historiador inglés son compartidas por nuestro autor. También él piensa que es equivocado atribuir el progreso del espíritu a la colectividad. En la práctica lo que realmente sucede es que el ingenio de alguno persuade a los demás a unirse a su idea y cooperan en ponerla por obra, pero estos otros "no añaden nada al germen inicial y sólo ponen de manifiesto sus virtualidades".[44]

Lo que aquí se está discutiendo es la prioridad del espíritu colectivo por encima del espíritu individual. Esta última postura sería la de Hegel, quien atribuye grandes virtudes a la colectividad, pero sobre lo cual Nédoncelle está totalmente en desacuerdo. También Toynbee muestra su disconformidad en el siguiente pasaje:

> El aserto de que el individuo es una mera parte del todo social puede ser la verdad respecto a los insectos sociales —abejas, hormigas y termitas—

42 Cfr. AP, p. 221.

43 Arnold Toynbee, *La civilización puesta a prueba*, Buenos Aires, Emece, 1949, p. 231.

44 AP, p. 224.

> pero no lo es respecto a ninguno de los seres humanos que conocemos. Una escuela de antropología de comienzos del siglo XX, de la que Durkheim fue el principal representante, trazó un cuadro del hombre primitivo que lo presentó como perteneciendo poco más o menos a una especie mental y espiritual diferente de los seres racionales, que, según se afirmaba, éramos nosotros. Extrayendo sus pruebas de las sociedades primitivas sobrevivientes, esta escuela presenta al hombre primitivo como gobernado por la emoción colectiva del rebaño. Esa tajante distinción entre una especie "no-civilizada" y otra "civilizada" del hombre debe, empero, revisarse y atenuarse a la luz de los iluminadores descubrimientos psicológicos que se han hecho desde los días de Durkheim.[45]

Con esta cita he querido subrayar cómo, dentro de una corriente de pensamiento, se afirma que el hombre sería un ser meramente gregario a merced de un movimiento general de la colectividad. Sin embargo, las razones por las cuales de pronto la colectividad se mueve en tal o cual dirección, serían desconocidas. Claro que para Hegel no sería misterioso, pues el grupo es movido por el espíritu. Esto es justamente lo que Nédoncelle niega. La prueba sería la experiencia del amor. Ante esta prueba Hegel nos diría que el amor es sólo un sentimiento carente de racionalidad. Pienso que a ello respondería Nédoncelle haciendo notar que de ser este el caso, habría que admitir que los sujetos no son racionales cuando aman, pero lo son cuando son movidos por el espíritu colectivo.

Frente a las corrientes decantadas a favor de la colectividad —estructuralismo y marxismo, por ejemplo— difundidas en la Francia de mediados del siglo XX, reaccionaban algunos pensadores englobados en el personalismo filosófico. Autores como Emmanuel Mounier, Jean Lacroix o el mismo Maurice Nédoncelle, veían en las doctrinas comunistas y capitalistas el peligro del totalitarismo colectivista.[46] Entre otras cosas estaba en discusión la idea de sociedad futura que se quería construir, y en este sentido la idea de progreso

45 Toynbee, *La civilización puesta a prueba*, pp. 231-232.

46 Cfr. Nédoncelle, reseña de "*Il personalismo*, Armando Rigobello (ed.) (Roma: Città Nuova, 1975)", p. 89.

seguía impregnando las disputas. No se puede olvidar, en efecto, que la idea de progreso estaba presente en las dilucidaciones de filosofía de la historia.

6.2. El progreso y el fin

Se dijo que la filosofía de la historia en sentido moderno nace por cierta oposición a la clásica teología de la historia de corte agustiniano. Pues bien, uno de los ingredientes esenciales en dicha teología es el postulado de una meta concebida como un estadio definitivo. Se trata desde luego de un bien deseado que san Agustín describe recurriendo al símil de la ciudad. Nédoncelle estima que esa misma aspiración, bajo la forma de un pseudomisticismo, se encuentra en Marx.[47] Con todo, me parece importante señalar que ese misticismo no descalifica automáticamente las reflexiones sobre la historia. Cuanto me parece que está sujeto a análisis no es la idea de imaginar un final o meta del devenir, sino la de los fundamentos de dicha propuesta. Más aún, Nédoncelle juzgará necesario el papel de la fe, tanto como el de la percepción en la historia. El punto no es si se puede o no esperar una meta, sino analizar las bases de dicha esperanza.

Uno puede definir con razón la filosofía de Nédoncelle como un "finalismo del amor".[48] De esta manera el decano de Estrasburgo imagina que cada persona está llamada a una meta final en la cual, habiendo sido transfigurada, se encontrará en una "asamblea (*collège*) de amor, reunión de todos los espíritus cuyo centro es el Amor absoluto".[49] Como ya se ha dicho, la tesis de Nédoncelle hace del amor el valor supremo; sin embargo, afirmar que la reunión de los seres en el amor es la meta última supone ir más allá. Lo que nos está permitido no es afirmar esto rotundamente, pero sí creerlo, y

47 Cfr. AP, 231 y Gregoire, *La pensée communiste*, p. 214.

48 Cfr. Jean Battiste Nguyen van Chien, *La philosophie de la personne et de l'amour chez Maurice Nédoncelle*, Louvain, PUL, 1969; Éttienne Jacques, Jean Pierre Deschepper *et al.*, "Chronique de l'Institut Supèrieur de Philosophie", *Revue Philosophique de Louvain* 67, núm. 96 (1969): 694.

49 Jacques, Deschepper *et al.*, "Chronique de l'Institut Supèrieur de Philosophie", p. 694.

de esta manera elegir sabiamente.[50] Nédoncelle no esconde, en efecto, que la reflexión sobre la historia sólo nos permite tomar conciencia de nuestro origen y de nuestro caminar, pero no permite dar por descontado el punto de llegada: la comunidad amante de las conciencias. Ciertamente no es posible aseverarlo apodícticamente, pero es posible creerlo. "Por mi parte —dirá— no veo cómo tal fe sea posible si no comienza por afirmar la acción de un Ser trascendente".[51]

El contraste con el marxismo salta a la vista. Para Marx no hay un ser trascendente, pues los hombres solos, a través de su trabajo, crean la nueva clase social, meta del devenir. Desde luego que se trata de una meta anhelada, pero cuya realización no deja de ser un pronóstico reservado. Así que Lacroix objetará a Marx lo siguiente: "¿Cómo puede este ser finito e incompleto que es el hombre, este ser inmerso en la historia, tener desde el fondo mismo de la existencia histórica, una suerte de saber absoluto sobre el sentido de la historia?"[52] Quizás no se pueda saber con certeza cómo terminará la historia, pero ¿se podría razonablemente conjeturar algo al respecto viendo cómo han sido las etapas precedentes? Este es de hecho el punto de vista hegeliano. Con todo, existe también la postura de quienes piensan que no sólo se puede prever el punto de llegada, sino que se lo puede provocar. Para estos autores hablar de progreso es casi una necesidad.

En torno a la idea del progreso uno podría dividir a los autores en optimistas y pesimistas. Estos últimos se habrían resignado a esperar un fin catastrófico de la historia. La contraparte que no se resigna, estaría representada por quienes, como los marxistas, creen que se pueden tomar las riendas de la historia. Raymond Aron, entre otros, explica cómo los marxistas querían poner un fin al devenir errático de la historia, para lo cual era necesario poner las manos en el timón del destino, "orientando el curso de la historia merced al

50 Cfr. André Hayen, reseña de "Maurice Nédoncelle, *Vers une philosophie de l'amour et de la personne* (París, Aubier 1957)", *ibid.*, núm. 50 (1958): 329. También AP, p. 99.

51 AP, p. 234.

52 Lacroix, *Panorama de la philosophie française contemporaine*, p. 138.

conocimiento adquirido de las leyes de la historia".[53] Para algunos sería posible dominar la naturaleza usando todos los recursos de la razón hasta producir el deseado fin —Aron lo llama híper-racionalismo optimista— y para otros el desenlace tendría que pasar por una serie de conflictos atroces, por lo que Aron lo llama optimismo racionalista catastrófico. Como se ve, está aquí en juego la capacidad racional del hombre por intervenir profundamente en el decurso de la historia al punto de obtener una meta considerada como algo bueno y deseable, sin necesidad de contar con una fuerza exterior.

Ahora bien, no es posible hablar de todas estas cuestiones sin mencionar a Alexander Kojève (1902-1968) considerado pionero del hegelianismo en la Francia del siglo XIX.[54] Entre otras cosas, Kojève hablaba del fin de la historia como de la realización de todos los proyectos. "El final de la historia es el final de la adversidad",[55] al punto que desaparecen las guerras sangrientas. Más todavía, en la lectura que Kojève hace de Hegel, la prueba de que existen obstáculos a la plena realización del Espíritu son precisamente las conflagraciones bélicas. Pero se alcanzará un final de la historia cuando se acaben los obstáculos. A la postre se llegará a un "Estado universal y homogéneo, en el que ningún hombre es exterior a otro, en el que no queda ninguna oposición social por suprimir".[56] Igualmente la naturaleza quedaría de tal modo sometida al trabajo del hombre que "al no oponerse al hombre ya no le es extraña".[57]

> En otros términos, la naturaleza está dominada y la sociedad pacificada: al vivir en el mundo como en un jardín florido y encontrar en sus semejantes otros tantos amigos, el hombre se retira, abandona el trabajo

53 Raymond Aron, "La philosophie de l'histoire", en Farber (ed.), *L'activité philosophique contemporaine en France et aux États-Unis*, p. 312.

54 Cfr. Michael S. Roth, *Knowing and History. Appropriations of Hegel in Twentieth-Century France*, Ithaca-Londres, Cornell University Press, 1988, pp. 8-10.

55 Vincent Descombes, *Lo mismo y lo otro. Cuarenta y cinco años de filosofía francesa (1933-1978)*, 2a. ed., Madrid, Cátedra, 1988, p. 49.

56 Alexander Kojève, *Introducción a la lectura de Hegel*, Buenos Aires, La Pléyade, 1972, p. 301; citado por Descombes, *Lo mismo y lo otro*, p. 49.

57 Kojève, *Introducción a la lectura de Hegel*, p. 301; citado por Descombes, *Lo mismo y lo otro*, p. 49.

histórico y se convierte en sabio epicúreo, consagrándose a todo lo que hace al hombre feliz (el juego, el amor, el arte, etcétera).[58]

Tal es la tesis de Kojève resumida por Descombes. De ella me interesa la última parte, donde se dice que el hombre feliz ya no hace historia y se dedica a aquello que ya en nada modifica la historia. Según Kojève la descripción que hace Hegel del Espíritu Absoluto alcanzando la plenitud de la autoconciencia puede entenderse materialmente como el estadio en que el hombre ya no encuentra obstáculos externos para la realización de sus proyectos. Superados, pues, todos los obstáculos, ya no queda nada por hacer, salvo eso que ha dicho al final: el arte, el amor, el juego, o sea, todo lo que hace al hombre feliz. Desde luego, encuentro aquí un tema de confrontación con el pensamiento de Nédoncelle, para quien el amor no es la simple variación, casi lúdica, de un mismo tema. Por el contrario, el amor es auténticamente motor del devenir histórico.

Dejando para más adelante la discusión de este punto se puede observar que en la lectura de Kojève el cese de las guerras y revoluciones sangrientas es el fin de la historia.[59] Estas ideas sobre el fin de la historia rebrotarán en la obra de Francis Fukuyama, de quien se hablará más adelante. En todo caso Kojève da por sentado que el hombre alcanza un estado de pacificación irreversible. Mas precisamente esto es aquello sobre lo que no se tiene garantía. En la imagen un tanto bucólica del hombre en el jardín, Kojève habría olvidado que los demás no son amigos por ensalmo. El amor que produce la amistad es un auténtico trabajo. Por esta razón pienso que no se puede admitir la tesis de Kojève, quien sostenía que deja de haber "acción en el pleno sentido del término"[60] restando sólo lo que hace al hombre feliz. A mi juicio, el amor queda aquí como un pasatiempo. Pero el análisis de la naturaleza del amor —como ha sido llevado a cabo por Nédoncelle— no permite esta reducción.

58 Descombes, *Lo mismo y lo otro*, p. 49.

59 Cfr. Kojève, *Introducción a la lectura de Hegel*, p. 435.

60 *Ibid.*

Se aprecia, por cierto, en la explicación de Kojève esa tendencia hegeliana de explicar la sucesión de los eventos históricos tomando como paradigma la evolución observada en la naturaleza. Para Brunschvicg ese habría sido el principal error de Hegel, al querer dar razón de manera sistemática del devenir histórico, aplicándole el saber científico positivo propio del estudio de la naturaleza. El resultado de querer explicar el cambio histórico a la manera de las leyes de la naturaleza ha sido una auténtica "teratología metafísica".[61] Si bien aquí Brunschvicg está criticando el hegelianismo de Émile Meyerson, el cual le habría hecho mala fama a Hegel en Francia hasta la llegada de Kojève,[62] puede decirse que la crítica toca un punto medular de la filosofía de la historia de impronta hegeliana: la relación entre la evolución natural y el progreso científico e histórico.

Se puede decir, entre otras cosas, que en el origen de toda esta discusión está la idea de un progreso considerado a partir de la observación de la naturaleza. Las ideas sobre la evolución encontradas en el mundo de la biología fueron importadas al de la filosofía de la historia. Uno encuentra, por ejemplo, en la cita de Toynbee referida más arriba, la mención de los insectos. Curiosamente es también una comparación presente en Herder para quien el estudio de la historia permite descubrir un desarrollo progresivo, oponiéndose a quienes lo reducen todo a un "juego de hormigas, a una aspiración de tendencias y fuerzas aisladas sin ninguna finalidad".[63] Por el contrario, Herder valoraba los acontecimientos históricos desde la perspectiva de un plan donde las escenas más dispares se unen con vistas a un fin. Así que, por encima de las reiteraciones debidas a la naturaleza humana, se vislumbra un plan de aspiraciones hacia el progreso. "Mi gran tema",[64] dirá. Sin embargo, qué es el progreso estaba lejos de ser respondido igualmente por todos. Herder pensaba que se trata del "incremento en la virtud colectiva

61 Léon Brunschvicg, *L'experience humaine et la causalité physique*, París, Félix Alcan, 1922, p. 463.

62 Cfr. Tom Rockmore, *Heidegger and French Philosophy. Humanism, antihumanism and being*, Londres-Nueva York, Routledge, 1995, pp. 27-28.

63 Herder, *Filosofía de la historia*, p. 62.

64 *Ibid.*, p. 60.

y la felicidad individual",[65] mientras que Hegel lo identificaba con la autorrealización del espíritu.

Ahora bien, la reflexión sobre el progreso no se limita a tratar de identificar el punto de llegada, sino también a describir los mecanismos que producen el movimiento de la historia y sus protagonistas. Justamente en estos puntos se colocan las diferencias entre los autores. Lo cierto es que esta cuestión interesaba a los filósofos tanto como la cuestión del fin de la historia.

Poco después de Herder, pero en Francia, Auguste Comte (1798-1857) ofrecía su visión sobre el decurso histórico equiparando las leyes del cambio en biología y física con las de la historia. La comparación del devenir histórico con el de un organismo viviente permitía explicar la historia de la humanidad a semejanza del proceso evolutivo observado en la naturaleza. En este contexto se colocaría la idea de una madurez de la humanidad similar a la observable en los cuerpos vivos. Pero además se tendría la impresión de que los avances en el orden de la biología son igualmente avances de la humanidad. Desde luego, habría aquí ya un juicio de valor al dar el nombre de progreso a aquello que produce unos resultados deseables en la salud o bienestar físico de los hombres.

La comparación entre la evolución biológica y la histórica llevó a Toynbee a pensar que el devenir de la humanidad pasaba por la decadencia a semejanza de la descomposición de los organismos vivos. Mas en el fondo concebía la decadencia de las civilizaciones como un desmoronamiento mecánico. Para ilustrarlo recurre a la imagen de Penélope deshaciendo rutinariamente, con gestos uniformes, durante la noche la tarea emprendida durante el día. El caso es que la tarea diurna estaría llena de inventiva, mientras que la nocturna sería monótona. Pero esta tesis —dirá Nédoncelle— difícilmente se sostiene al constatar "las mil y un maneras de estar mal y de desaparecer".[66] Por lo que Nédoncelle piensa que la equiparación es demasiado simple y requiere de un análisis más agudo. A fin de cuentas, pareciera que Toynbee no consigue alejarse de un esquema que pretende explicar de antemano los acontecimientos

65 *Ibid.*

66 RC, §131.

futuros; si bien en este caso lo único que pretende explicar es la monotonía de las decadencias de las civilizaciones. Sea como fuere, con Toynbee reaparece la asimilación entre la naturaleza y la historia. Pero, además, pienso que si se admite esa asimilación se estaría reduciendo la causalidad espiritual a la física; haciendo que la primera siga las reglas de la segunda. Dicha equiparación sería inadmisible para Nédoncelle y está en el centro de su tesis sobre la reciprocidad de las conciencias.

Esta relación entre el progreso observado en la naturaleza y el progreso en la historia, había sido también explorada por Léon Brunschvicg.[67] Para este autor, el conocimiento científico es un conocimiento cada vez más profundo de la naturaleza, pero no en sí misma sino en cuanto revela algo más sobre el hombre. Así que establece una relación proporcional entre conocimiento científico y saber sobre el hombre. Piensa, en efecto, que el fin del conocimiento sobre la naturaleza es revelar cómo está hecho el espíritu humano.[68] Uno entiende el interés de Nédoncelle por mostrar las diferencias entre el conocimiento de la naturaleza y el del hombre. En todo caso, lo cierto es que se establecía una armonía entre el progreso científico y el progreso humano. Así que más tarde el decano Nédoncelle buscará deslindar los ámbitos al distinguir un progreso espiritual de uno técnico. De igual manera, se ha visto cómo el estructuralismo desgaja totalmente de la naturaleza los valores que podrían definir lo mejor para el hombre. Miradas así las cosas, sin embargo, no deja de haber un juicio de valor sobre la naturaleza. De todas formas, sea que se evalúe la naturaleza entendida biológicamente o en un sentido más amplio referida al fin último del hombre, no cabe duda que la idea de progreso estaría vinculada a un juicio de valor. Pero se debe advertir que la filosofía de la historia no se identifica por fuerza con esta especie de axiología del progreso, sino que puede referirse más bien al intento de descifrar una ley o mecanismo del devenir.

Para quien considera que la naturaleza misma nos brinda una idea clara de progreso todo apunta a que dejando correr el tiempo la humanidad misma alcanzará la meta deseada. Quizás repugna a la razón esperar que la historia

67 Cfr. Deschoux, *La philosophie de Léon Brunschvicg*, pp. 105-106.

68 Cfr. *Ibid.*, p. 107.

culmine en un fracaso. Pero no está dicho que los movimientos evolutivos observados en la naturaleza sean garantía de un progreso cuyo término sea feliz. ¿Acaso no se constata la extinción de algunas especies? ¿Qué impide pensar en la extinción de la humanidad como punto final de la historia? Desde luego, no faltarán quienes, observando la naturaleza, piensen que a la muerte sigue la vida y que por lo tanto se puede confiar en un final feliz. Sólo sería cuestión de tiempo. Por su parte, Nédoncelle no cree que el tiempo sea suficiente para diluir el mal, como lo creen los evolucionismos, sino que hace falta algo más. "Hace falta —comenta Duméry— que el pasado sea recuperado y transfigurado; dicho de otra manera, sólo la eternidad insertada en nuestras vidas" puede darnos la capacidad de ser cambiados, al punto de "purificarlo todo, recapitularlo y finalmente salvarlo".[69]

6.3. Pensar la historia

A la vista de lo que podría llamarse un reduccionismo naturalista de la historia había reaccionado ya Oswald Spengler (1880-1936). En el proemio a la *Decadencia de Occidente* de Spengler, Ortega y Gasset explicaba cómo durante el siglo XIX los pensadores habían querido "deducir lo histórico de lo que no es histórico".[70] Hegel, por ejemplo, habría querido explicar la historia a partir de una dialéctica abstracta de los conceptos; mientras que Henry Th. Buckle (1821-1862), Hyppolite Taine (1828-1893) y Friederich Ratzel (1844-1904) derivan la historia de la geografía, tanto como Marx de la economía.

Spengler, en cambio, se empeñaba en hacer una filosofía de la historia en sentido estricto. Por lo mismo desconfía de los historiadores de oficio que se limitarían a coleccionar hechos históricos. Efectivamente, la narración de un acontecimiento, por ejemplo, el asesinato de César, no implica inmediatamente que lo hayamos comprendido. Para ello es preciso ubicarlo en la

69 Henry Duméry, "La philosophie catholique en France", en Farber (ed.), *L'activité philosophique contemporaine en France et aux États-Unis*, p. 251.

70 José Ortega y Gasset, "Proemio", en *La decadencia de Occidente: Bosquejo de una morfología de la historia universal*, por Oswald Spengler, Madrid, Espasa-Calpe, 1966, p. 6.

historia.[71] Spengler, en efecto, pretendía encontrar al verdadero sujeto de la historia en la cultura. Al igual que otros autores piensa que las culturas tienen vida propia a semejanza de los organismos vivos. Las culturas son plantas, dirá, y como ellas siguen su propio curso vital. No es necesario insistir en los fallos de una equiparación apresurada entre los seres vivos y las sociedades, queriendo pronosticar así un proceso de crecimiento, madurez y decadencia. Al respecto, valdría la pena recordar con Brunschvicg que, la pretensión de encontrar una justificación de la realidad en una idea abstracta, es buscar en el vacío. Para este autor la historia es primero, y a partir de ella se hace filosofía.[72] Ahora bien, lo interesante para nuestro caso, de la obra de Spengler, es el deseo de hacer una filosofía de la historia que fuera como tal, filosófica. No toca aquí juzgar el éxito de su empresa, pero sí se puede notar que a principios del siglo xx se sentía cada vez más la urgencia de hacer una filosofía de la historia hecha por filósofos. Esto explicaría también el interés renovado por la obra de Hegel, el cual encontrará en Francia a sus especialistas en Kojève e Hyppolite.

Volviendo a Brunschvicg puede señalarse que su obra, *Las edades de la inteligencia* (1934), contiene ideas repasadas luego por Nédoncelle. Si bien de modo totalmente diverso a Hegel, Brunschvicg se fija en el devenir de la inteligencia, la cual no es separable de su historia. Sin embargo, no comparte la tesis de un progreso asegurado, pues piensa que la contingencia de las conciencias es absoluta, de suerte que un retroceso en la conciencia común es siempre posible. Pero además nota que la historia del individuo y la de la especie no presentan el mismo ritmo.[73] Así que Brunschvicg se muestra mucho más sensible al individuo concreto y a su devenir contingente, criticando a Hegel en su intento de someter la sucesión de los tiempos a una ley preconcebida.[74]

71 "A la punta del puñal de Bruto sigue su mano, y a la mano el brazo movido por centros nerviosos donde actúan las ideas de un romano del siglo I a.C. Pero el siglo I no es comprensible sin el siglo II, sin toda la existencia romana desde los tiempos primeros. De este modo se advierte que el *hecho* de la muerte de César sólo es históricamente real, es decir, sólo es lo que en verdad es, sólo está completo cuando aparece como manifestación momentánea de un vasto proceso vital, de un fondo orgánico amplísimo que es la vida toda del pueblo romano", *ibid.*

72 Cfr. Deschoux, *La philosophie de Léon Brunschvicg*, p. 109.

73 Cfr. Léon Brunschvicg, *Les âges de l'intelligence*, París, Félix Alcan, 1934, p. 13.

74 Cfr. *Ibid.*, p. 12.

Si bien, como ya se vio, la atención de Brunschvicg a la conciencia individual cae en el solipsismo, es interesante notar cómo recelaba de la sistematización hegeliana. Nédoncelle acogió, pero sin quedarse en el solipsismo, la posición de su maestro.

Valiéndose de Pascal, Brunschvicg distingue entre el tiempo biológico y el espiritual.[75] Es una distinción que interesa para pensar el devenir sin caer en simplificaciones, pues uno puede ser el ritmo observable en los seres vivos y otro el de los espíritus. "Antiquitas saeculi, iuventus mundi",[76] reza la sentencia de Bacon comentada por Pascal. Los antiguos fueron pioneros y sus creaciones eran verdaderamente novedosas para el mundo. La reflexión de Pascal pretende poner a la vista que, si por un lado el saber del hombre se ha ido acumulando a lo largo de los siglos, el verdadero sabio está en los albores. Pascal puede hablar del *hombre universal*, que sería la especie, como sujeto del progreso técnico. Sin embargo, por lo que se refiere a las verdades más sublimes y espirituales la sabiduría estaría en la infancia de la humanidad.[77] Como se verá en los siguientes capítulos, Nédoncelle se moverá en este orden de ideas.

Hay otro punto en el que la meditación de Brunschvicg sobre el devenir temporal emparienta con la de Nédoncelle, esto es, sobre la causalidad del devenir. En efecto, Brunschvicg citando a Turgot (1727-1781), anota cómo los hombres, habiendo descubierto "la acción mecánica de unos cuerpos sobre los otros",[78] redujeron las explicaciones sobre el progreso a la causalidad física. Pero ese no es el único progreso y se debe reconocer un progreso del espíritu humano que no es el resultado de la causalidad física. El positivismo de Comte habría caído en esta burda explicación con su teoría de los estadios sucesivos al hacer del anterior, causa "física" del posterior. Desde luego que estas ideas recogidas por Brunschvicg hicieron pensar al joven Nédoncelle,

75 Cfr. *Ibid.*, p. 8.

76 Francis Bacon, *De dignitate et augmentis scientiarum*, I, 38; cfr. *Novum Organum*, I, 84. Citado por Brunschvicg, *Les âges de l'intelligence*, p. 8.

77 Cfr. Pascal, *Pensées*, f 165; frg. 271. Mencionado en Brunschvicg, *Les âges de l'intelligence*, p. 8.

78 *Ouvres de [Anne Robert-Jacques] Turgot et documents le concernant avec biographie et notes*, Gustave Schelle (ed.), vol. I, París, Félix Alcan, 1913, p. 316.

llevándolo a formular sus propias consideraciones sobre el influjo de unos espíritus sobre los otros. Puede decirse, entonces, que las tesis sobre la causalidad intersubjetiva tan propias del personalismo nedoncelliano, no sólo responden a inquietudes metafísicas anticartesianas, sino también a la necesidad de responder a las explicaciones sobre el progreso de la humanidad que equiparan el influjo de una cultura anterior sobre la siguiente a un influjo de tipo mecánico.

El contexto en el que se mueven estas consideraciones es el de las edades de la inteligencia o de las civilizaciones. Se lee la historia como si hubiera un único sujeto, la humanidad u "hombre universal" del que habla Pascal; mientras que los individuos serían meros miembros de ese sujeto universal. Los autores mencionados, Comte, Brunschvicg, Spengler y Toynbee, esbozaban una explicación general sobre la historia a partir de un esquema que diera razón del progreso de la humanidad concebido como perfeccionamiento o decaimiento de la inteligencia. Desde luego, hay grandes diferencias entre estos autores, pero tienen en común la pretensión de ofrecer una intelección de la historia a partir de un esquema de causalidades lógicas cuyos corolarios se presentan coherentes a la inteligencia. Más todavía, las consideraciones de estos autores versan sobre los grupos o culturas, no sobre el individuo. En este sentido, sus filosofías son bastante generalizadoras y parece natural que frente a posturas tan adocenantes se abriera paso una nueva manera de pensar que terminó llamándose personalismo.

Por su parte Nédoncelle detectaba cómo a principios del siglo xx dominaban el panorama filosófico francés Bergson y Hamelin. El primero había puesto en evidencia las fallas del positivismo, rescatando lo espiritual y vital, pero haciendo "sospechosa la noción de estructura".[79] En cambio Hamelin abogaba por las estructuras inteligibles, pues afirmaba que sólo se puede pensar gracias al "encadenamiento racional de categorías",[80] haciendo caso omiso de la experiencia interior. Entre estos dos extremos aparecerá el movimiento encabezado por René Le Senne y Louis Lavelle. Ambos intentarán

79 *Explorations*, p. 267.

80 *Ibid.*

superar las estrecheces del positivismo, al explorar el mundo de la subjetividad, a la vez que intentan analizar con rigor el mundo subjetivo hasta extraer de ahí sus patrones.

Es posible decir que la filosofía de la historia se encontraba por entonces también entre estos dos extremos. Por un lado, el positivismo con sus estructuras rígidas, tanto como el idealismo con sus esquemas preconcebidos; por otro, el historicismo y tal vez —ya tardíamente— el existencialismo con sus consideraciones sobre el concreto existente. La crítica al positivismo, representada en Francia por Ravaisson, Lechelier y el propio Bergson, mantiene la separación entre naturaleza e historia, dejando así planteado el problema de la relación entre ambas instancias para las siguientes generaciones.[81] La aceptación de ciertos planteamientos positivistas, especialmente la pretensión de asimilar la historia a la naturaleza biológica, llevó a los pensadores a un pesimismo histórico. En la obra de Spengler se nota claramente la intención de pronosticar la decadencia irremediable de la cultura occidental.[82] La reacción frente a dicho pesimismo apareció durante la década de los años treinta del siglo xx. Por un lado, los filósofos que considerarán imposible predecir el futuro; por otro, los historiadores que estiman inútiles las disquisiciones de los filósofos y se concentran en esclarecer la metodología de la historia. Curiosamente, hacia mediados del siglo —como atestigua Derridá— reaparecieron las meditaciones sobre el sentido y fin de la historia.

Bergson había refutado a Spengler al explicar que el tiempo histórico es "duración y no sucesión", aclarando además que lo que caracteriza a la duración es "constituir un término medio entre el azar y la necesidad".[83] De esta manera había preparado el terreno para que se profundizara de nuevo en el sentido de la libertad humana. Quizás el marxismo había acaparado las explicaciones sobre el devenir, pero a la vez suscitó inquietudes al ver cómo se desarrollaban sus tesis en la práctica. De nuevo Derridá lo explica

81 Cfr. Octavio Gil Munilla, "Historia I: Concepto y ciencia", en *Gran enciclopedia Rialp*, vol. 12, Madrid, Rialp, 1981, p, 11.

82 "En este libro se acomete por vez primera el intento de predecir la historia", Oswald Spengler, *La decadencia de Occidente:bosquejo de una morfología de la historia universal*, vol. 1, Madrid, Espasa-Calpe, 1966, p. 11.

83 Gil Munilla, "Historia I: Concepto y ciencia", p. 14.

claramente al recordar que el tema del fin de la historia era el pan de cada día, y agrega:

> ¿Qué consistencia tenía ese pan? ¿Qué gusto? Estaba, *por una parte*, la lectura o el análisis de los que podríamos denominar los *clásicos del fin*. Formaban el canon del apocalipsis moderno (fin de la Historia, fin del hombre, fin de la Filosofía, Hegel, Marx, Nietzsche, Heidegger, con su codicilo kojeviano y los codicilos del propio Kojève). Estaba, *por otra parte e indisociablemente*, lo que sabíamos o lo que algunos de nosotros desde hacía mucho tiempo no se ocultaban a sí mismos sobre el terror totalitario en los países del Este, sobre los desastres socioeconómicos de la burocracia soviética, sobre el estalinismo pasado o el neoestalinismo entonces vigente (en líneas generales: desde los procesos de Moscú a la represión en Hungría, por limitarnos a estos mínimos índices).[84]

El siglo XX con sus guerras mundiales, el emerger de los regímenes totalitarios y el desencanto por el mito del progreso, abrían la puerta a un escepticismo sobre la historia, o bien, a una especie de misticismo bien intencionado de confianzas infundadas.[85] Será éste el panorama en el que se mueva la reflexión de Maurice Nédoncelle, huyendo tanto del pesimismo radical como de la confianza sin fundamentos. Más bien, con un "realismo superior" —que alguno calificaría de ambiguo—[86] intenta leer la historia en sus claroscuros, pero abierta a un futuro pleno que, si bien no es posible atestar irrefutablemente, es posible esperar fundadamente.

84 Derrida, *Espectros de Marx. El estado de la deuda, el trabajo del duelo y la nueva internacional*, pp. 28-29.

85 Cfr. José Luis Illanes, "Teología de la historia", en *Gran enciclopedia Rialp*, vol. XII, p. 31.

86 Cfr. Vargas, "La intersubjetividad como base del desarrollo filosófico y teológico de Maurice Nédoncelle", p. 71.

Capítulo 7

Reciprocidad en la historia

7.1. Reflexiones nedoncellianas sobre la historia

La tercera parte de *Vers une philosophie de l'amour et de la personne* lleva por título *Limites de la communication* (*Límites de la comunicación*). Quizás pueda sorprender que en esta sección aparezcan algunas reflexiones del decano Nédoncelle sobre la historia. Sin embargo, no sorprende tanto cuando uno sabe que el autor estaba al tanto de las principales líneas de reflexión filosófica de su época y buscaba, desde su particular tesis sobre la reciprocidad, entrar en diálogo con ellas. Los títulos[1] de los cinco capítulos que componen esta parte son una prueba de los intereses que guiaban la investigación. Nédoncelle estaba interesado en poner a prueba su tesis de la reciprocidad ante varias instancias que podían aparentar contradecirla. Justamente un ámbito donde la tesis de la reciprocidad podía desmoronarse es el de la historia.

De entrada, Nédoncelle habrá de clarificar su noción de historia, lo cual nos llevará a tener que explicarla enseguida. Pero antes conviene decir que la historia se presenta como una objeción a la tesis de la reciprocidad porque literalmente la muerte de los individuos haría imposible que hubiese comunicación de los antepasados con los contemporáneos. Las cosas, sin embargo, no le parecen tan simples a Nédoncelle. Así que se debe exponer su pensamiento

1 Los títulos de estos capítulos son: *La notion de masque* (cap. 1); *La fuite de l'ouvre devant son créateur* (cap. 2); *Existe-t-il une réciprocité des consciences en histoire?* (cap. 3); *Pensée et vie dans la transmission des doctrines philosophiques* (cap. 4), y *L'indigence spirituelle du devenir collectif et de son histoire* (cap. 5).

en este punto. Por lo demás, la reflexión misma sobre la historia es una prueba más de la existencia de una filosofía de la historia en este autor. Como se verá enseguida, Nédoncelle habló sobre la historia en distintos contextos y teniendo diversos interlocutores. Considero oportuno para comenzar estas reflexiones nedoncellianas sobre la historia estudiar el capítulo tres de la tercera parte de su obra sobre el amor e ir agregando otras consideraciones que aparecen en sus demás escritos.

7.1.1. *Historia egocéntrica y centrífuga*

En el capítulo titulado *Existe-t-il une réciprocité des consciences en histoire?*, Nédoncelle considera la reciprocidad o comunicación de las conciencias en la historia, pero antes de estudiar los problemas de la reciprocidad analiza la noción misma de historia. Para ello hace la distinción entre historia egocéntrica y centrífuga.[2]

La historia considerada egocéntricamente sería la que se interesa por el pasado a fin de explicar casi exhaustivamente la razón de ser del momento actual de mi propio ser. En efecto, parece imposible evadir la pregunta por el origen de mi propio ser como del de los seres en su conjunto. Cuando se trata de mi propio ser me pregunto por las personas que me antecedieron en la existencia. De un modo u otro me veo obligado a asumir mi existencia como un punto vinculado a una serie de puntos que me han precedido. Tal es la condición del hombre inscrito necesariamente en el tiempo. Esta observación permite captar que al hablar de relaciones interpersonales no me estoy limitando a señalar la relación simultánea de un yo con un tú; sino que además estoy señalando que las relaciones interpersonales se despliegan en el tiempo, al grado de evocar las personas ausentes.

"Nuestra conciencia no es todo nuestro ser y de hecho sentimos que ha sido preparada o formada por fuerzas pretéritas"[3] imposibles de identificar una a una. Así y con todo existe un deseo por conocer la historia de los antepasados, no sólo de los propios parientes, sino en general de los de mi

2 Está distinción nedoncelliana es retomada por Marrou, *De la connaissance historique*, p. 207.

3 AP, p. 192: "Notre conscience n'est pas tout notre être". Se podría traducir mejor diciendo que nuestra conciencia no es el resultado de nuestra propia creación, sino que es fruto también de fuerzas que nos han precedido.

nación y de la humanidad entera. Desde un Moctezuma y un Hernán Cortés, hasta el hombre de Neandertal. Vista así, la historia es un camino para conocerme a mí mismo. "Buscamos saber cuáles han sido nuestras causas, luego nos hacemos un panorama de sus consecuencias, incluidos nosotros mismos".[4] Según esta concepción, la historia es un recorrido regresivo cuyo único fin es determinar el influjo de los antepasados en mi situación actual, y "aunque es regresiva, la historia así concebida es egocéntrica".[5]

Sin embargo, sería ilusorio pensar que los actos de los hombres del pasado fueron hechos deliberadamente pensando en cada uno de nosotros. Así que, a pesar de admitir una relación entre los actos pasados realizados por diferentes hombres y el presente, sería erróneo pensar que los antepasados preveían todas las consecuencias de sus actos en nuestro presente. Las conexiones entre los actos y todos sus efectos son muchas veces establecidas por nuestra imaginación, pues de algún modo existe en nosotros un deseo de explicarlo todo. De hecho, dice Nédoncelle, "la necesidad de una totalidad explicativa está en el corazón de la historia y no puede ser eliminada", pues en el fondo hay una "sed de conocerlo todo que engendra la ilusión de haberlo recorrido todo".[6] Es sabido, por ejemplo, que Hegel extraía conclusiones sobre el devenir histórico a partir de algunos eventos del pasado, y de este modo pretendía dar cuenta de la totalidad del decurso temporal de la humanidad. Sin embargo, no deja de ser una ilusión.

Al parecer, precisamente la imposibilidad de dar cuenta de los efectos no queridos deliberadamente por los antepasados hace sospechar que hay una fuerza más bien ciega que conduce el devenir produciendo efectos imprevistos por sus causantes, pero convergentes en una dirección. Querer fijar una especie de vector para toda la humanidad habría sido la ilusión idealista la cual reaparece, con sus propias variantes, en el estructuralismo moderno. En efecto, como ya se mencionó, la vieja disputa sobre el intelecto agente ha permitido mostrar una de las falacias de los impersonalistas, es

4 AP, p. 193.

5 *Ibid.*

6 AP, pp. 195-196.

decir, de los que atribuyen a una fuerza vaga y genérica la dinámica del pensamiento; cuando lo cierto es que lo que hay son sujetos individuales que piensan. A pesar de lo antiguo de los problemas, el "debate se prolonga con los estructuralistas modernos. Como Alejandro de Afrodisia, como Averroes, 'Lévi-Strauss —estima Nédoncelle— no halla sentido sino en un pensamiento que organiza la historia humana según sus leyes' y como a sus espaldas".[7]

En este apartado, Nédoncelle está mostrando la diferencia entre una concepción de la historia egocéntrica, que pretendería abarcarlo todo y explicarlo todo a fin de dar cuenta de nuestro presente, y una historia que mira el pasado en sí mismo sin pretender especificar todas las influencias que dicho pasado ejerce en nuestro presente. Esta segunda manera de hacer historia es etiquetada por Nédoncelle como centrífuga. "Lo que caracteriza a esta concepción más centrífuga de la investigación, es que el historiador no se preocupa por saber totalmente si tal evento pasado ha o no ejercido un influjo hasta ahora".[8]

Haciendo estas observaciones Nédoncelle quiere ir expresando los puntos débiles de una filosofía de la historia elaborada como proyecto explicativo omniabarcante, pero sin abandonar la idea de una posible comprensión histórica. Efectivamente, si se sigue adelante con sus explicaciones se encuentra que uno puede escapar del "círculo infernal en el cual nos encierra ordinariamente la relación de la *Geschichte* y la *Historie*";[9] términos estos, por cierto, que conviene explicar.

7.1.2. *Geschichte e Historie*

La distinción hecha con los vocablos *Geschichte* e *Historie* célebre gracias a Rudolf Bultmann[10] (1884-1976), se presentaba a principios del siglo xx como una clave nueva de interpretación de la historia. Por un lado, se designan los

7 Jerphagnon, "L'histoire de la notion de personne", p. 107. El entrecomillado está en *Intersubjetivité et Ontologie*, p. 291.

8 AP, p. 196.

9 AP, p. 197.

10 Cfr. Gaston Fessard, "L'Histoire et ses trois niveaux d'historicité", en *Sciences Ecclésiastiques* 18, núm. 3 (1966): 331.

meros acontecimientos o eventos con el término *Geschichte*, mientras que la interpretación o la narración es designada como *Historie*. La distinción en Bultmann pretende ser también oposición irreconciliable, de suerte que el historiador se las ha arreglado con la pura historia-narración, mientras que nada podría realmente decir sobre la historia-evento. Es evidente que según esta distinción la ciencia histórica sería narración (*Historie*) e interpretación limitada al punto de vista del historiador, pero no relación verídica de los hechos (*Geschichte*).

En un artículo de 1961 Maurice Nédoncelle criticaba la distinción bultamanniana valorando primero cuán importante es el papel del historiador en el juicio histórico y cuán cierto es que la naturaleza del pasado es ambigua. También es de valorar la "afirmación que la síntesis total o, como dice Bultmann, el fin de la historia no puede ser identificado a nivel de la ciencia histórica, e igualmente la afirmación de una cierta relatividad de toda historia que proviene del hecho de que todo historiador forma parte de la *Geschichte*".[11] Pero, por su lado, Nédoncelle reprochaba a Bultmann hacer de esta distinción un mero recurso para descartar el conocimiento histórico (*Geschichte*) a favor de la interpretación (*Historie*). Para Bultmann, el único interés del pasado estribaría en revelar a cada uno la problemática de su propia existencia, tal y como lo planteaba la filosofía de Martin Heidegger, al que Bultmann se refiere explícitamente.[12] Mas, como dice Nédoncelle, "la única personalidad que interesa a Bultmann, es la suya",[13] desentendiéndose así del conocimiento del pasado o de los personajes del pasado en cuanto tales. Esto es, a juicio de Nédoncelle, un error de principio, pues significaría que el único interés de la historia es conocerme mejor a mí mismo. "Pero no soy yo sino tú el que me interesas en la historia".[14]

Por lo demás, esta división era, en la mente de Bultmann, apropiada para los estudios teológicos de índole bíblica. Así que no se trata de una distinción

11 Maurice Nédoncelle, "Bultmann ou l'individualisme eschatologique", en *Ephemerides Theologicae Lovanienses* 37 (1961): 591.

12 Cfr. Rudolph Bultmann, *Jesus Christ and Mythology*, Londres, SCM, 1958, p. 45.

13 Nédoncelle, "Bultmann ou l'individualisme eschatologique", p. 591.

14 *Ibid.*

hecha por los historiadores, sino por los exégetas de la Biblia, útil más bien para indicar la necesaria diferencia entre el conocimiento histórico riguroso y las narraciones teológicas con sustrato histórico. Concretamente para Bultmann, el acontecimiento pasado en su historicidad es irrelevante para el sujeto actual, pues lo único importante es captar una especie de mensaje que me interpela para tomar decisiones existenciales. Por ejemplo, en el caso de los Evangelios que trata Bultmann, diría que el hecho de que Jesús de Nazaret haya vivido o que haya sido crucificado es irrelevante; lo único relevante, por el contrario, sería la idea que aparece revestida con este género literario propio de los Evangelios y que se convierte para mí en una pregunta que cuestiona mi existencia.[15] En última instancia lo esencial de cualquier investigación histórica sería la interpelación existencial y no un evento histórico como tal. A lo dicho Nédoncelle apuntaba lo siguiente:

> La tendencia de todo historiador es, sin duda, darnos una explicación de nuestro presente a partir del pasado y de este modo ubicarnos y delimitarnos en aquello que nos precede. Hegel ha sistematizado esta tendencia poniéndonos a merced del devenir, en el cual nosotros no hemos escogido un sitio. Resulta de allí un historicismo que es por igual un relativismo, pues nos hace tomar conciencia de nuestra relatividad a partir del punto de vista del historiador. Hegel ha buscado superar dicho relativismo y, sin embargo, ha aceptado el punto de partida que es el aprisionamiento de la conciencia individual en una serie determinista. Bultmann sustituye la historicidad concebida de modo hegeliano, con una historicidad concebida de modo heideggeriano, es decir, la puesta en evidencia de nuestra condición humana que nos obliga a decidir en nuestra soledad: hemos de intentar comprendernos y actuar en la reconstitución misma del pasado.[16]

15 Cfr. Léopold Malevez, *Histoire du Salut et Philosophie. Barth, Bultmann, Cullmann*, París, Cerf, 1971, p. 104.

16 Nédoncelle, "Bultmann ou l'individualisme eschatologique", p. 580.

Visto lo cual me parece oportuno reflexionar sobre la naturaleza misma de la filosofía de la historia a partir de esta distinción bultmanniana. Si como pretende Bultmann y critica Nédoncelle el único significado (*Historie*) del devenir histórico es el que cada uno le da al pasado a fin de hacerse conscientes del carácter problemático de la propia existencia, resulta claro que se niega que el pasado en sí mismo (*Geschichte*) tenga un significado. Habría más bien una narración elaborada arbitrariamente a partir de hechos pasados los cuales, sin embargo, ni siquiera se puede afirmar —pero además no interesa— que hayan sucedido realmente. Aún más, cabría afirmar que sólo existe un mensaje llamativo al que luego se le asigna un supuesto sustrato histórico. En pocas palabras, toda narración histórica sería una fábula sin base real en hechos acaecidos.

Uno podría decir que el historiador se aboca a recoger narraciones de eventos cuyo acontecer fáctico es irrelevante, pero que concatena libremente a fin de plantearme en primera persona un problema existencial. El problema planteado sería pues el significado de esos eventos narrados históricamente. En todo esto habría la pretensión de dar al significado un fundamento real en los acontecimientos, mas, como es imposible aseverar nada sobre el evento mismo, ¿acaso no habría que concluir que el punto de partida en todo esto es un significado prefabricado al que luego se reviste de narración histórica?

Si se aceptan las premisas de Bultmann no queda sino aceptar que no hay verdadera concatenación de hechos pasados, sino una yuxtaposición arbitraria de historias con visos de relación causa-efecto cuyo significado, empero, es puesto totalmente por el historiador. A lo que Nédoncelle diría oponiéndose: "El *meaning* no es subjetivo, es también objetivo".[17] En mi opinión, lo que aquí está en juego es la idea misma de causalidad en la historia. Efectivamente, sólo negando que hay verdadera causalidad de unos sujetos respecto a otros en el tiempo, o sea, los anteriores sobre los posteriores, podría entonces decirse que no hay historia *stricto sensu,* sino meras narraciones elaboradas con la apariencia de concatenación temporal.

17 *Ibid.*, p. 590; "*meaning*" en inglés en el orginal.

Justamente esta disquisición, a partir de la distinción entre *Geschichte* e *Historie,* permite refutar la idea de la historia como un mero cuento más o menos fantástico. El lenguaje, dirá Gaston Fessard, protesta contra semejante distinción. A lo cual agrega unas palabras de Hegel: "En nuestro lenguaje —escribe en su *Philosophie der Weltgeschichte*—, historia (*Geschichte*) reúne el aspecto objetivo y el subjetivo, designando igualmente la *historiam rerum gestarum* como las *res gestas* mismas, la narración propiamente hablando tanto como lo que nos ha llegado, las acciones y los hechos mismos".[18]

7.1.3. *Escapar de la antinomia*

Volviendo al texto recogido en *Vers une philosophie de l'amour et de la personne* se encuentra uno con la propuesta del decano de Estrasburgo para escapar de la antinomia presentada por la distinción entre *Historie* y *Geschichte*. Para ello hace falta reconocer que hay una objetividad, aunque sea parcial, en el conocimiento de los hechos pasados. Nédoncelle hablará de la objetividad que se alcanza a partir de unos trazos y agrega que "[Arthur James] Balfour (1848-1930) sostenía justamente que el pasado tiene una consistencia fibrosa y Bergson que una certeza limitada puede ser absoluta".[19] Aquí Nédoncelle está más interesado en explicar que cuando el historiador se acerca al pasado de algún modo realmente conecta con los protagonistas del pasado, con sus hechos y con sus intenciones, tanto como uno comprende a quienes le rodean actualmente a través de sus acciones.

Pienso que este punto puede ser desarrollado más allá de lo que dice Nédoncelle aceptando con él que los historiadores no son unos falsificadores. Por el contrario, es menester afirmar que los hombres somos capaces de captar las intenciones de los unos respecto a los otros, las cuales se manifiestan en los hechos. Si se acepta la mutua exclusión entre *Geschichte* e *Historie*, se estaría aceptando que nadie jamás puede deducir con verdad que un hecho externo se corresponde a una intención deliberada del agente que lo ha producido. Lo mismo daría, para el caso, hablar de tal desconexión entre el

18 Hegel, *Philosophie der Weltgeschichte*, Lasson (ed.), vol. I, pp. 144-145. Citado por Fessard, "L'Histoire", p. 331.

19 AP, p. 199.

pasado y el presente, que entre varios sujetos presentes. Para Bultmann jamás habría hechos, sino sólo interpretaciones. Más todavía, puede decirse que uno escapa de la antinomia si acepta que ambas concepciones de la historia están contenidas en el mismo concepto de historia. Como ha destacado Fessard, la unidad de los dos sentidos no es —ni siquiera para Hegel— una contingencia extrínseca, sino que se basa en un fundamento común.[20]

Se puede decir entonces que al estudiar el pasado uno atesta tanto la existencia de unos acontecimientos como el sentido que sus protagonistas quisieron darles. Esto es lo mismo que sucede entre nosotros, pues cuando un individuo afirma que otro ha hecho tal o cual cosa con tal o cual intención, está atestando tanto el hecho como la intención. Ese individuo que atesta no pretende dar una explicación exhaustiva de todas las intenciones más o menos conscientes del fautor del hecho, ni tampoco pretende dar cuenta de todos los condicionamientos que lo llevaron a realizar tal cosa ni mucho menos aspira a vaticinar todos los efectos deseados o no por el agente; así y con todo se acepta una relación entre algo sucedido y su interpretación. O de otro modo, la interpretación lleva en sí la aserción de lo sucedido. Todo esto, dicho así, permite aclarar que hacer historia es ya afirmar un sentido del acontecer, lo cual a su vez hace aparecer casi automáticamente la pregunta por el sentido del sentido. En breve, la historia hace nacer la filosofía de la historia como un engendro natural.

Así pues, pienso que cuando me encuentro con una narración que se presenta a mis ojos como la transmisión de un acontecimiento pasado, tarde o temprano estaré preguntándome por el valor de la narración, eso que llamo, su historicidad. De esta forma, la reflexión versa sobre la esencia misma de la historia. Tal reflexión sería, según Bultmann, exclusivamente sobre la narración, pero según Nédoncelle la reflexión sobre la historia es a la vez sobre el pasado en sí y sus personajes, tanto como sobre el vehículo, al que puede llamarse narración, a través del cual me llega el pasado mismo.

Con su distinción entre historia egocéntrica y centrífuga, Nédoncelle ha querido sostener que se puede a la vez conectar con los hombres del pasado

20 Cfr. Fessard, "L'Histoire", pp. 331-332.

viendo en ellos un eslabón de mi propio presente, tanto como estudiarlos más desapasionadamente para comprenderlos en sí mismos. Lo primero sería la egocéntrica, mientras que las segunda la centrífuga. Tal vez uno pensaría actualmente que convienen más las etiquetas de estudio objetivo para la centrífuga y estudio genealógico para la egocéntrica. Pero aparte la cuestión semántica, es justo darle la razón a Nédoncelle, quien reconoce en el historiador la capacidad de conocer el pasado sin estar atrapado en sus propios condicionamientos al grado que todo lo que dijera sobre el pasado no fueran sino proyecciones de su propio presente. A la vez se debe reconocer que es imposible acercarse al pasado sin estar tocado por los propios intereses y condicionamientos. En efecto, "no podemos arrancarnos de nosotros mismos lo que somos para tocar materialmente el pasado".[21]

Por seguir el hilo del texto de Nédoncelle podemos dejar de lado más preguntas sobre el estatuto mismo de la historia como acontecer y como ciencia. De esto se hablará más adelante. Ahora podemos fijarnos en el asunto que a él interesa, a saber, las relaciones interpersonales en la historia.

7.1.4. *Reciprocidades en la historia*

La tesis de Nédoncelle es que realmente existe un influjo mutuo entre los individuos, sea que sean contemporáneos, sea que no lo sean. El hecho es que puede hablarse de diferentes reciprocidades psíquicas en la historia. Nédoncelle enumera seis. La primera se da entre quienes viven en una misma época. Todos ellos están unidos por algunos acontecimientos (celebraciones, políticas, etc.) que los ubican en el mismo tiempo.

Una segunda reciprocidad se da entre una generación y la que le sigue. La primera deja una herencia a la siguiente por medio de sus instituciones, tanto como por las novedades que crea. Así, por ejemplo, el sentimiento patriótico es un influjo consciente de una generación sobre la que sigue.

En la tercera puede hablarse de la reciprocidad entre el historiador y los personajes del pasado a través de los monumentos, es decir, de todas las reliquias. Claro que uno podría preguntarse si esto es una reciprocidad de

21 AP, p. 200.

conciencias, pues el historiador está solo ante testigos inertes del pasado. Quizás en el sentido en que Platón llama a las artes plásticas "artes del silencio".[22] Sin embargo, justamente la obra material del artista, tanto como el documento del pasado son testigos materiales de una intención personal. Como ya he dicho, negar el vínculo entre el objeto material y su autor, es negar que somos capaces de reconocer intencionalidades. Más bien caemos en la cuenta, una vez más, de que todas nuestras acciones van dejando una huella en el exterior, en el mundo material, de suerte que "estar vivo es estar expuesto a la mirada de los otros",[23] los cuales pueden percibir nuestras intenciones en las modificaciones al mundo que vamos dejando a nuestro paso.

La cuarta reciprocidad, puede señalarse que hay una interrelación entre los hombres del pasado y nosotros cuando deliberadamente buscamos desentrañar sus intenciones, sus actitudes, su propia conciencia del mundo en que vivían, a fin de identificar cuánto de todo ello ha influido en nosotros. Si bien esto no significa que podamos hacernos totalmente con todo ello, sin embargo, es indudable que, al buscar el influjo de sus conciencias sobre las nuestras, ya se produce una interrelación.

La última puede señalarse la reciprocidad que se produce cuando el historiador de oficio, meditando sobre los personajes del pasado, los *vuelve a la vida* sin más pretensiones que comprenderlos en sí mismos. A diferencia del anterior, aquí no se busca la relación entre ellos y nosotros. Este ejercicio de nuestra conciencia implica reconocer la existencia de esas conciencias del pasado en sí mismas. Si bien, agrega Nédoncelle, la reciprocidad que aquí se establece es un tanto roma, comparable a la presencia de una imagen en el sueño, parecida a la de una obra de arte "cuya existencia está en nuestras manos, pero cuya esencia desciende desde otro lado y nos mira".[24]

Por último, cabe preguntarse por la reciprocidad entre los historiadores. Es claro que, en cuanto hombres, pueden establecerse entre ellos todas las reciprocidades humanas posibles. Además, hay desde luego un influjo

22 AP, p. 202. Aunque Nédoncelle no hace ninguna referencia concreta, podría pensarse en el diálogo platónico *Gorgias*, 450c-d.

23 AP, p. 202.

24 AP, 204.

mutuo a través de su producción profesional. Pero en lo que se refiere a establecer comunión perfecta entre ellos, parece imposible. De hecho, cada historiador asimila la historia a su manera, con que el historiador, dirá Nédoncelle, “está solo ante el pasado, tanto como el artista ante la belleza y el pensador ante el mundo”.[25]

En el texto de Nédoncelle esta descripción de las reciprocidades que pueden darse en la historia es bastante breve, apenas unos siete párrafos, escritos con la intención de mostrar que la reciprocidad de las conciencias se despliega en el tiempo, incluso entre los ausentes y los presentes. Conviene, empero, detenerse a dar razón un poco más de estas ideas.

De entrada, se debe recordar que este capítulo forma parte de la tercera parte de su ensayo sobre el amor titulada *Límites de la comunicación* (*Limites de la communication*). Por límites Nédoncelle está entendiendo esas fronteras más allá de las cuales no habría auténtica reciprocidad de las conciencias. Ya se ha explicado que para Nédoncelle la presencia física de un sujeto ante otro es parte de la comunicación, si bien la comunicación no se reduce a ella. Con todo, la total ausencia de uno de los sujetos haría impensable la reciprocidad. Así que a primera vista parecería que todos los individuos del pasado cuya existencia ya no está —por definición— presente, no son sujetos de tener comunicación con los individuos actuales. Mas, como en una especie de respuesta a las objeciones Nédoncelle, muestra que se tiene reciprocidad de las conciencias también con las conciencias del pasado. Para esto ha servido la breve enumeración de los tipos de reciprocidad en la historia.

Hecho esto se abre un nuevo panorama, es decir, se debe ahora dar razón del entramado de relaciones intersubjetivas, las cuales no acontecen sólo entre los contemporáneos, sino prácticamente entre todas las generaciones. ¿Acaso no hay que llamar filosofía de la historia a esta reflexión sobre las relaciones interpersonales desplegadas en el arco de la historia? Todavía más, cabría afirmar que el mismo Hegel al hablar de filosofía de la historia, antes que hacer pronósticos o descubrir patrones, está reflexionando sobre

25 AP, p. 204.

el hecho mismo de la conexión entre unas generaciones y otras. Él mismo se descubre como parte de una cadena de conciencias que lo han precedido. En otras palabras, se puede hacer filosofía de la historia porque la historia es una relación causal de los hombres en el tiempo. Los hechos históricos son verdaderos hechos (*Geschichte*) y pueden ser comprendidos (*Historie*) *sub specie rationis*. Aquí estriba, a mi modo de ver, la importancia de indicar, aunque sea someramente, la existencia de una reciprocidad de las conciencias en la historia.

Aunque Nédoncelle no está diciendo todo esto en este apartado, hablará de ello un poco más adelante. Con todo a mí me interesa subrayar que a Nédoncelle le preocupaba dejar en claro que la tesis sobre la reciprocidad de las conciencias va más allá del encuentro yo-tú en el presente, para dilucidar también el despliegue temporal de las reciprocidades. Es por ello —entre otras razones— que puedo hablar de una filosofía de la historia en el pensamiento nedoncelliano.

7.2. Una cierta idea de historia

La cuarta sección del capítulo sobre la reciprocidad de las conciencias a lo largo de la historia que se ha mencionado más arriba, alude a la contraposición hecha a principios del siglo XX en ámbito teológico, entre el Cristo de la historia y el Cristo de la fe. Esta misma diferencia podría hacerse —dice Nédoncelle— entre un Sócrates de la historia y un Sócrates de la fe. Ahora bien, el contraste mencionado existió en medio de un debate encendido que comprometía la idea misma de historia. Sobre este asunto el filósofo dijonés Maurice Blondel, cuyo influjo en el pensamiento de Nédoncelle ya se ha comentado, intervino ampliamente a fin de señalar las contradicciones en que incurrían los defensores de la contraposición entre Cristo de la historia y de la fe, abanderados por Alfred Loisy (1857-1940).

Por su parte Nédoncelle se interesó por estos problemas al contacto con la filosofía de Blondel. En una serie de escritos —que enseguida analizaremos— el decano de Estrasburgo analiza el pensamiento de Blondel sobre la historia dejándonos, por cierto, varias páginas donde expresa sus propios puntos de vista acerca de la naturaleza de la historia. Es pues una verdadera reflexión sobre la historia que ahora conviene abordar.

7.2.1. *Blondel y la historia*

En el artículo titulado *Histoire et dogme de Blondel ou l'exigence de tradition active*[26] publicado en 1961, Maurice Nédoncelle se daba a la tarea de analizar la conocida obra *Historia y dogma* (1904) de Blondel en la que el autor entró en polémica con Loisy. Nédoncelle estaba convencido de que, a pesar de lo antiguo del debate, lo dicho ahí servía, casi 60 años después, para refutar igualmente las teorías de Rudolf Bultmann. Así que en cierto sentido este artículo, aunque versa sobre Blondel, es afín al que el mismo Nédoncelle dedicó al escatologismo individual de Bultmann, ya mencionado.

Años más tarde, en otro artículo, esta vez de 1974, Nédoncelle volvía sobre el debate entre Blondel y Loisy para recuperar de nuevo las ideas de Blondel sobre la historia.[27] Así que tenemos dos estudios sobre la noción de historia en el pensamiento blondeliano. Ambos se refieren a la intervención de Blondel en la crisis modernista.[28] La crisis modernista, episodio de la teología católica, trató entre otras cosas sobre la historicidad de los hechos narrados en la Biblia. Desde luego aquí importaba mucho esclarecer la noción misma de historia.

Ahora bien, aunque el asunto versaba directamente sobre la interpretación del dogma cristiano y la exégesis de la Biblia, el filósofo dijonés quiso intervenir como filósofo. Por ello Nédoncelle juzga que en este apartado de los escritos blondelianos en torno al modernismo un tema se impone: la filosofía de la historia.[29] Es allí donde Blondel tenía algo que decir frente a las reducciones historicistas de algunos de los exégetas.

---

26 Publicado originalmente en "Giornale di Metafisica", vol. XVI (1961): 576-590, aquí lo citamos tal como aparece en *Intersubjectivité*, pp. 335-349.

27 Presentado originalmente con el título *Maurice Blondel face à l'exégèse de Loisy*, como "Conférence aux Journées Blondel de Louvain, 8-9 novembre 1974", aquí los citamos como apareció publicado en *Sensation séparatrice*, pp. 129-147.

28 Para una visión de conjunto sobre el modernismo véase Maurilio Guasco, *El modernismo. Los hechos, las ideas, los personajes*, Bilbao, Desclée de Brouwer, 2000.

29 Cfr. Nédoncelle, *Sensation séparatrice*, p. 130.

Existe una manera de concebir la historia que Blondel llama *extrincesismo*. Podemos encontrarlo ya en la posición de Johann G. Fichte (1762-1814) recogida en sus *Disertaciones sobre la época contemporánea* (1804). El extrincesismo consiste en definir el devenir histórico al margen totalmente de los acontecimientos históricos concretos. En la concepción filosófica de la historia de Fichte uno podría dar cuenta del plan o designio del devenir histórico a partir de unos principios totalmente ajenos o extrínsecos a los hechos reales. Como se vio en el capítulo anterior, este pensador, "partiendo de la unidad de los principios puestos *a priori*",[30] podía deducir todos los fenómenos de la experiencia, al grado de ser capaz de representar bajo un esquema ideal, sin necesidad de recurrir a la experiencia, la totalidad del tiempo.

Aquí se aprecia claramente un desdén por la experiencia como fuente de conocimiento. Todo el conocer procedería de los principios *a priori* que la razón ha descubierto a través de su propio acto de conocer. La historia es concebida entonces a partir de unos principios extrínsecos al decurso mismo de la historia. Es de notar que Blondel no acepta esta concepción extrincesista de la historia. Tampoco Nédoncelle estará de acuerdo, y al desmarcarse del extrincesismo estará rescatando la experiencia como fuente del conocimiento. Ni Nédoncelle ni Blondel son idealistas. Ahora bien, al decir de M. Nédoncelle, el verdadero frente atacado por Blondel no será el extrincesismo sino la actitud contraria, a saber, el historicismo.

El historicismo es una reacción frente al idealismo hegeliano. Para Hegel (1770-1831) como para Fichte la dialéctica de la historia se puede establecer *a priori*. El historicismo lo negó por dos caminos. Uno, el de los "contingentistas" encabezados por J. Gottfried Herder (1744-1803), seguido por Sören Kierkegaard (1813-1855) y luego por Wilhelm Dilthey (1833-1911). Al respecto es oportuno señalar que Herder desconfiaba de las generalizaciones hechas por los filósofos de la historia, que pretendían hablar de un progreso constante de la humanidad, dando poco interés a los casos particulares que claramente refutaban dicha tesis. "Nadie en el mundo —escribía Herder— percibe tanto como yo la invalidez

30 Fichte, *Die Grundzüge des gegenwärten Zeitalters*, vols. 1-8; citado por Flint, *La philosophie de l'histoire en Allemagne*, p. 124.

de las caracterizaciones generales".[31] Con esta y otras frases semejantes Herder llamaba la atención sobre el individuo concreto, pues pensaba que realmente por más que se describiera un pueblo, con ello no se había descrito a nadie en particular. En última instancia Herder está rechazando el idealismo al estilo de Fichte que pretendía ofrecer una explicación exhaustiva de la historia de la humanidad elaborada con postulados metafísicos generales, pero de espaldas a la historia concreta de los individuos.

Herder evitaba una explicación de la historia concebida como un movimiento progresivo ascendente, dando a entender que los pueblos no se suceden unos a otros en una cadena progresiva, sino que dentro de cada uno hay individuos que realmente no cabrían en la descripción del movimiento ascendente. De igual manera pienso que Nédoncelle, en su crítica a Hegel, estará desarticulando la idea de un devenir homogéneo protagonizado por pueblos imaginados como monolitos que se suceden unos a otros, sin retroceder jamás en el progreso. Por el contrario, Nédoncelle dirá que el progreso lo protagonizan los individuos, los genios, los cuales no siempre son seguidos por el resto. Así que encuentro aquí una relación entre Nédoncelle y Herder, si bien Nédoncelle no es un historicista, por lo que más adelante se harán notar las diferencias entre ambos.

Ahora pues, el otro camino por el que el historicismo se enfrentó al idealismo es el positivista, el cual conduce al establecimiento de leyes rigurosas. Esta segunda versión —aclara Nédoncelle— es la más conocida como historicismo. Este historicismo es, de hecho, un determinismo, pues concibe que el devenir histórico está sujeto a leyes rigurosas, de tal suerte que la evolución de la humanidad es dictada por esas leyes. Como se ve, hay aquí una transposición de la doctrina de la evolución, tan en boga a finales del siglo XIX, al devenir histórico. "El historicismo explicará todos los hechos del pasado como momentos de la evolución natural".[32]

La versión positivista del historicismo que tuvo en mente Blondel fue la de los franceses Charles Victor Langlois (1863-1929) y Charles Seignobos (1854-1942). Ya se habló de ellos antes y basta aquí recordar que, para estos

31 Herder, *Filosofía de la historia*, p. 51.

32 Nédoncelle, *Intersubjectivité*, p. 337.

positivistas, la historia es ante todo cuestión de datos positivos, esto es, de poseer documentos literarios y otras piezas de archivo. Aquí el historicismo ha tomado la forma de una ley: "Reconstruir el pasado con escrituras", reduciéndolo a "historia positiva".[33]

El estudio de Nédoncelle sobre Blondel prosigue mostrando las implicaciones teológicas de semejante reducción. Dejadas estas de lado es posible notar que la esencia de la refutación blondeliana consiste en mostrar la insuficiencia de semejante historicidad para dar cuenta de la unidad de los fenómenos. La historia sería incapaz de dar razón de muchas cosas. La historia quedaría convertida en la unión arbitraria de piezas de museo. En efecto, ¿con qué criterio va uniendo el historiador una pieza con otra? Los testimonios históricos no forman una unidad por sí mismos. Pretender que la tengan es pretender que la historia positiva "cubra toda la superficie"[34] del pasado. Así que la continuidad de la que habla el historiador con su método crítico, es en realidad una sucesión. "Los hiatos de esta sucesión el historiador los puede indicar, pero no rellenar".[35]

De nuevo, como ya se reflexionó, aparece el problema de la historia concebida como continuidad. Una continuidad, empero, que es forjada por el historiador en su interpretación de los hechos. De este modo el historiador se vería obligado a reconocer que la historia de la que habla es una selección, más o menos coherente según la acribia de cada uno, de una serie de hechos colocados uno junto al otro hasta formar una cadena que en realidad es imaginaria. Esta idea de historia, sin embargo, sólo se sostiene si se conciben los hechos como piezas físicas independientes de sus protagonistas, los cuales jamás habrían tenido intención de que sus acciones tuvieran tal o cual significado. El significado estaría totalmente a disposición del historiador.

33 *Ibid.*

34 *Ibid.*, p. 338.

35 *Ibid.*, p. 339.

7.2.2. *Crítica al historicismo*

Siguiendo el hilo de *Historia y dogma,* Nédoncelle menciona cómo Blondel critica el historicismo. Así que separándonos un poco de la exposición nedoncelliana se puede ir directamente al texto de Blondel. En su estudio introductorio César Izquierdo ha recordado que "el estudio y crítica del historicismo constituye la parte más larga de *Histoire et Dogme*", estudio, por cierto, en el cual no es fácil discernir "lo que corresponde a la caracterización de lo que corresponde a la crítica"; con todo, Blondel es claro en su distinción metodológica, al exponer "en un primer momento las lagunas filosóficas del historicismo considerado en general",[36] pasando luego a señalar las insuficiencias de su apologética.

Si uno se fija en las lagunas filosóficas del historicismo a las que se refiere Blondel, encontrará en primer lugar una crítica al estatuto mismo de la historia como ciencia. El historicismo, en efecto, presenta la historia como un saber totalmente autónomo, de modo que en su quehacer y en sus conclusiones no tolera interferencias de otras ciencias. Detrás de esta noción de historia —arguye Blondel— hay a la vez una concepción antigua de la ciencia tomada de Aristóteles:

> En la doctrina aristotélica, y en todas las que se pueden relacionar con ella, las ciencias difieren como géneros separados. Tienen principios propios, pero objetos distintos. Cada una es dueña de sí misma y cumple libremente su trabajo particular. Entre los principios de las diversas ciencias, no existe una relación inteligible porque no se va más allá de los principios que se aceptan según la evidencia con la que aparecen. No hay ningún tránsito legítimo de una clase a otra.[37]

Si el historiador trabaja con esta concepción de la ciencia hará caso omiso de los trabajos y conclusiones de las demás ciencias. Para él no habrá más verdad que la suya, ni más realidad que la de sus conclusiones.

36 César Izquierdo, "Estudio introductorio", en *Historia y dogma*, por Maurice Blondel, Madrid, Cristiandad, 2004, pp. 43-44.

37 Blondel, *Historia y dogma* , p. 97.

Por otro lado, Blondel habla de una concepción más reciente de la ciencia la cual, dicho sea de paso, es la que él preconiza en su obra *La Acción*. Esta concepción considera que las ciencias se comunican unas con otras. Las ciencias así concebidas "difieren sobre todo por los diversos métodos, pero no por los objetos. De este modo, ninguna ciencia particular tiene la última palabra, ni contradirá a otra porque ninguna aporta nada último".[38] Esta concepción más reciente aborda de frente el problema de la unidad del conocimiento. Pues, en efecto, la realidad no puede ser estudiada excluyendo otros puntos de acercamiento; pues si ese fuera el caso, cada ciencia erigiría sus conclusiones en absolutos. Basta, sin embargo, señalar las contradicciones que se dan entre unas y otras, para notar que hace falta una síntesis —no una mera yuxtaposición— más elevada para dar cuenta ampliamente de la realidad. Los problemas que presenta la realidad en su totalidad, no pueden "resolverse por trozos".[39]

Ahora bien, si se traslada este planteamiento de las ciencias al asunto del historicismo, se debe decir que éste trabaja con la concepción antigua. El historiador, al pretender a ser historiador puro, inmune al influjo de otras instancias, se queda con la idea antigua de las ciencias como géneros separados.[40] De hecho, el historicismo que analiza Blondel no se presenta explícitamente como una concepción de la ciencia, sino como una actitud o pretensión de ser neutral en su acercamiento al pasado. Al punto, sin embargo, Blondel reprocha la falta de reflexión crítica sobre el propio quehacer, que se echa de menos en el historicismo. En otras palabras, carece de filosofía propia. Y "cuando no se tiene una filosofía expresa, se acaba teniendo normalmente una filosofía confusa".[41] En aras de una imparcialidad científica el historicismo está, de hecho, tomando postura por una manera de concebir a la humanidad y a su historia. O sea, la concibe únicamente en sus testimonios positivos, como serían los documentos escritos y poco más. A lo cual Blondel se opone al notar que no se puede pretender abarcar un hecho con la pura ciencia histórica; pues un hecho es complejo en sus componentes

38 Izquierdo, "Estudio introductorio", p. 47.

39 Blondel, *Historia y dogma*, p. 99.

40 Cfr. Izquierdo, "Estudio introductorio", p. 48.

41 Blondel, *Historia y dogma*, p. 101.

tanto psicológicos como morales. "La historia real está hecha de vidas humanas, y la vida humana es metafísica en acto".[42]

¿Qué busca demostrar Blondel en *Historia y dogma* con toda esta argumentación? Busca, como el título de la obra deja entrever, salir al paso de un método histórico crítico receloso de los dogmas de fe. El contexto teológico del debate tenía ante la vista una cuestión decisiva para el pensamiento católico. Se preguntaba si el dogma de la divinidad de Cristo era una verdad histórica. La respuesta de Loisy era articulada, argumentando que de aplicarse el método histórico crítico a los textos bíblicos no se podía afirmar tal cosa. La historia sólo podía hablar de Jesús de Nazaret y este sería el Jesús de la historia; mientras que todo lo que tenga visos de milagroso o sobrenatural no sería objeto de la historia, sino de la fe; en consecuencia hablaban de un Cristo de la fe que nada tendría que ver con el Jesús de la historia. Lo que preocupa al teólogo en esta distinción es la total separación entre uno y otro. Lo que preocupaba a Blondel era la pretensión del historiador de definir como histórico únicamente a aquello que cae bajo su método crítico.

Para Blondel el error de fondo radica en el axioma inicial abrazado por dicho método y representado por el historicismo, según el cual sólo es histórico lo que se puede afirmar siguiendo el método histórico crítico. Es, como se ve, una petición de principio que sustituye la historia con un modo parcial de estudiarla. Pero desde luego se debe estar de acuerdo con Blondel cuando dice que "la historia 'técnica y crítica', en el sentido exacto y científico de la expresión, no es la 'historia real', el sustituto de la vida concreta de la humanidad, la verdad histórica completa".[43]

Maurice Blondel, en cambio, ofrece una definición de historia más completa. La historia, dice, es "todo aquello que en la vida de las sociedades humanas es materia de constatación o de testimonio y todo aquello que, con estos datos, por medio de la inducción, es la explicación del hacerse (*fieri*) de la humanidad y la determinación de las leyes de su movimiento continuo y continuado

42 *Ibid.*, pp. 100-101.

43 *Ibid.*, p. 102.

(*continuel et continu*)".[44] Nédoncelle cita esta frase tanto en el artículo de 1961 como en el de 1974. Es a este segundo artículo al que ahora nos dirigimos.

La expresión *continuo y continuado* ha captado la atención de Nédoncelle. Tal expresión, afirma, está tomada de la filosofía de Leibniz. Al usar la expresión *leyes de movimiento continuo* Blondel ha querido hacernos oír el eco de su propio sistema y el de Leibniz. El creador del cálculo infinitesimal considera que los fenómenos no forman una unidad completa e inteligible por sí solos. Sólo introduciendo el *vinculum*, "forma dinámica y substancial en la continuidad"[45] se explica la unidad. Haciendo uso de esta idea Blondel podrá rechazar el historicismo. Una historia comprendida como piezas sueltas del pasado es ininteligible. Sólo tiene unidad si se la conecta a los "problemas morales, metafísicos y religiosos".[46] A fin de cuentas la historia no da cuenta de sí misma. Queda claro que los datos históricos desnudos no forman una unidad. Están limitados y ese límite es a la vez el límite del historiador: "los problemas del alma se le escapan siempre".[47]

Obviamente la historia es diferente a las ciencias físicas y en cambio se parece más a la filosofía, pues pretende comprender la realidad pasada en toda su amplitud.[48] Blondel ha mostrado que de adoptarse un método histórico equiparado al de las ciencias físicas, uno se condena a elaborar una historia hecha de piezas yuxtapuestas. De esta manera Blondel expone los límites de la historia. Sin embargo, al decir de Nédoncelle, se puede objetar a Blondel que indicar los límites de la ciencia histórica no es dar cuenta del saber.[49] Por lo demás, la noción de historia que ataca Blondel es sólo la del historicismo positivista, de suerte que no puede hablarse de una teoría de la historia en sentido estricto. Blondel, más bien, ha exhibido una crítica —nada

44 Maurice Blondel, *Histoire et dogme*, París, PUF, 1956, p. 147; citado por Nédoncelle, *Intersubjectivité*, p. 335; Nédoncelle, *Sensation séparatrice*, p. 130.

45 Nédoncelle, *Sensation séparatrice*, p. 132.

46 *Ibid.*, 133. La expresión está tomada de Henri de Lubac (ed.), *Correspondence Blondel-Wehrlé*, París, 1969.

47 *Ibid.*, p. 134.

48 *Ibid.*, p. 145.

49 Cfr. *Ibid.*, pp. 144-145.

desdeñable— que suscita diversas cuestiones. Una de estas cuestiones es suscitada por Nédoncelle en el artículo de 1961 al que volvemos ahora.

En *Historia y dogma*, explica Nédoncelle, se manejan dos nociones de historia: una podría ser calificada de científica y objetiva —la única válida para Bultmann— y la otra una historia viva, presente en la conciencia de los creyentes que dan a los hechos una interpretación dogmática. Esta segunda podría ser también llamada historia sagrada, porque estaría impregnada de la comprensión que desde la fe se hace de los hechos pasados. Desde luego, esta última sería calificada de parcial y para nada objetiva; mientras que la primera sería imparcial y objetiva. "Una sería objetiva y no sagrada, la otra sería sagrada y no objetiva".[50] Ahora bien, de haber tenido a Bultmann enfrente, Blondel se habría defendido afirmando el carácter objetivo de la historia santa; pues la vida de los creyentes sólo se explica objetivamente si se aceptan sus motivaciones de fe, su psicología y sus convicciones morales. El historiador que se acerca a la historia sagrada excluyendo *a priori* las convicciones religiosas, no podrá comprender realmente dicha historia. Para Blondel, pues, no hay dos compartimentos estancos, uno de los cuales sería la fe y el otro la ciencia crítica.

Así y con todo este planteamiento no satisface del todo a Nédoncelle, para quien Blondel debió emanciparse un poco de las categorías filosóficas impuestas por su antagonista. En la discusión Blondel se ha conformado con la historia de los historicistas. Al dar el título de historia científica o crítica a la historia de los historicistas, Blondel está concediéndole un estatuto por encima de las otras que por contraposición serían historias no científicas y acríticas. Así que no es de extrañar que esa ciencia histórica que intentaba desenmascarar Blondel gozara de más prestigio. Por definición la historia crítica sería la única capaz de llegar a la certeza; ¿pues quién concedería certeza a un método acrítico? Además, esa historia está obligada a mantener una supuesta neutralidad que le impide, de nuevo por definición, considerar las cuestiones de fe. De ahí que no extraña que esa historia sea ajena a los hechos religiosos. "Pero, ¿es necesario reservar el término historia a un estudio que de entrada

50 Nédoncelle, *Intersubjectivité*, p. 346.

se desinteresa de lo sagrado o que, en el mejor de los casos, los reduce a un clímax del devenir humano concebido de forma inmanentista?"[51] Naturalmente no podría considerarse que tal historia es realmente imparcial, pues por definición ha excluido una parcela de la realidad.

Al haber aceptado esa noción de historia, Blondel está dando por sentado que sólo el quehacer histórico hecho con el método crítico merece la etiqueta de científico; mientras que la historia santa no sería *stricto sensu* científica. Ciertamente aquí uno se encuentra con una contraposición entre historia y fe. A primera vista parece lógico no exigir al historiador el acto de fe para comprender los hechos pasados. Pero esto sería, análogamente, pedirle al historiador que haga abstracción de la filosofía, para explicar los hechos protagonizados por los filósofos. ¿Acaso no se le estaría escapando algo de las motivaciones del filósofo en su actuar? Quizás en otros campos uno pueda hacer abstracciones para comprender los hechos, pero al igual que en la historia, "la filosofía es una ciencia donde el hombre se involucra totalmente",[52] de modo que no se puede comprender al hombre sin su filosofía. Tras decir esto Nédoncelle acepta que para aclarar más las cosas quizás haría falta abrir otro debate. Él no lo hizo en ese momento, pero me parece posible tomarle la palabra metafóricamente para prolongar la discusión.

7.2.3. *Teoría de la historia*

Se puede prolongar la discusión echando mano de un artículo de Paul Ricoeur publicado en 1977 donde habla de una teoría de la historia.[53] La pertinencia del artículo está justificada por dos razones. Primeramente, porque trata de la historia; en segundo lugar, porque los conceptos que aparecen ahí son usados para criticar el método exegético de Rudolf Bultmann. Así, en la crítica a Bultmann confluyen Ricoeur y Nédoncelle. Sin embargo, se puede decir que Ricoeur es más minucioso en sus análisis, de tal suerte que lo que

51 *Ibid.*, p. 347.

52 *Ibid.*

53 Paul Ricoeur, "Expliquer et comprendre: texte, action, histoire", en *Revue Philosophique de Louvain* 75 (1977), que aquí citamos como aparece en *Hermenéutica y acción. De la hermenéutica del texto a la hermenéutica de la acción*, 3a. ed., Buenos Aires, Prometeo, 2008, pp. 81-99.

Nédoncelle meramente insinúa al decir que otro debate debería abrirse, es analizado con detalle en este artículo de Ricoeur. El artículo está dividido en tres apartados: *Teoría del texto*, *Teoría de la acción* y *Teoría de la historia*. A lo largo del artículo Ricoeur retoma la distinción hecha por Dilthey entre explicar y comprender. Se trata, desde luego, del problema planteado por Loisy y por Bultmann. En el caso de la historia es la contraposición entre historia objetiva e historia viva de la que habla Nédoncelle. Del lado de la explicación está lo objetivo y positivo. Explicar es, al decir de Ricoeur, lo propio de las ciencias naturales. En cambio, comprender es un conocimiento por empatía psicológica, de allí que sea lo propio de las ciencias del hombre. La contraposición entre explicar y comprender señalaría sobre todo dos métodos irreductibles para dos campos del saber: ciencias de la naturaleza por un lado y ciencias del hombre por el otro. Ricoeur reivindicará en su texto que no son dos métodos confrontados, sino "momentos relativos de un proceso complejo que se puede llamar interpretación".[54]

Ahora pues, en el apartado sobre la teoría de la historia Ricoeur comienza notando que hay una correlación entre la teoría del texto y la de la historia (entendiendo por historia la de los historiadores de oficio), pues en ambas nos encontramos con un relato. Igualmente hay correlación entre la teoría de la acción y la de la historia, pues también la historia se refiere a las acciones, aunque sean pasadas. Al abordar en su artículo la teoría de la historia tras haber hablado de las otras dos, Ricoeur retoma en este último apartado los rasgos de las dos teorías precedentes. Al igual que en las otras dos "también en la teoría de la historia se pueden identificar en primer término dos campos opuestos", a saber, explicar y comprender, "que se enfrentan de una manera no dialéctica".[55]

Por lo que se refiere al comprender (*Verstehen*), Ricoeur identifica los autores que protestaban contra el positivismo histórico, entre quienes destacaron Raymond Aron (1905-1983) y Henri Marrou (1904-1977). Obviamente hubiera cabido aquí Blondel, al que, sin embargo, Ricoeur no menciona. En

54 *Ibid.*, p. 82.

55 *Ibid.*, p. 94.

todo caso esto da una idea de cómo el problema atacado a principios del siglo xx pervivía aún en su segunda mitad. Los mencionados Aron y Marrou armaban su crítica destacando dos rasgos del método histórico. En primer lugar, dice Ricouer, haciendo notar que la historia versa sobre "acciones humanas regidas por intenciones, proyectos, motivos que tratamos de comprender mediante una *Einfühlung*, una endopatía",[56] similar al modo en que en la vida cotidiana comprendemos las acciones de los demás, porque comprendemos sus motivaciones. "Según este argumento, la historia es tan solo una extensión de la comprensión del otro".[57] A esto se añade un segundo argumento, según el cual dicha comprensión sólo es posible con la "participación personal del propio historiador, de su subjetividad".[58]

A los anteriores se podría agregar Robin G. Collingwood (1889-1943) quien dice que los acontecimientos tienen un interior (expresan pensamientos) y un exterior (suceden en el mundo). Conque si el historiador desea comprender los acontecimientos pasados deberá hacerse con su interior y exterior. La acción, según la describe Ricoeur, es justamente la unidad de ese interior y ese exterior. "Por otra parte, la historia consiste en reactivar, es decir, en repensar el pensamiento pasado en el pensamiento presente del historiador".[59]

Como se ve la posición de estos autores es similar a la de Blondel. También ellos pensaban que no se puede hacer historia sin una comprensión que va más allá de la presentación de los documentos positivos. Por su parte, Ricoeur hace entonces notar que los problemas suscitados por la teoría de la comprensión (*Verstehen*) en la historia plantean los mismos problemas que ya detectó en el apartado sobre la acción. Ahora bien, en el caso de la historia el problema está centrado en el paso de la comprensión a la explicación. La comprensión sería la compenetración psíquica de uno (el historiador) respecto a otro. Pero para la historia positiva esta comprensión no tendría ningún valor científico.

56 *Ibid.*

57 *Ibid.*

58 *Ibid.*, p. 95.

59 *Ibid.*

Esto mismo puede ilustrarse retomando la distinción aludida por Nédoncelle entre el Sócrates de la fe y de la historia. El de la historia es un Sócrates explicado científicamente, el de la fe es uno comprendido psicológicamente. Ahora bien, justamente la radical separación entre uno y otro, al punto que no tienen semejanza entre sí, debe ser denunciada como una anomalía. No puede ser que sean tan contrapuestos uno y otro que lo que se diga por el camino del comprender nada tenga que ver por el del explicar. ¿Cómo hacer, entonces, para superar ese punto crítico de la separación entre comprender y explicar?

Es de notar que, de mantener la distinción tajante entre comprender y explicar, sólo se podrá hablar de historia científica cuando se abandone el comprender. En ese caso "la historia comienza cuando se deja de comprender de manera inmediata y cuando se acomete la empresa de reconstruir el encadenamiento de los antecedentes de conformidad con articulaciones diferentes de los motivos y de las razones que alegan los actores de la historia".[60] Sin embargo, no está dicho que deba asumirse este paradigma. Justamente Ricoeur critica a Carl Gustav Hempel (1905-1997), quien habría impuesto un esquema artificial al historiador, al querer que ofrezca sus explicaciones sobre el modelo de las ciencias de la naturaleza. La historia tendría que explicar la cadena de acontecimientos, tanto como el físico explica un incendio por la aplicación del fuego al combustible. Como se ve, estamos ante la misma crítica que Blondel formulaba al historicismo por adoptar un modelo de ciencia antiguo queriendo aplicarlo indiscriminadamente a todas las áreas del saber.

Como se habló más arriba de escapar de la antinomia entre *Geschichte* e *Historie*, ahora podría hablarse con Ricoeur de escapar de la antinomia entre comprender y explicar. Me parece que el paralelismo salta a la vista. Ahora bien, a juicio de Ricoeur el problema se puede resolver si dejan de oponerse los términos. Por el contrario, uno debe admitir que para seguir el hilo de una explicación es precisa una capacidad: la capacidad de seguir una historia. Esa capacidad es también la capacidad de comprender. "En efecto, seguir una historia significa comprender una sucesión de acciones, pensamientos,

60 *Ibid.*

sentimientos que presentan a la vez cierta dirección, pero también sorpresas".[61] Con este enunciado Ricoeur se desmarca de la teoría endopática que hace de la comprensión una actividad exclusivamente psicológica de empatía. Porque, además, según ha dicho Nédoncelle, esta endopatía (*Einfühlung*), no es sino un conocimiento por analogía; por lo que "no nos hace conocer ni la existencia ni la naturaleza personal del otro".[62] Así que se pueden explicar mejor las cosas si se asume con Ricoeur que el comprender no se refiere únicamente a la capacidad de penetrar en las motivaciones del otro, sino también a la capacidad de captar que se está ante un relato. Esto queda ilustrado cuando el niño pregunta espontáneamente: "¿Y luego?", sin necesidad de que se le haya anticipado un después. Pero claramente percibe que el relato o ha sido interrumpido o le falta algo.

Cuanto Ricoeur arguye que comprender es una actividad propia. No se opone ni es ajena a la explicación; sino que se presupone. "Hablando estrictamente, sólo la explicación es algo metodológico. La comprensión es más bien el momento no metodológico que, en las ciencias de la interpretación, se complementa con el momento metodológico de la explicación".[63] Ricoeur habla de la comprensión como de una capacidad de anticipación de manera similar a como Nédoncelle dice que a partir de tres o cuatro líneas de un bosquejo uno adivina al personaje.[64] Claramente ambos autores estarían de acuerdo en la falsedad de oponer de manera radical comprensión y explicación. Con todo, me parece que aquí Ricoeur es más exacto en sus términos y aporta a la discusión un análisis más detallado al que Nédoncelle sólo alude.

Efectivamente Ricoeur, en el apartado sobre la teoría del texto, hace una aclaración de capital importancia. Refiriéndose a Dilthey, el primero en proponer la distinción entre comprender y explicar, Ricoeur le echa en cara haber hecho de la comprensión única y exclusivamente un acto por el cual se comprende al otro; "como si se tratara siempre, en primer término de aprehender una vida psicológica ajena detrás de un texto", cuando por el

61 *Ibid.*, p. 97.

62 RC, §26.

63 Ricoeur, *Hermenéutica y acción*, p. 98.

64 Cfr. AP, p. 199.

contrario —agrega— "lo que se debe comprender en un relato no es primeramente al que habla detrás del texto, sino aquello de lo cual se habla, la *cosa del texto*, a saber, el tipo de mundo que la obra despliega de alguna manera delante del texto".[65] Esta aclaración me parece fundamental para el asunto que se viene analizando. Pues, en efecto, lo que se está señalando es que el historicismo, con su pretensión de limitarse a los textos, deja fuera el asunto central del que esos textos están hablando, es decir, la vida misma. Ahora bien, esta aclaración no se encuentra en Nédoncelle, pero sí encontramos su crítica al historicismo de corte positivista que quiere hacer de la historia un análisis documental. Nédoncelle, por su parte se adhiere a las reflexiones de Blondel para señalar el error historicista. De esta manera indicaba los límites de una historia mal entendida, para señalar enseguida la necesidad de abrir el debate. Justamente las tesis de Ricoeur han servido a este propósito.

De hecho, el pensamiento de Ricoeur ha servido para mostrar cómo la historia es necesariamente comprendida por el hombre debido a esta capacidad no metodológica por la cual se anticipa la narración. En este sentido uno pudiera decir que la enumeración neutral de hechos pasados es una tarea imposible, pues cada uno asimila la enumeración anticipando un significado, esperando comprender. Tal es la condición de nuestra racionalidad. Así que es forzoso concluir que la pretensión del historicismo de analizar los documentos pasados con el mismo método de las ciencias naturales es renunciar a hacer historia. Con esto estoy queriendo suscribir la tesis según la cual la filosofía de la historia es auténticamente una filosofía sobre el sentido de la vida; a menos, claro está, que se restrinja el significado del término "historia" confinándolo a los datos positivos.

Una objeción, empero, podría hacerse. Al querer que la historia esté conectada con toda clase de problemáticas y afirmar que la historia, lejos de ser un compartimento estanco del conocimiento tiene por objeto la realidad toda, "¿acaso no se están fundiendo todas las cosas en un inmenso magma?"[66] Tal

65 Ricoeur, *Hermenéutica*, p. 87.

66 Nédoncelle, *Sensation séparatrice*, p. 133.

es la pregunta que hace Nédoncelle respecto a la postura de Blondel. Lo mismo cabría preguntarle a Ricoeur. Pienso que tiene razón el decano Nédoncelle cuando responde que aquí estamos hablando de un método y no de una parcela del saber. El error del historicismo habría sido confinar, injustificadamente, la historia al campo exclusivo de los documentos. La reflexión sobre la historia, en cambio, tiene que estar abierta a toda la realidad. Es a lo que Ricoeur llama interpretación; Nédoncelle por su lado equipararía la interpretación a la filosofía. Por su parte, Ricoeur notará que lo que conduce la investigación histórica es el comprender. Un comprender, sin embargo, que no debe ser definido como lo entiende Dilthey, sino como una capacidad de notar la apertura de la argumentación a otras fronteras.

Ricoeur dirá que la comprensión designa el polo no metodológico de la interpretación, que muestra el vínculo de nuestro ser a todo el ser. Me parece que se puede asumir esta postura al hablar de la investigación histórica. Nédoncelle piensa que la crítica al historicismo muestra que la historia no es un saber insular, sino que está relacionado con todo.[67] Lógicamente si se entiende la historia como mera investigación documental, es claro que se restringe a las piezas que estudia; pero si se entiende la historia como pregunta por el sentido del devenir, obviamente se trata de un camino de investigación abierto a todas las fronteras. El debate emprendido por Blondel en *Histoire et Dogme* servía para desenmascarar el prejuicio antidogmático de Loisy; pero también para mostrar el error de fondo del historicismo. Ahora bien, el mismo error del historicismo podría cometerse no sólo respecto a la historia sagrada, sino respecto a cualquier otro ámbito del saber histórico. Nédoncelle ha querido, con razón, prevenir a quien quiera que se acerca a la historia de mirarla estrechamente. Ricoeur, con su propuesta sobre la interpretación, ha ido más allá de señalar límites, indicando, en cambio, el camino por recorrer.

Por otra parte, las aclaraciones sobre el comprender y el explicar sirvieron a Ricoeur para exponer algunos límites de la teoría de Rudolf Bultmann.[68] Así

67 Cfr. *Ibid.*

68 Cfr. Paul Ricoeur, Préface, en *Jésus, mythologie et démythologisation*, por Rudolf Bultmann, París, Seuil, 1968.

que se encuentra aquí un punto de confluencia con los análisis de Nédoncelle. Ambos, Ricoeur y Nédoncelle, cada uno desde su ángulo descubrían un punto flaco en el exégeta de Marburgo: haber asumido como válida la contraposición entre comprender y explicar, o con otros términos, entre historia objetiva e historia viva. Aceptar la contraposición entre estos términos ha sido para Bultmann como para Loisy, la ruina. En todo caso, la crítica al historicismo ha sido útil para clarificar el alcance del término historia cuando se habla ahora de una filosofía de la historia en el contexto de la filosofía de Nédoncelle. Claramente no se está limitando a la historia de los documentos de archivo sino a la historia de los hombres. O, como dice él mismo, el objeto de estudio de la historia está, por naturaleza, "abierto a la integridad de lo real".[69]

69 Nédoncelle, *Sensation séparatrice*, p. 145.

Capítulo 8

Historia del devenir

8.1. Un planteamiento de filosofía de la historia

El artículo *L'indigence spirituelle du devenir collectif et de son histoire*,[1] publicado por Maurice Nédoncelle en 1949 e incorporado luego a *Vers une philosophie de l'amour et de la personne* es, a mi juicio, donde el autor aborda de lleno los problemas de filosofía de la historia heredados desde Hegel. En efecto comienza Nédoncelle diciendo: "Para Hegel, el hombre no realiza su humanidad sino a través de un despliegue temporal y una toma de conciencia progresiva de ese despliegue. La historia, a pesar de sus crisis, forma una trama continua donde se afirma la victoria del espíritu".[2] En este sentido la historia no es sino la paulatina toma de conciencia de una realidad que Hegel llama Espíritu Absoluto, el cual es realmente el motor de la historia. Ahora bien, este espíritu

> no está ni por fuera ni por encima de los individuos; y tampoco se realiza en un individuo o en la simple relación entre algunos individuos; sino por el contrario suscita toda una organización colectiva cuyas formas, que parecieran suprimir la libertad individual, en cambio la hacen más profunda,

1 Maurice Nédoncelle, "L'indigence spirituelle du devenir collectif et de son histoire", en *Revue des Sciences Religieuses* 23, núm. 3 (1949): 302-315. Aquí lo citamos como aparece en AP.

2 AP, p. 216.

> de suerte que la complejidad social se expresa en cada persona y cada persona encuentra en el entramado social un acceso a su propio valor.[3]

Uno entiende, entonces, que para Hegel donde realmente se ve el sentido de la historia no es en las historias de las personas, sino en las historias de los pueblos. De hecho, el espíritu no podría llegar a su plenitud si se quedara en un pequeño grupo. "La familia o la ciudad, por ejemplo, son incapaces de satisfacer su ímpetu (élan)".[4] A decir verdad, si se siguiera la lógica propuesta en estas líneas, "¿acaso la socialización no debería concluir en una estructura final planetaria?" Pero como apostilla Nédoncelle: "Hegel, desde luego, no llega a tal extremo".[5]

En efecto, Hegel no piensa en una sociedad universal, sino más bien en una pluralidad de Estados independientes, a través de los cuales el Espíritu se realiza. Más aún esos Estados deben ser considerados auténticos organismos espirituales. Ellos son los protagonistas del progreso dialéctico de la humanidad. Según esta concepción los Estados son manifestaciones del Espíritu, el cual se despliega en el tiempo superando los obstáculos y los imprevistos, produciendo el movimiento mismo que lo caracteriza. En cada Estado el Espíritu va madurando hasta producir un genuino Espíritu de ese Estado (*Volksgeist*), el cual le da a cada individuo una vida espiritual, y ella a su vez regresa a la colectividad. "La ósmosis entre la persona, la sociedad y el espíritu se realiza entonces, en la medida que puede, a través del drama del tiempo y de la negatividad".[6] Hasta aquí la tesis de Hegel resumida por Nédoncelle.

En esta tesis hay cosas que fueron aceptadas sin reparos por varios pensadores: "La certeza de que el hombre realiza su humanidad en la historia, que esta historia muestra una sucesión necesariamente dialéctica y que dicha dialéctica desemboca en el reino humano de la verdad, la bondad y la belleza".[7] Curiosamente estas ideas fueron acogidas tanto por marxistas como por

3 AP, p. 216.

4 AP, p. 216.

5 AP, p. 217.

6 AP, p. 217.

7 AP, p. 217.

cristianos. Entrambos comparten la aspiración de una sociedad universal que acomuna a todos los pueblos en la paz. Hay, sin embargo, diferencias notables entre unos y otros. Para los marxistas el motor del devenir es una lucha de clases, mientras que los hegelo-cristianos lo colocan en el espíritu de Cristo.[8] Así y con todo "la afirmación de un progreso dialéctico y la atribución a las sociedades de un papel espiritual son elementos comunes a ambas antropologías",[9] esto es, a la de marxistas y cristianos que apelan a Hegel por igual.

Subyace, desde luego, en toda esta exposición la idea de que existe un despliegue temporal de la humanidad regido por un Espíritu. El azar no tendría cabida en esta explicación. El mérito de Hegel estaría en haber descifrado un patrón en el despliegue de la historia humana. Pero —dice Nédoncelle— si le preguntamos a los historiadores de oficio, si de la observación objetiva de los acontecimientos puede descubrirse un patrón, no dudarán en responder que no. Es el caso de Herbert Fisher (1865-1940), quien escribía en el prefacio a su obra sobre la historia de Europa: "Otros más sabios y eruditos han discernido en la historia una trama, un ritmo y un patrón predeterminado. Tales armonías me están ocultas".[10] Por si fuera poco Fisher no teme advertir al historiador que se atenga a una regla segura, o sea, reconocer en el desarrollo de la historia el juego de lo contingente y lo imprevisto. El progreso —concluye tajantemente— no es una ley de la naturaleza, así que no debe extrañar que la historia del pensamiento, como un río, pueda desembocar en el desastre.[11]

Por el contrario, Hegel ha querido establecer una coincidencia entre la dialéctica del Espíritu y la historia concreta de los pueblos. Para Hegel es claro que esto es así desde la ciudad antigua hasta la Revolución francesa. Sin embargo, Jean Hyppolite (1907-1968) explicaba que si se miran de cerca los acontecimientos históricos y los distintos pueblos involucrados, difícilmente se llega a deducir un patrón o movimiento continuo cuya meta sea

8 "En fin, una tentativa original por resucitar a Hegel, y prepararlo al bautismo o incluso bautizarlo, ha sido intentada por [Gaston] Fessard y [Henri] Niel", Maurice Nédoncelle, "La philosophie", en *Cinquante ans de pensée catholique française*, París, Fayard, 1955, p. 102.

9 AP, p. 218.

10 Herbert Fisher, *A History of Europe*, Londres, Edward Arnold, 1936, v. Citado en AP, p. 218.

11 Cfr. *Ibid.*

la propuesta por Hegel. Realmente da la impresión de que la historia no sigue ningún patrón y, desde luego, no tiene una meta ideal preestablecida. Así que, concluye Hyppolite, si se toman los eventos históricos como hace Hegel y se intenta hacer con ello una filosofía de la historia, el intento "será un fracaso".[12]

Sobre esto dicho Nédoncelle opina que, si por un lado Hegel ha ido demasiado lejos en establecer un patrón del devenir histórico, por otro, los historiadores no se quedan totalmente callados al respecto. Es así como Oswald Spengler y Arnold Toynbee hablan de una cierta línea de continuidad en las civilizaciones. Para el primero, las grandes culturas son seres vivos de un orden superior, a los que cabría comparar con una planta, constantemente rejuveneciéndose sin perder su forma.[13] De manera similar, aunque más competentemente, Toynbee mostrará que las civilizaciones al sucederse unas a otras van dejando en la que sigue una herencia, de modo que sobreviven las anteriores en las siguientes. Según Toynbee, corre como río subterráneo un movimiento común universal —al que el autor no duda en calificar de "iglesia universal"— el cual, bajo la forma de un proletariado, va transmitiendo a la siguiente generación su propia esencia y sobrevive por debajo del alzarse y caer de las civilizaciones.[14]

Pero el decano Nédoncelle no está tan seguro de que se trate de una verdadera supervivencia de civilizaciones; ni siquiera si nos referimos a los valores que transmiten. Porque además los valores de una generación pueden terminar siendo la antítesis de la siguiente. Lo cual ciertamente ya no sería continuidad, sino ruptura. Así que no hay una ley fatal de supervivencia espiritual en la historia. Con todo, no se puede negar que hay una acumulación de los valores a través de la historia, pero a la vez hace falta aclarar a qué valores nos estamos refiriendo. Por su parte, Nédoncelle está dispuesto a aceptar que hay una "cierta inmortalidad de los valores técnicos", especialmente a partir del Renacimiento, pero estoy de acuerdo con él cuando aclara

12 Jean Hyppolite, *Genèse et structure de la Phénomenologie de l'Esprit de Hegel*, París, Aubier, 1946, p. 41.

13 Cfr. Spengler, *La decadencia de Occidente*, vol. 1, p. 21.

14 Cfr. Arnold Toynbee, *A study of history. Abridgement of volumes I-VI by D. C. Somervell*, vol. 1, Oxford, Oxford University Press, 1946, p. 32.

que "la técnica no representa sino la franja inferior de la humanidad",[15] a la cual apenas se podría llamar civilización.

En este mismo orden de ideas cabe preguntarse si no hay ninguna clase de acumulación de valores espirituales. Tal vez no pueda predecirse el punto de llegada de las civilizaciones, pero sí puede notarse que hay un progreso en la asimilación de los valores, sin prejuzgar un posible retroceso.[16] Sería a todas luces falso afirmar que la cultura se va perdiendo irremisiblemente de una generación a la que sigue. Lo contrario es más bien lo cierto. De momento Nédoncelle no se detiene más en este asunto y nos propone pasar a otro de diferente índole.

En el contexto de la filosofía de la historia de Hegel la sociedad aparece como la auténtica portadora del Espíritu en detrimento del individuo. Ante lo cual Nédoncelle piensa que es necesario preguntarse si lo espiritual en el devenir de las sociedades brota de la colectividad. Su respuesta es inmediata: "La cuna no hace al niño".[17] Sin duda entonces la opinión central de Nédoncelle al respecto es que "la sociedad no hace al genio",[18] sea artista, pensador, moralista o erudito. Cada hombre recorre su propio camino y se destaca del grupo encarnando sus propios valores, sin que nada obste para que sean compartidos por otros más. Pero lo que Nédoncelle niega categóricamente es que el espíritu del individuo, que brota desde dentro, se imponga sobre la colectividad, "según la exigencia hegeliana".[19] Cabe comparar la originalidad del individuo con un cohete que tras despegar no regresa forzosamente a la plataforma de lanzamiento.

Así las cosas, uno podría pensar que para Nédoncelle la sociedad es irrelevante para el desarrollo del individuo. Esto no es cierto. Admite sin titubeos que hay una atmósfera vital, él la llama "alma colectiva" y yo la comparo a la tierra fértil donde crece la originalidad del individuo. El reparo de Nédoncelle frente a Hegel sería el de considerar esta alma colectiva como

15 AP, p. 220.

16 Cfr. Toynbee, *La civilización puesta a prueba*, p. 231.

17 AP, p. 220.

18 AP, p. 220.

19 AP, p. 221.

un alma consciente. Esto es cuanto niega Nédoncelle al decir que ella "está y permanece por debajo de la conciencia humana".[20] Si bien en este pasaje no queda muy claro a qué llama alma colectiva, en otros escritos aparece tratada con más detenimiento la relación entre el individuo y la colectividad.[21]

8.1.1. *Alma colectiva*

La expresión "alma colectiva" no tiene en Nédoncelle un sentido técnico y de hecho la usa poco. Al parecer, es una expresión popularizada por los sociólogos, especialmente por Émile Durkheim (1858-1917) y su escuela. Ya sea esta misma expresión u otras similares, verbigracia, conciencia colectiva, conciencia global, espíritu colectivo o del pueblo, aparecen en los escritos de Nédoncelle al aludir a los pensadores que las usaron. Sea como fuere es fácil deducir, del contexto de sus escritos, que el decano Nédoncelle conoce la idea de un espíritu o conciencia de la colectividad. Existe sin duda un denominador común en los grupos humanos que se expresa en formas sociales, las cuales sin embargo siguen siendo prepersonales "en todas sus formas (familia, corporación, nación...)".[22] Para Nédoncelle una conciencia colectiva es en realidad un "psiquismo embrionario, querido en ciertos momentos por la especie",[23] pero claramente inferior a la verdadera comunidad de las conciencias. Dicho de otra forma, las agrupaciones sociales con sus instituciones (familia, gremio, etc.) no son, de por sí, una auténtica comunión de las conciencias. De ahí que considerarlas manifestación de un espíritu más profundo o incluso más consciente que la conciencia individual, es dar al espíritu colectivo un rango que no tiene. Nédoncelle defiende que "la conciencia de las comunidades sociales está psicológicamente por debajo del *nosotros*",[24] negándose —en contra de Fichte— a considerar que un hipotético espíritu colectivo sería el responsable tanto la dirección general de la humanidad, como de la aparición de "nuevos tipos personales".[25]

20 AP, p. 221.

21 *Intersubjectivité*, pp. 43-60 y 73-79.

22 RC, §201.

23 RC, §6.

24 RC, §6.

25 RC, §201.

Un alma colectiva, entendida como una fuerza biológica que atraviesa toda la naturaleza conduciéndola según un cierto ritmo evolutivo, puede concederse.[26] Pero atribuir a esa alma una conciencia plena de su quehacer y de una meta es inadmisible. Nédoncelle no es Plotino.[27] Ahora bien, la tesis que aquí se está discutiendo no es la de una fuerza biológica. No se está negando que las formas de agregación social tienen una base biológica y que por lo mismo las instituciones sociales más complejas también tienen —aunque más remotamente— una base en la naturaleza. Sin embargo, como ya se vio, la naturaleza, incluso considerada como tendencia, no nos informa la razón de ser de su propia existencia ni la de su devenir. En cambio, la tesis discutida es la de Hegel, quien coloca en la génesis de las instituciones, esto es, los Estados nacionales, un espíritu colectivo consciente, aunque inconsciente para cada individuo. Tal espíritu sería el motor del devenir. Mas esto es exactamente lo que niega Nédoncelle.

¿Acaso entonces no existe nada a lo que pueda llamarse conciencia colectiva? Ciertamente que sí. Nédoncelle habla de ella como del resultado de un conjunto de factores raciales, demográficos, morales, artísticos y científicos, acumulados en siglos, hasta formar una cultura. A mi juicio la idea de un alma colectiva sería admisible por Nédoncelle si se la equipara con la cultura. Un poco más arriba había aludido al papel jugado por la cultura en el progreso de las civilizaciones y se preguntaba si la cultura era la creadora del progreso. Pues bien, ahora puede retomarse el asunto considerando la relación entre la cultura y el individuo. Resulta, de hecho, interesante que el problema de la relación entre la colectividad y el individuo sea analizado en su conferencia titulada *Cultura y persona* de 1974,[28] la cual comienza aludiendo a la experiencia psicológica de percibir que se está inserto en un mundo

26 Por ejemplo, San Agustín, *Retractaciones*, pp. 11, 4.

27 "En la filosofía de Plotino es mirando al Uno como el *Logos* crea el Alma del mundo y ésta hace surgir a su vez las individualidades inferiores sin que éstas lo sepan, mientras ella permanece vuelta en éxtasis hacia el *Logos*", RC, §203.

28 Maurice Nédoncelle, "Culture et personne", en *Communication pour le XVI Congrès des sociétés de philosophie française sur la Culture* (Reims, 1974). Aquí se cita según aparece en *Intersubjectivité*, pp. 73-79.

que nos precede. La cultura es, en este sentido, ese mundo que me precede y al cual pertenezco.

El primer acercamiento a la cultura es el lenguaje. No sólo el lenguaje hablado, a través del cual el niño se empapa de la corriente bio-social que lo precede, sino también las instituciones morales (en las que cabe incluir la religión), artísticas (especialmente la literatura) y científicas (donde puede contenerse la filosofía) son lenguaje. Por el lenguaje se entra en contacto con el código de símbolos que descifran nuestro mundo, "mucho más inteligible que la naturaleza".[29] Además se entra en contacto con los pensadores del pasado. En ambos casos, empero, la persona al hacerse con el lenguaje no se limita a repetir pasivamente lo recibido. Si no tuviera inteligencia propia el bebé no hablaría jamás. Las implicaciones de este hecho tan sabido se pasan por alto con frecuencia. Me parece que justamente haber reportado el debate sobre al intelecto separado en el averroísmo latino y su conexión con las filosofías del giro lingüístico, permite reafirmar la frase *hic homo intelligit*. El alcance de esta afirmación puede ahora verse con mayor claridad al notar cómo, si se descarga la autoría del devenir temporal en un alma colectiva, se cae en las falacias del intelecto separado. Coherentemente Nédoncelle, habiendo rechazado la posición de los averroistas, rebate ahora la de los idealistas y la de los estructuralistas.

Se ha discutido mucho si los grandes hombres forjan las sociedades o a la inversa. El debate será estéril si se separan los términos radicalmente. Pero admitida la interrelación debe darse mayor peso a la individualidad. Ciertamente, si Mozart hubiera vivido en el neolítico no habría compuesto sus conciertos para orquesta, pero habría creado algo novedoso. La idea de un alma colectiva, a la manera de Durkheim o de Lucien Goldmann (1913-1970), no puede suplantar la conciencia personal. "Por lo demás si hay una subjetividad transindividual, no hay sujeto transindividual".[30]

29 *Intersubjectivité*, p. 74.

30 *Ibid.*, p. 59.

8.1.2. *La indigencia colectiva*

Dicho lo anterior y volviendo al texto sobre el devenir colectivo, puede asentarse una primera idea defendida por Nédoncelle: a la tesis hegeliana de un Espíritu encarnado en las instituciones y responsable del devenir colectivo hay que oponer la del individuo consciente como auténtico causante del devenir. Toca ahora examinar más de cerca esta idea.

La colectividad es conservadora de unos valores, pero no su creadora. Toda civilización debe considerarse indigente, "como una corriente inducida que depende de la fuente inductora, y que encuentra resistencia en el metal mismo por el que corre".[31] Sin negar el dinamismo espiritual de las sociedades no se deben confundir el engarce con la joya, es decir, no se puede atribuir a la colectividad la iniciativa del progreso espiritual. La colectividad conserva los valores encarnados en una obra o en una institución. Eso explica que la iniciativa del genio pase a través de la cultura como por un tamiz; llevando a pensar que ha sido la cultura colectiva la causante de la genialidad creadora. A lo cual se debe objetar que, si esto fuera así, los individuos no tendrían que esforzarse en crear nada nuevo, sino plácidamente dejarse llevar por la corriente. En realidad, sucede lo contrario, esto es, la colectividad impone la moda, signo de la "fatiga social"[32] y sólo se renueva por el impulso creador del individuo.

Se ha querido, por cierto, atribuir el progreso espiritual a la división del trabajo. Pero ésta no es el resultado inmediato de un instinto biológico. Ha sido necesaria mucha reflexión personal y creatividad para poner en marcha las instituciones.[33] No se puede negar, claro está, el papel de las instituciones en la conservación y transmisión de los valores espirituales (morales, artísticos y científicos), pero estas "no añaden nada a la semilla inicial" si bien "expanden sus virtualidades".[34]

31 AP, p. 223.

32 AP, p. 223.

33 Cfr. Lucien Goldmann, "Pensée dialectique et sujet transidividuel", en *Bulletin de la Société française de philosophie* 64, núm. 3 (julio-septiembre de 1970): 73-74. Mencionado por Nédoncelle en *Intersubjectivité*, p. 57.

34 AP, p. 224.

El siguiente párrafo expone sin ambages la idea de Nédoncelle sobre el verdadero progreso espiritual, dejando asentado que la repetición de patrones de comportamiento por más que se propague no deja de ser un pseudo-progreso.

> El verdadero progreso del espíritu se reconoce por este signo: es replanteado en cada conciencia en la que penetra y, por así decir, rehecho libremente por ella para ser lanzado más adelante u orientado en una nueva dirección. El contagio es sustituido por la asimilación, la domesticación por la educación; el tiempo largo de la repetición es sustituido por el tiempo corto de la inteligencia. Podría ser conveniente agregar: el ritmo determinado de una explicitación impuesta desde fuera, es sustituido por la iluminación imprevisible del descubrimiento en un espíritu que comprende a otro y se comprende en el mismo movimiento. Pues la relación del maestro al discípulo comienza ciertamente en el marco del hábito; pero se realiza por la liberación del discípulo convertido a su vez en maestro. Así se propagan el arte y la filosofía, la moral y la mística.[35]

Hablar de un pseudo-progreso es, en boca de Nédoncelle, hablar de una simple expansión, por imitación y contagio, de ciertos modos de hacer las cosas. Pero la propagación no es creación. Ni siquiera las ciencias avanzan por repetición mecánica del método científico; siempre hace falta la ocurrencia de un genio trabajando. "El pseudo-progreso espiritual tiene por resultado la organización del reino de los mediocres. El verdadero progreso es genial".[36]

Conviene agregar aquí cuanto dice Nédoncelle en el capítulo cuarto de la tercera parte de su ensayo sobre el amor. Es justamente el capítulo que precede al que trata sobre el devenir. Pues bien, en este otro capítulo dice claramente que "el alma colectiva jamás es creadora";[37] ella se limita a transmitir las ideas o los valores. Pienso que la descripción de Nédoncelle permite comparar

35 *Ibid.*

36 AP, p. 225.

37 AP, p. 215.

al alma colectiva con el excipiente de las medicinas. "En el fondo, no hay ideas colectivas", sino espacios aptos para el intercambio de ideas. En este sentido las instituciones pueden ser la tierra fértil —y nada obsta para que las opiniones comunes sean tierra fértil— donde las "inteligencias originales" encuentran la "materia prima o la causa ocasional" para hacer eclosionar sus ideas.[38] Pero también pueden ser el espacio donde se lastima el pensamiento. En fin, la opinión de Nédoncelle es que el alma colectiva se limita a "transmitir las ideas, a veces a conservarlas y más frecuentemente a rebajarlas".[39]

La breve descripción del papel jugado por el espíritu colectivo puede parecer un tanto desdeñosa. Nédoncelle no niega que la sociedad en su conjunto ofrezca una plataforma para el progreso y la cultura, pero no es el factor determinante. Al autor no se le escapa el hecho de que desde Hegel se le han atribuido cualidades asombrosas a la colectividad. Mas como no comparte este punto de vista ha de hacerse cargo de algunas objeciones.

8.1.3. *Algunas objeciones*

Sin mencionarlo explícitamente Nédoncelle considera como primera objeción la tesis de Karl Jaspers (1883-1969) sobre la Era Axial. ¿Cómo es posible —se pregunta— que una época tan estrecha haya conocido a la vez, en localidades tan separadas entre sí, la aparición de auténticos genios del espíritu? El surgimiento de un Confucio, un Zoroastro o un Sócrates no puede deberse al azar. Habría que concluir entonces que el Espíritu estaba ahí trabajando. A lo cual responde Nédoncelle que probablemente el mundo no ha carecido de grandes almas en cada época, pero el mundo no las ha reconocido. Parece que hasta aquí la respuesta es un poco escasa. Pero si se va más adelante Nédoncelle la amplía al decir que lo que en realidad llama la atención de esa era no es el florecimiento de grandes almas, sino su celebridad.

Me parece que sería más tarea de los historiadores del progreso técnico a quienes competería juzgar si el renombre de los personajes aludidos se debió —como opina Nédoncelle— a las condiciones favorables para que

38 Cfr. AP, p. 215.

39 AP, p. 215.

sus ideas fueran divulgadas. En todo caso, uno puede estar de acuerdo con Nédoncelle al decir que “la imprenta no hace a los hombres más inteligentes”,[40] pero permite difundir mejor sus ideas. Por lo demás pienso que un juicio definitivo sobre la importancia de un determinado personaje de la historia en razón de la irradiación de sus obras y palabras sólo podría hacerse al final del tiempo histórico. El que parece importante hoy porque lo ha sido un par de siglos, puede no serlo pasados tres mil años más.

En todo caso, Nédoncelle sostiene que la “infraestructura jamás engendra la superestructura”.[41] La metáfora de la imprenta ha servido para ilustrar esta afirmación. Desde luego que Nédoncelle se mantiene firme en su posición al reiterar que “las sociedades juegan el papel de almacén o de filtro. Son transmisoras y en su caso sustractoras”.[42] Al no renunciar a este principio, Nédoncelle está defendiendo su postura personalista. Es suficiente por lo demás esgrimir, como se ha hecho más arriba, los mismos argumentos en contra de las filosofías impersonalistas para sostener coherentemente la indigencia de la colectividad y la riqueza de la conciencia individual.

Siguiendo ahora con las objeciones, Nédoncelle se hace cargo de una variante de la anterior. Por primera vez la humanidad parece estar alcanzando la unidad planetaria, eso que ahora llamamos la aldea global. “¿Acaso esta situación bio-social no es creadora del progreso espiritual?”[43] —tal sería la objeción—. Si esto ya era notorio en los años setenta del siglo pasado, como mayor razón ahora uno pudiera preguntarse si no se está inmerso en una corriente imparable que nos conduce a la unidad global. La avalancha protagonizada por los grandes movimientos transnacionales condena al individuo o a sumarse a ellos o a perecer. Veamos como enfrenta Nédoncelle esta postura.

De entrada, piensa que no se debe olvidar que el conjunto de medios materiales que nos han colocado en esta situación de “globalización” ha sido el fruto de mucho esfuerzo singular y coordinado de auténticos genios. Pensar

40 AP, p. 226.

41 AP, p. 226.

42 AP, p. 227.

43 *Ibid.*

que el progreso técnico es el resultado de un empuje ciego de la naturaleza es negar lo evidente. Si se toma el caso, por ejemplo, de la economía puede recordarse que el sistema global no es el resultado de una lotería, sino la puesta en práctica de un plan pensando y orquestado por individuos y no por la masa. La mera unificación económica del planeta no es por sí misma un alza en los valores espirituales; más bien nos coloca "ante la necesidad de *elegir* los valores, que no es lo mismo".[44]

Igualmente podría considerarse el progreso técnico como un movimiento colectivo con ímpetu propio. Pero vale aquí la misma contestación. No es lo mismo la propagación que la creación. El avance de los logros técnicos expresa a la vez una capacidad de "imitación y de invención, las exigencias de la vida común y la irradiación de una iniciativa espiritual".[45] El decano Nédoncelle opina que la difusión del saber técnico es un pseudo-progreso, ¿quiere decir eso que carece de valor? Definitivamente no; lo que quiere decir es que su tendencia es la repetición; lo cual explica su supervivencia. El quehacer técnico tiende a reiterarse de generación en generación. Esto puede ilustrarse tanto en el campo de la física, donde los ingenieros replican el modo de obrar establecido por los cánones; como en el de la música, donde un Bach encuentra quién ejecute su música. Claramente hay diferencia entre descubrir y repetir. "Las técnicas —apostilla Nédoncelle— son el subproducto fiel de las civilizaciones".[46]

Una tercera objeción, o variante de las anteriores, es la siguiente: "Hay una aceleración del tiempo en la historia; esa es la prueba de que el drama llega a su fin".[47] La idea está relacionada con el ensayo de Daniel Halévy (1872-1962), para quien la historia tiene "un ritmo nuevo o un nuevo aspecto".[48] Quizás pudiera compararse la celeridad de la historia estudiada por Halévy con la creciente aceleración de un río. La comparación, por cierto, se hace eco de la sentencia latina *motus in fine velocior*, comúnmente usada para indicar el correr veloz del tiempo hacia el final de una época. En todo caso, la expresión usada por este

44 AP, p. 228.

45 *Ibid.*

46 AP, p. 229.

47 AP, p. 229.

48 Daniel Halévy, *Essai sur l'acceleration en histoire*, París, Iles d›Or, 1948, p. 22.

autor señalaba la cantidad de acontecimientos de gran relevancia que, en el siglo xx, una sola persona podía presenciar en el arco de su vida. Que estamos expuestos a más cambios de los que vivieron los hombres de hace seis siglos es indudable. Ahora bien —aclara Nédoncelle— la aceleración referida puede tener dos significados diferentes: "o bien el contenido del tiempo está cada vez más lleno de eventos diversos; o bien el ritmo del tiempo es cada vez más veloz, aun cuando haga falta más tiempo para obtener el mismo contenido".[49] Pero sea cual fuere el caso, el hecho es que no es lo mismo una variación cuantitativa que una cualitativa. Por más mutaciones en los eventos, no se está ante un cambio cualitativo espiritual. Ahora bien, si la aparición vertiginosa de nuevos eventos es la prueba del progreso, entonces claramente tendríamos que pensar que la saturación de eventos sería a su vez la prueba de que el tiempo está llegando a su fin; pues ya no cabría esperar que quepan más eventos en el cauce del tiempo. Obviamente Nédoncelle se defiende de esta objeción remarcando que no se está ante una verdadera novedad en el progreso humano por el simple hecho de que haya más acontecimientos en menos tiempo. En realidad, no son más que variaciones del mismo tipo iteradas en un lapso menor.

A estas objeciones me gustaría añadir una más, inspirándome en la idea del final de la historia, preconizada por Francis Fukuyama.[50] Este autor ha sostenido que la historia concluye con la aparición de un modelo de sociedad donde el antagonismo descrito por Hegel y más tarde por Marx, ha desaparecido. Posteriormente, se dirá algo más sobre la tesis de Fukuyama, pero aquí me interesa notar que la idea de progreso histórico y su respectivo fin están vinculados a la colectividad como tal. Fukuyama le diría a Nédoncelle que el progreso histórico está en estricta relación con el modo de organización social, de modo que, alcanzado un determinado modelo considerado ideal, no cabe esperar más cambios a los que legítimamente se podría llamar históricos.

A esta última objeción y, en general, a todas las anteriores, Nédoncelle responde que sin negar la existencia de un progreso espiritual cuanto arguye

49 AP, p. 230.

50 Véase Francis Fukuyama, *El fin de la historia y el último hombre*, Barcelona, Planeta, 1992.

es que éste "sea necesario y que se deba al devenir colectivo".[51] Su opinión es que el progreso no se debe a una ley fatal y que tiene una fuente diversa a la colectividad. He aquí cómo lo dice a la letra:

> A la historia de las comunidades espontáneas o queridas por las personas, hemos sobrepuesto la única historia que emana directamente del espíritu y que puede reconfortarla u orientarla: la sucesión de biografías y el análisis de las conciencias. En breve, hemos juzgado que, si el siglo XIX desconoció a menudo las implicaciones recíprocas del grupo y del individuo en la civilización, el siglo XX cae más de una vez en el extremo opuesto y olvida cuánto la vida espiritual tiene de irreductible respecto al grupo o cuánto el grupo es refractario a la vida espiritual.[52]

Para Nédoncelle el progreso espiritual es irreductible al devenir de la colectividad. La tesis de Hegel sería la contraria. Las objeciones que acabamos de repasar querrían sostener que el verdadero progreso de la humanidad se expresa en las dinámicas grupales. Nédoncelle, por su parte, piensa que no es así y arguye que en esas dinámicas habría más bien un pseudo-progreso. Continuando con el análisis de su texto nos preguntamos qué valor concede entonces al devenir colectivo.

8.1.4. *Valor del devenir colectivo*

Según Nédoncelle se puede creer que hay una meta espiritual en el devenir colectivo y que conduce a una sociedad trascendente donde "el hatillo de los espíritus personales será perfectamente armonioso".[53] De hecho uno podría encontrar en las formas de organización social actuales trazos de dicha sociedad trascendente. Opiniones de este estilo se encuentran en obras tan diferentes como *La ciudad de Dios* de san Agustín y *El capital* de Marx; pero en uno y otro caso el diagnóstico se basa en una creencia y no en una constatación.

51 AP, p. 230.

52 AP, pp. 230-231.

53 AP, p. 231.

Estos autores y quienes se les parecen "interpretan el pasado a partir de un final de la historia que está por venir".[54] Pero si uno se apoya sólo en los puros hechos, es utópico afirmar con certeza cuál será la meta del devenir. En esos pronósticos, sean cristianos o ateos, hay una fe *mística* que busca beneficiarse de los acontecimientos coloreándolos a su gusto para formar el cuadro deseado.[55]

> Por ejemplo, las invasiones bárbaras, la Revolución francesa, etc., vistas —y sobre todo vividas— a escala de una vida individual, están llenas de muertes, delaciones y toda especie de horrores. Si por el contrario, uno las contempla cientos de años después, cuando el elemento ideológico se ha decantado, uno se persuade fácilmente de que el Espíritu se ha manifestado en ellas, y ellas aparecen transfiguradas al insertarlas en un proceso místico.[56]

Lo mismo pudiera decirse del hombre de fe que atribuye a una Providencia sacar bienes de los males armonizando las disonancias. En ambos casos, el de quien apela al Espíritu y el que, a la Providencia, nada autoriza a afirmar que los acontecimientos no podían seguir otra ruta. A fin de cuentas, se está queriendo justificar que las acciones claramente contrarias al plan previsto son parte del plan. O, en otras palabras, se aprueba el trabajo del diablo "bajo el pretexto de que el ingenio divino lo tiene trabajando a su favor".[57]

Es notorio pues que, al acometer el problema del devenir temporal bajo la perspectiva de un juicio, esto es, juzgar sobre el valor de los acontecimientos en razón de una meta, se está mirando toda la historia desde un prejuicio gratuito. El resultado son una serie de equívocos, los cuales, lejos de esclarecer la filosofía sobre la historia, la convierten en una prognosis cuya fuente sería una fe mística, tanto de ateos como de creyentes. Es por ello que Nédoncelle piensa que "muchos sofismas se resuelven mal bajo el axioma equivocado de

54 AP, p. 231.

55 Cfr. AP, pp. 231-232.

56 AP, p. 232.

57 AP, p. 232.

que la historia del mundo es el juicio sobre el mundo".[58] Si en vez de justificar, como hace Hegel, tantos lapsos de barbarie haciendo de ellos un momento espiritual del que uno debería felicitarse, se reconociera que esos capítulos de la historia son vergonzosos sin más, uno podría librarse de la tiranía dialéctica poniéndose en condiciones de hacer una filosofía de la historia y no un juicio sobre la historia. En todo caso, Nédoncelle estima que el modo como Hegel argumenta sobre la historia "ha pervertido todas las filosofías de la historia inspiradas en la suya".[59]

Ahora bien, aun y cuando se descarte la postura hegeliana en la interpretación de la historia, ¿acaso no queda en pie la pregunta por el valor de los acontecimientos? Se acaba de decir que librándose de la dialéctica hegeliana se podría estar en condiciones de hacer una filosofía de la historia más libre. Pero, ¿acaso puede hacerse filosofía de la historia sin preguntarse por el sentido y valor de los eventos? Hay, al parecer, un necesario ingrediente de interpretación, el cual no es desde luego mera constatación de los hechos. El capítulo anterior ha permitido notar cómo la pretendida lectura neutra de los acontecimientos es una falacia. Por eso incluso cuando se deslinden la fe en un previsible o deseado futuro y la percepción de los eventos, como quien levanta un acta de hechos; sigue siendo una tarea necesaria de la filosofía de la historia interpretar y evaluar los hechos. "Nosotros no lo negamos —dice Nédoncelle—; más aún es indispensable para descubrir y establecer los hechos, pues los acontecimientos expresan valores y el conocimiento del pasado es siempre el trabajo de alguien".[60] Con que no se niega que la filosofía de la historia intente desentrañar el sentido de los acontecimientos históricos. Lo que Nédoncelle rechaza es la proyección de una fe —en sentido lato— en un futuro predeterminado sobre el pasado. Obrando así se estaría impregnando el estudio con los propios deseos.

Dicho esto, uno puede preguntarse si en verdad es posible leer el pasado sin intentar, aunque sea a corto plazo, hacer un pronóstico. Aún más,

58 AP, p. 232.

59 AP, p. 232.

60 AP, p. 233.

preguntarse si ese pronóstico no tiene algo de buenos deseos insertados furtivamente. Según Nédoncelle la fe (esta creencia en un despliegue lógico de la historia) es un elemento presente en la interpretación de los hechos. Pienso que Ricoeur lo ha dejado bastante claro al notar cómo, ante la narración incoada, uno no puede dejar de preguntarse qué sigue y esperar que lo que sigue tenga sentido respecto a lo anterior. Sin embargo, opina Nédoncelle, dicha creencia "debe dar forma a los materiales y no crear todas las piezas".[61] Mi conclusión en este punto es que si se aúnan la perspectiva de Ricoeur con la de Nédoncelle podría afirmarse congruentemente que la fe de la que habla Nédoncelle es una lógica o método apto para organizar el saber histórico en un discurso coherente. Creer que el devenir tiene sentido y por ello mismo que lo tiene el futuro, no significa adivinar el siguiente paso, pero sí significa "organizar lo que podemos saber".[62] Una cosa es tratar de encontrarle un significado a los acontecimientos y otra es "hacer surgir fantásticamente lo que no podremos saber jamás".[63]

Hacia el final del texto que venimos analizando, Nédoncelle retoma el tema del devenir colectivo. A su modo de ver, para el filósofo el devenir colectivo nos deja enajenados. Por más que estudiemos y tomemos conciencia del decurso de la humanidad, nada nos libra de tomar nuestras propias decisiones. La historia de la humanidad puede mostrar cuál es el marco en el que nos movemos, pero este marco sigue siendo impersonal. Nédoncelle insiste en su idea inicial al repetir que ni el Estado ni ninguna otra institución social pueden estar por encima de las personas, y mucho menos ser miradas como una persona. Las instituciones deben ser concebidas como piezas del mecanismo social, pero no son el alma de la sociedad. En todo caso, pudiera hablarse de un alma gregaria, pero ésta sería siempre ciega e inferior a las personas individuales. A su juicio, que yo comparto, las instituciones tienen un valor propedéutico respecto a la plena realización del individuo. "Pero las civilizaciones", a las que se puede comparar con el alhajero respecto a la alhaja depositada

61 AP, p. 233.

62 AP, p. 233.

63 AP, 233. Por cuanto se refiere a la idea de una fe o creencia en la labor del historiador Nédoncelle remite a Marrou, *De la connaissance historique*, París, Seuil, 1956.

en él, "son imágenes parciales, frágiles y todavía impuras de una comunidad razonable, cuya realización no está en este mundo, porque supondría el fin y la transfiguración del mundo".[64]

Naturalmente en estas líneas recién citadas se aprecian dos ideas sostenidas a diferente nivel. Por un lado, aparece la idea de una sociedad donde la reciprocidad de las conciencias sería plena. Tal comunión no pertenece a este mundo, o como dice Nédoncelle, si se diera aquí el mundo sería otro. Por lo demás, afirmar esta comunión plena no le parece a Nédoncelle demostrable a partir de los puros hechos, pero no deja de ser creíble. En todo caso, esta idea lo llevaría a consideraciones de un nivel más bien teológico. En cambio, manteniéndose a nivel de la discusión filosófica, la otra idea que aparece es su tesis central sostenida a lo largo de estas páginas, a saber, que las instituciones no son la encarnación de un espíritu general motor del devenir. La idea hegeliana de un motor de la historia concebido como espíritu absoluto encarnado y desplegado en las instituciones es rechazada por Maurice Nédoncelle. En última instancia, toda esta discusión se ha movido en torno al pensamiento de Hegel. Por eso es preciso detenerse un poco más en las ideas hegelianas sobre la historia a fin de valorar el contraste y novedad que supone la posición de Nédoncelle al respecto.

8.2. Hegel releído

Como se ha podido apreciar, el estudio de Nédoncelle sobre el devenir colectivo tiene por trasfondo el planteamiento hegeliano sobre la historia. En cierta manera, Nédoncelle está discutiendo con Hegel.[65] Con todo, el interés del decano honorario de Estrasburgo no es analizar detalladamente las tesis hegelianas, sino poner a prueba su propia tesis de la reciprocidad de las conciencias al confrontarla con las ideas de Hegel. Mi parecer aquí es que se comprende mejor la relación entre la filosofía de Nédoncelle —especialmente su pensamiento sobre el amor— y la filosofía de la historia, si se relee a Hegel

64 AP, p. 234.

65 Cfr. Labbé, "Une relecture de Maurice Nédoncelle. Une philosophie religieuse de l'intersubjectivité", pp. 161-162.

desde la perspectiva nedoncelliana. Con esto quiero decir que Nédoncelle tenía a la vista una lectura de Hegel, a saber, la del ya citado Jean Hyppolite, colega suyo en Estrasburgo, con quien mantuvo una larga amistad.[66] A partir de los estudios de Hyppolite elaboró una reflexión que le permitió poner en evidencia los méritos de su propia filosofía del amor en el contexto de la filosofía de la historia. Pienso que esto se podrá apreciar claramente si destacamos algunas ideas marcadas por Hyppolite en sus estudios sobre Hegel.

8.2.1. *Jean Hyppolite y la filosofía de la historia*

Según comienza observando Hyppolite,[67] Hegel hereda de Schelling el planteamiento según el cual la historia versa sobre la especie humana y no sobre los individuos considerados por separado. Dicho planteamiento responde a la visión que Schelling tiene de la naturaleza, a la cual considera como la realización concreta de un orden racional general. Ahora pues, tanto como la naturaleza —cada ser viviente— nace y muere por la acción de una racionalidad general, símilmente los individuos dotados de voluntad son la realización concreta de una idea general, a la que llama Absoluto. Hegel seguirá a Schelling en este punto. Así que en "las pasiones humanas, en las metas individuales que creen perseguir los hombres, sólo ve las fuerzas de la razón que por ese medio se realizan efectivamente. La historia es una teodicea",[68] expresión que pertenece a Schelling antes que a Hegel.

Con todo, a diferencia de Schelling, Hegel no parte de la naturaleza para delinear la filosofía de la historia, sino que parte de la vida del espíritu. "Desde sus primeros pasos el pensamiento hegeliano es un pensamiento sobre la historia humana, mientras que el de Schelling lo es sobre la naturaleza".[69]

66 Cfr. Carta de M. Nédoncelle a la viuda de Hyppolite (1968). Obra en el archivo de la Bibliothèque des Lettres d'Ulm [archives-bib-lshs VI/2/278], consultada por el autor.

67 Jean Hyppolite fue discípulo de Alexander Kojève (1902-1968), lo cual le dio ocasión de interesarse por el pensamiento de Hegel, al punto de hacer una aclamada traducción y un minucioso estudio de la *Fenomenología del Espíritu* (1939 y 1941) tanto como una monografía sobre la *Filosofía de la historia* (1944). Nédoncelle alude primordialmente a estas obras de Hyppolite al hablar de la visión sobre la historia de Hegel.

68 Hyppolite, *Genèse et structure*, p. 32.

69 *Ibid.*, p. 34.

Esta breve comparación con Schelling permite ver que el centro de interés de Hegel no es la naturaleza orgánica, sino la historia, y por historia entiende el espíritu. Para Hegel el espíritu es historia. Tesis idéntica a la que dice que el Absoluto es sujeto. Sin embargo, es preciso aclarar que la naturaleza no tiene historia. Nadie duda que haya vivientes singulares, pero en ellos la vida sólo se expresa como un universal abstracto.[70]

Es importante notar aquí el desinterés de Hegel por el organismo vivo concreto. Pretender mirar con atención, comenta Hyppolite, la vida de los individuos contingentes es adentrarse en la noche donde todos los gatos son pardos.[71] Por el contrario, tanto Nédoncelle, como Scheler, pondrán un especial interés en la vida orgánica de los individuos. Quizás esto ayuda a comprender por qué el análisis fenomenológico de las pasiones y otros sentimientos corporales, llevado a cabo por Nédoncelle, no deja de ser una especie de reacción a la laguna dejada por la filosofía de la historia hegeliana.

Como remarca Hyppolite, la obra escrita por Hegel es una fenomenología del espíritu y no de la naturaleza, pues lo que le interesa es la vida del espíritu y, como ya se dijo, el espíritu es historia. Ahora bien, la historia de la que estamos hablando no es la historia del mundo. Eso explica que, en su recorrido de los momentos de la historia, que van desde la Ciudad Antigua hasta la Revolución francesa, pase por alto épocas bien conocidas, para concentrarse sólo en el desarrollo del espíritu. Dichas lagunas sólo se explican desde la perspectiva más general de la filosofía de la historia que Hegel preconiza. En efecto, Hegel renuncia, en el conjunto de su presentación, a describir "el destino de los individuos en su dolor y en su gozo",[72] pues sólo le interesa la eclosión de la Idea manifestada en los acontecimientos generales.

En su introducción a la filosofía de la historia de Hegel, Jean Hyppolite remarca que para Hegel lo importante es descubrir el espíritu de una religión o de un pueblo. En efecto, la tarea que Hegel se ha impuesto es la de estudiar la historia del espíritu entendido como "realidad supra-individual";[73] lo

70 Cfr. *Ibid.*, p. 35.

71 Cfr. *Ibid.*

72 Jean Hyppolite, *Introduction à la philosophie de l'histoire de Hegel*, París, Seuil, 1983, p. 238.

73 *Ibid.*, p. 16.

cual explica el desinterés ya mencionado por el individuo. "Para Hegel el individuo, en sí mismo, no es más que una abstracción. Por ello, la verdadera unidad orgánica, el universal concreto, es para él, el pueblo".[74]

Si a esto se le agregan las observaciones de Franz Gregoire (1898-1977), a las que alude Nédoncelle, aparece un cuadro donde el Estado (y la familia) son "fines últimos" respecto al individuo, donde además el Estado es calificado de "divino" (*Göttlich*), probablemente en el sentido aristotélico.[75] Siendo esto así uno comprende el papel subordinado que Hegel atribuye al individuo respecto al Estado. Más aún ese Estado es el lugar del Espíritu el cual "toma conciencia de sí en y por los individuos, no ante ellos";[76] de modo que uno puede notar una cierta disolución del sujeto en un Sujeto más grande, dejando abiertas muchas interrogantes sobre el destino del individuo. Problema, por cierto, que tuvieron que encarar los anglohegelianos como Bosanquet.

Ahora bien, volviendo a Hyppolite, no debe decirse que Hegel no se ocupa del individuo concreto, pues de hecho lo hace cuando habla del destino. Mas justamente en ese contexto se pone de relieve el lugar subordinado del sujeto individual. Al hablar del destino, Hegel se refiere tanto al destino general del mundo como a los destinos particulares. Cuando se refiere al destino individual, sin embargo, se mueve en dos planos diversos. Por un lado, el hombre concreto que experimenta en sí mismo una pasión de la vida, la cual es movimiento, pero que no tiene una dirección o destino precisos. Por otro, está el destino del pueblo propiamente dicho, que se presenta ante el sujeto como su verdadero destino. Así que al hombre se le pone ante la tarea de reconciliar sus ímpetus con el destino de su pueblo. Esta reconciliación la puede llevar a cabo por el amor, "un *amor fati*, que es al mismo tiempo 'morir y nacer' donde el hombre encontrará la más alta reconciliación de sí mismo con el destino general, con la historia del mundo".[77]

En este contexto hegeliano aparece de nuevo el tema del amor con el que ya nos habíamos encontrado al mencionar el estudio de Axel Honneth

---

74 *Ibid.*, p. 19.

75 Franz Gregoire, Ètudes hégéliennes: les points capitaux du système, Louvain, PUL, 1958, p. 236.

76 *Ibid.*, p. 105.

77 Hyppolite, *Introduction à la philosophie de l'histoire de Hegel*, p. 52.

(cfr. Introducción). Ahora, Hyppolite recuerda cómo para Hegel el amor no puede ser tan dilatado porque terminaría perdiendo toda su profundidad. Por lo cual Hegel no ve otra explicación posible que la de aterrizar el amor en una medida suficientemente amplia, pero no tanto como para disolverlo. Esa medida será el pueblo. A diferencia de los racionalistas que hacen de la humanidad el gran objeto del amor individual, Hegel considera que la única unidad asible por el amor es el pueblo.[78]

El contraste con el pensamiento de Nédoncelle es inmediato, pues él considera esencial en el amor la relación yo-tú. Sin embargo, tampoco aquí es ajeno Nédoncelle a la perspectiva general que está tan presente en Hegel. Sólo que esa perspectiva es el Absoluto entendido como Dios, y no el pueblo. La gran diferencia está en que Nédoncelle admite la relación con Dios como una relación de dos personas; mientras que en Hegel no hay tal.

Otro punto de interés en todo esto se encuentra en la oposición de Nédoncelle a la prioridad hegeliana del espíritu del pueblo como sujeto del devenir histórico. Como se vio, Nédoncelle piensa que Hegel se equivoca al colocar todo el motor del devenir histórico en el espíritu del pueblo; ignorando así los jalones que dan los individuos concretos al devenir. Así y con todo, el estudio de Hyppolite ayuda a matizar mejor las cosas.

En efecto, Hegel sí cree que hay figuras históricas concretas que moldean la historia. El espíritu de un hombre como César o Napoleón modela su tiempo. Hegel piensa que, lo que sucede en ellos, es que el espíritu general del pueblo se les revela como su destino particular y ellos lo realizan. Sin embargo, ese destino particular, en cuanto particular, no es otra cosa que una concreción del destino en general, y por ende está llamado a desaparecer. Dicho con otras palabras, los trazos más particulares de los genios históricos, no son sino residuos que deben desaparecer, para dar lugar a nuevas figuras que tomen su lugar. Los ejemplos de Abraham y de Cristo puestos por Hegel son suficientes para entender estas afirmaciones.[79] De suerte que, para Hegel, el único sujeto donde realmente se encarna el espíritu es en los pueblos. Un pueblo

78 Cfr. *Ibid.*, p. 53.

79 Cfr. *Ibid.*, pp. 54-62.

es "una totalidad donde el espíritu se inscribe bajo una figura particular, tanto como una obra de arte puede llevar en sí el infinito bajo las especies de una realización limitada".[80]

Nédoncelle no parece compartir este punto de vista. Con todo, me parece importante notar sobre esto que hay un nexo más fuerte de lo que pudiera parecer a primera vista entre el problema del amor como relación interpersonal y el problema del destino planteado por la filosofía de la historia. Paulatinamente se va mostrando cómo en la filosofía del amor de Nédoncelle hay un problema heredado de la filosofía de la historia hegeliana. Si ahora pasamos a la reseña que hizo Nédoncelle al texto de Hyppolite nos encontraremos con afirmaciones valiosas que permiten comprender todavía más el punto donde se inserta la tesis del amor nedoncelliana en el conjunto de la reflexión sobre la historia presentada por el Hegel de Hyppolite.

8.2.2. *Una reseña*

Tras la publicación en 1946 de la obra de Hyppolite, *Genèse et Structure de la "Phenomenologie de l'Esprit" de Hegel*, Maurice Nédoncelle elogió el trabajo exhaustivo del autor cuyos méritos, puede decirse, no se han agotado. De entrada, acentúa la importancia de Hegel para la filosofía de la historia, de modo que pudiera considerársele el *padre de la moderna filosofía de la historia*. En efecto, debemos a Hegel el que, al menos en Europa, se haya acreditado la idea de "una evolución del espíritu, mucho más de cuanto lo habían hecho Lessing o Vico".[81] Además el estudio reseñado ha puesto de relieve las diferencias entre Hegel y Fichte. Para este último, el orden moral del mundo *debe* ser, pero no inexorablemente; mientras que para Hegel la realización del Espíritu, incluso contando con la libertad de cada individuo, se cumple de forma indefectible. Igualmente, como ya se vio, hay diferencias con Schelling, para quien el Absoluto es condición de la historia, pero está por encima de la historia; mientras que Hegel inserta su absoluto en el mundo y se niega a encasillarlo en el fluir de la naturaleza, pues para él el espíritu tiene su propia

80 *Ibid.*, p. 54.

81 Maurice Nédoncelle, reseña de "Jean Hyppolite, *Genèse et structure de la 'Phenomenologie de l'Esprit' de Hegel* (París, Aubier, 1946)", en *Revue des Sciences Religieuses* 21, núm. 3 (1947): 274.

vida. “La verdadera historia es la del Absoluto. Por consiguiente, radica en la humanidad y no en la naturaleza infrahumana”.[82]

El despliegue del Absoluto es concebido por Hegel como el discurrir de un pensamiento ordenado. Lo cual se sostiene porque el mismo autor identifica lo real con lo racional. Así que la lógica es la marca de autenticidad del despliegue de la historia. Una lógica, sin embargo, que es trágica, pues incluye en sí las negaciones, a semejanza de un largo silogismo donde hay afirmaciones y negaciones. Por ello la historia de la humanidad, eso que sucede a lo largo de los siglos, es el despliegue racional de este Espíritu, que se afirma y se niega, hasta afirmarse definitivamente, por la negación de la negación. En todo caso, Hegel imagina este proceso como un devenir dialéctico y necesario cuyo fin es la plena autoconciencia del Espíritu, en y a través del mundo. Cuando dicha autoconciencia sea plena podría afirmarse el fin de la historia y la divinización del mundo. “Los ardides de la razón, su paciencia y sus violencias conforman la belleza de Dios y la divinización del mundo —anota Nédoncelle y enseguida se pregunta—, ¿pero a qué precio para los individuos, los cuales son horadados por su influjo a lo largo de los siglos?”[83]

Es admirable la anchura dada por Hegel a su explicación, pues pretende desglosar absolutamente todo el devenir de la humanidad. El esquema dialéctico representado en su *Fenomenología del espíritu* aterriza en los hechos concretos, describiendo los acontecimientos de la historia humana a la luz de la historia del espíritu. Opinando al respecto Nédoncelle que ha dejado estos renglones expresivos del asombro ante la empresa acometida por Hegel. “En la penumbra donde Hegel envuelve al individuo y a la sociedad, el pasado y el presente de las almas y de los pueblos, al ritmo de una lógica monstruosamente animada, ¿cuántos desapacibles relámpagos no arroja sobre el drama de la vida psicológica y sobre el de las civilizaciones?”[84]

Jean Hyppolite tras el largo estudio reseñado llega a la conclusión de que la *Fenomenología* de Hegel es más que unos sucintos apuntes del autor

82 *Ibid.*

83 *Ibid.*

84 *Ibid.*, p. 275.

sobre la historia de la humanidad. Tampoco es una crónica de la historia espiritual de la humanidad, lo cual ya sería una lectura interesante. Más que esto, la obra de Hegel es la "identificación de los momentos del espíritu (conciencia, conciencia de sí, razón) cuya organización dialéctica coincide con la sucesión cronológica, al menos desde el estoicismo hasta la Revolución francesa".[85] Si por otro lado Hegel elaboró una filosofía de la historia fue para mostrar el vínculo entre la historia de los hombres y la fenomenología, o lo que es lo mismo, la manifestación del Espíritu en los espíritus.

Teniendo a la vista esta descripción del pensamiento de Hegel explicado en la obra de Hyppolite, Maurice Nédoncelle aprovechó la ocasión para examinar algunas afirmaciones. Por un lado, aprecia el interés de Hegel por analizar el devenir del hombre, más valioso que el análisis de la naturaleza hecho por Schelling. También destaca el haber concebido al espíritu como un sujeto, pero le reprocha haber concebido al espíritu exclusivamente como reflexión. Finalmente considera que el planteamiento hegeliano nos coloca frente a dos tareas. De una parte, dar cuenta de las relaciones intersubjetivas y por otra de las relaciones teándricas. En ambos casos la *Fenomenología* "ofrece una curiosa mezcla de profundidad y de arbitrariedad".[86]

Aquí no interesan directamente los problemas en torno a las relaciones teándricas, sobre las cuales Hyppolite se limita, con objetividad, a decir que Hegel no reduce Dios al hombre; si bien tiende a reducir la trascendencia vertical a la horizontal. En todo caso el asunto tiene su interés por cuanto, en efecto, el despliegue del espíritu se realiza en esa horizontalidad que es el mundo. Como ya se vio en el capítulo sobre la filosofía de la historia, las interpretaciones a las que este planteamiento dio lugar han sido variadas e incluso antagónicas.

Por cuanto se refiere a las relaciones intersubjetivas la opinión de Nédoncelle pone ante nuestros ojos el centro de la tesis que aquí estoy desarrollando. En efecto, al indagar en la dinámica de las relaciones intersubjetivas, Hegel ha quedado "hipnotizado por las relaciones sociales del amo y el

85 *Ibid.*

86 *Ibid.*

esclavo";[87] ante lo cual Nédoncelle expresa su desacuerdo afirmando que la relación que debería haberse analizado no es la de "la lucha entre las conciencias de sí para hacerse reconocer",[88] sino la del amor. He aquí el punto discutido entre el planteamiento de filosofía de la historia hegeliano y el pensamiento de Maurice Nédoncelle. Sin restar méritos a la *Fenomenología*, el decano Nédoncelle le reprocha haber aherrojado las relaciones interpersonales en la lucha por el reconocimiento, colocando así la realización del orden personal afuera, en la realización de la nación. Bastaría oponerle a los abogados de la interioridad, comenzando por Kierkegaard, para resaltar los límites de la postura hegeliana. Nédoncelle, además, considera que una cosa es segura: Hegel abandonó demasiado rápido el campo de la psicología, dejando para la posteridad una huella perdurable en autores como Nietzsche y Jaspers, para quienes las "conciencias no se relacionan sino luchando y donde el amor mismo es un doble combate".[89]

Nédoncelle opinará que las relaciones de amistad, por ejemplo, "son mucho más fecundas que las del amo y el esclavo".[90] Al haberlas pasado por alto tan rápidamente, pero sobre todo, al haber descuidado un análisis psicológico de mayor envergadura, Hegel habría errado en su explicación sobre el devenir. En este sentido a Nédoncelle le parece que Feuerbach, en su libro sobre la esencia del cristianismo, fue más atinado al analizar las relaciones yo-tú. Por otro lado, me parece que la tesis nedoncelliana que coloca en el amor el quicio de las relaciones interpersonales y lo propone como explicación del devenir histórico, va encontrando eco en autores contemporáneos. Desde luego es el caso de los personalistas, aunque también otros autores se mueven en la misma dirección.[91] Por eso en el siguiente capítulo me propongo hacer patente la relación entre la reflexión sobre la historia y la correspondiente reflexión sobre el amor.

87 *Ibid.*

88 Hyppolite, *Genèse et structure*, p. 158.

89 Nédoncelle, reseña de "Jean Hyppolite, *Genèse et structure de la 'Phenomenologie de l'Esprit' de Hegel* (París, Aubier, 1946)", p. 275.

90 AP, p. 226.

91 Cfr. Ferry, *Sobre el amor*.

8.3. La díada criticada

A partir del conjunto de las ideas recién estudiadas quizás conviene tener una visión general a fin de mostrar el alcance y límites del pensamiento de Nédoncelle. El artículo en cuestión sobre la indigencia espiritual del devenir colectivo subraya un punto central de la tesis de Nédoncelle sobre la reciprocidad, esto es, la reciprocidad de las conciencias en forma de díada. Pues, más allá del monólogo o del diálogo, comenzaría el ruido de la muchedumbre.[92] El decano Nédoncelle ha dicho claramente que la reciprocidad amante se fortalece y crece a través de las instituciones y los símbolos, pero "se empeña constantemente en minimizar, por no decir descalificar, las manifestaciones colectivas".[93] Nédoncelle, pues, critica directamente a Hegel y considera que hablar de un espíritu objetivo es una contradicción. Las consecuencias de una postura semejante se manifestarían en la moral y la política. Para un personalista como él es claro que la moral debe ocuparse y estar centrada en la persona, mientras que la política haría bien en no fiarse demasiado de la vida de la colectividad. Seguramente uno comprende que buena parte de las disquisiciones filosóficas sobre la historia versan sobre los proyectos de la humanidad y sus intentos por construir una sociedad mejor en todos los aspectos. La misma expresión "futuro mejor" usada por muchos deja ver que se concibe el tiempo presente como la plataforma para un futuro donde lo que no gusta ahora pueda quitarse y lo que falta obtenerse a largo plazo. En efecto, uno pudiera decir que las filosofías de la historia también se concentran en proponer un modelo de sociedad para el futuro considerado como colofón del proceso.

El caso es que en tales proyectos la mirada es amplia y pretende abarcar a la colectividad en su conjunto. Ha sido esta especie de solución para todos lo que Nédoncelle ha criticado. Si Hegel ha puesto la mirada en el sujeto colectivo, Nédoncelle la ha puesto en la díada. ¿Quiere esto decir que Nédoncelle excluye la posibilidad de establecer una comunidad al punto de que sea ella la protagonista del devenir temporal? De entrada, puede responderse atendiendo a

92 Cfr. Labbé, "Une relecture de Maurice Nédoncelle. Une philosophie religieuse de l'intersubjectivité", p. 179.

93 *Ibid.*, p. 161.

cuanto escribe en su libro sobre la reciprocidad: "La díada es la única forma directa de reciprocidad que es dada a la experiencia".[94] Así que ciertamente no parece admitir una comunión de muchas conciencias a favor de una meta común. De hecho recoge, pero criticándola, la tesis de los sociólogos Alfred Vierkandt y Léopold von Wiese. Ambos sostendrían que la díada tiene un carácter social e igualmente ambos —critica Nédoncelle— subordinan la psicología a la sociología. Por su parte Theodor Litt opinaba que la reciprocidad sólo se alcanza adecuadamente cuando se incorpora una tercera persona, de modo que el destino espiritual de la persona está ligado a su inserción en la sociedad.[95] De igual manera, esta posición no es compartida por Nédoncelle, quien dirá lapidariamente: "Más allá de la amistad comienza la muchedumbre".[96] Evidentemente esto significa que darle un destino a la colectividad como tal es imposible, pues no habría manera de que muchos unieran sus conciencias en un proyecto común. De algún modo, en cambio, las filosofías inspiradas en Hegel habrían hecho de la toma de conciencia común, el punto de partida para poner en marcha un proyecto común el cual, a su vez, estaría sustentado por una idea común la cual habría sido captada precisamente por sus promotores. En ese caso, la historia sería tal cual la historia del éxito de esa idea. El fin de la historia no sería otro que el corolario de una "historia mental".[97]

Se podría argüir que aun y cuando no hubiera comunión entre todas las conciencias, sin embargo, un destino común sería posible desde el momento en que todas las personas comparten la misma naturaleza. En ese caso, sin embargo, se tendría que hablar más bien de un destino de la naturaleza, pero no necesariamente de las personas. Además, ¿cómo hablar verdaderamente de un destino común para quien desconoce que ya ha llegado a puerto? ¿Acaso ser arrastrado por la muchedumbre equivale a compartir el sentido del viaje y de su término? Tal vez estas preguntas sean suficientes para ver cómo la tesis de una meta común, aunque sirve para ofrecer una explicación sobre el sentido

94 RC, §18.

95 Cfr. Theodor Litt, "Gemeinshaft", en *Handwörterbuch der Soziologie*, Alfred Vierkandt (ed.), Stuttgart, Ferdinand Enke, 1931, pp. 174-177. Citado en RC, §18.

96 RC, §18.

97 RC, §240.

de la historia, sin embargo, plantea un problema igual de complejo, o sea, el de la comunión de todas las conciencias en una conciencia común.

Si bien haría falta esclarecer los términos de lo que podría ser una conciencia común general y universal, esto es, que abarca todas las conciencias y las acomuna en una idea; sin embargo, para efectos de lo que se está discutiendo, basta decir que Nédoncelle no cree que se pueda tener verdadera comunión de conciencias más allá de la díada. O, mejor dicho, no cree que esto exista en sentido pleno. Con todo es preciso citar sus propias palabras a fin de evitar equívocos:

> No tenemos, sin duda, razón alguna para creer que la conciencia comunal sólo existe en dos dimensiones, pues muchos indicios nos llevan a pensar lo contrario. En un sentido Dios reúne en una inmensa unidad todas las conciencias que él ama. El sueño de una ciudad eterna es el de un conjunto de conciencias en el que las relaciones innumerables forman una solidaridad viviente, un Cuerpo místico. Pero ningún ejemplo debido a la experiencia de este mundo nos muestra la realización de este sueño por el poder espontáneo del ser humano. Cada uno de nosotros puede entrar en la composición de un cierto número de díadas simultáneas o sucesivas; sin embargo, la reciprocidad de dos conciencias es ya tan frágil en sus mejores momentos que sería utópico creer en unidades de índice superior a la díada.[98]

Nédoncelle no estaría negando que varias personas puedan coincidir en las mismas ideas. Efectivamente la ciencia puede estar presente en muchas mentes sin ser empobrecida. Quienes comparten el mismo saber se ven a sí mismos participando en una cierta comunidad. Mas esto no es una reciprocidad plena de las conciencias. Por otro lado, me parece relevante notar que no hay idea científica que le revele al hombre el significado del tiempo. De hecho, no puedo decir que el saber científico sea ya la revelación del sentido de mi propia existencia. En este plano, compartir los mismos conocimientos

98 RC, §18.

no es compartir el mismo proyecto. Incluso en el caso de un saber sobre la historia, a la conciencia histórica habría que agregar la explicación de una intencionalidad, para enseguida acoger esa intención como destino personal. Pero por más que se quiera, no es la idea en general la que despierta en mí el querer de un mismo destino, sino la interpelación personal que está detrás de esa idea. Esa idea no existe si no ha sido engendrada por alguien de modo que, a fin de cuentas, por la idea se establece una reciprocidad que dista mucho de ser una participación de muchos en la misma idea, para ser realmente la respuesta personal de un llamado. Dicho en otros términos, hay una diferencia entre participación, asimilación y comunión.[99] La comunión, Nédoncelle la reserva para la díada, pues sólo ahí la persona es modificada en su identidad, al punto que el impacto de una conciencia (o de sus ideas) marca el rumbo de la propia historia personal.[100]

Para Hegel y para quienes en él se inspiran, la toma de conciencia de un espíritu absoluto daría sentido a las vidas de los individuos. Pero hace falta decir que en realidad uno de lo que ha tomado conciencia es de las ideas de Hegel: él ha pensado y él ha comunicado sus ideas.

Entiéndase pues que la indigencia espiritual del devenir colectivo es, a ojos de Nédoncelle, una crítica a la idea de una conciencia hipostasiada. Cuanto está detrás de su reproche es el rechazo a la conciencia impersonal. Por ello, tampoco puede admitir que ella fuese el sujeto del devenir histórico. Todavía más, en el pensamiento hegeliano se da por supuesta una finalidad en el despliegue del espíritu; sin embargo, la idea misma de una finalidad total es difícil de asir cuando lo único que se tiene a la vista es la experiencia del *homo faber.* "Es la finalidad instrumental: el presente es puesto con vistas al futuro, y ese futuro es una imagen prevista o previsible. Cuando se alcanza el cumplimiento del objetivo ya no hay fin: se trabaja, pues, para olvidar el fin, que se elimina por sí mismo con éxito de los medios", y si bien esto es lo que vemos cuando nos proponemos una obra, es pueril "discernir intenciones de

99 Cfr. RC, §20.

100 "En lugar de ser un encuentro en un concepto o, con mayor razón, una invasión de dominios, la comunión es la penetración de dos actos que crecen cada uno en su carácter original por la coincidencia de su intencionalidad", RC, §30.

este género en el mundo".[101] En último término Nédoncelle está poniendo a revisión la idea de una finalidad como consecución material de un término.

Por supuesto que Hegel no identificaría la finalidad como el punto de llegada de una construcción material, pues él habla de una auténtica obra del espíritu. Así y con todo, es extraño imaginar al espíritu absoluto usando a las personas para su propio fin, como se usan los instrumentos para obtener un resultado, sin que se estuviera quitando a los individuos su libertad y su iniciativa. De ser esto así, uno tendría al espíritu trabajando con los hombres tanto como el hombre trabaja con la materia, y así como la resistencia de la materia al ser transformada hace que se requiera tiempo para obtener el resultado, así el espíritu encontraría resistencia en la humanidad para alcanzar su fin, viéndose forzado a desplegarse temporalmente. El único modo en que Nédoncelle ve posible salvar esta idea tan burda es concibiendo las relaciones del espíritu con la humanidad a la manera en que son de hecho las relaciones interpersonales, donde "la verdadera finalidad y la verdadera causalidad son perfectamente personales", y sólo "metafóricamente se las aplica a lo infrahumano".[102] Como se ve, lo que le resulta inconcebible a Nédoncelle es que Hegel haya postulado un espíritu absoluto que no sea persona. Sólo si lo es —en cuyo caso tendría que ser Dios— se puede admitir que sea la causa del proceso, pues su causalidad no instrumentalizaría a los individuos.[103]

Llegados a este punto se puede tener una visión de conjunto de los problemas a los que da pie la lectura del pensamiento de Nédoncelle desde la óptica de una filosofía de la historia. He aquí los que me parecen principales:

1o. Pone a la vista el problema de la finalidad. El mismo concepto de fin nos parece tan obvio, pues hacemos tantas cosas por un fin, que es casi automático preguntarnos si todo en general tendrá un fin. De ahí que muchos problemas de filosofía de la historia son reconducidos a la cuestión de la causa final. Todo considerado, Nédoncelle nos ha llevado a pensar que si queremos conocer de verdad la trama histórica no podemos sino fijarnos en

101 RC, §239.

102 RC, §239.

103 "Lo que Dios quiere son las personalidades, y las quiere en un sentido definido que es el de la caridad. Todo lo demás no deja de ser un troceamiento ilegítimo que queda fuera de la causalidad eterna", RC, §241.

la causalidad que ejercen unas personas sobre otras. Quien quiera dilucidar muchos problemas del acontecer histórico, no tendrá más remedio que esclarecer el significado de una causalidad intersubjetiva.

2o. Tenemos un problema en torno a la relación entre naturaleza y persona. Si bien hablamos de naturaleza, podríamos estar hablando de cualesquiera fuerzas impersonales, sean biológicas o psicológicas. En todo caso se da una relación extraña entre el fluir autónomo de los elementos que me rodean y la experiencia de tener que decidir sobre mi propio destino. De un lado la naturaleza imaginada como una corriente de vida encaminada —consciente o inconscientemente— a su propia meta, mientras que del otro está la persona navegando o nadando (por encima o inmersa) en la corriente, ya sea traumática que armónicamente. En todo caso, el tiempo es necesario para que la vida alcance su meta y el hombre se ve condicionado por esa carrera. O bien, puede imaginarse al revés: la naturaleza no tiene ninguna dirección (simplemente se repite a sí misma) y el hombre la conduce, usándola, a sus propios fines. Estos fines, sin embargo, son justamente los que el hombre mismo intenta descubrir. ¿Tendrá razón Nédoncelle al decir que por fatiga o por pereza, el hombre prefiere descargar la fijación de los fines sobre la naturaleza o algún sucedáneo, consolándose con la idea de que éste es superior, cuando en realidad sólo tiene aires de superioridad?

3o. Se nos plantea la intelección del devenir. Aquí nos las vemos más bien con las ideas —conceptos e interpretaciones— sobre los avatares históricos. Al respecto ha parecido ineludible tratar cuestiones que podemos llamar de teoría de la historia: ¿cómo es nuestro conocimiento de la historia?, ¿cuál es el método adecuado para estudiarla? y, sobre todo, ¿para qué estudiar filosóficamente la historia?

No pretendo, desde luego, haber abarcado todos los problemas posibles y mucho menos pretendo responder cabalmente a todos ellos. Sin embargo, en el siguiente capítulo, ensayaré responder filosóficamente a los asuntos que la historia en su historicidad nos plantea.

Capítulo 9

Pensar filosóficamente la historia

Es insoslayable preguntarse por los orígenes. Preguntar de dónde viene todo es propio de la razón. También lo es preguntar con qué sentido o para qué hay todo lo que hay. Esta pregunta es lo mismo que preguntar con qué intención existe cuanto existe. Sólo es posible preguntar de esta forma a partir de la experiencia de la concatenación; o sea, se ha percibido que unos pasos preparan y posibilitan los siguientes, llevándonos a postular que cada acción de algún modo es preparación para la siguiente. Y así uno supone que el hecho actual ha sido preparado por el anterior. "La aparición de unos hechos está determinada por otros hechos".[1] A la vez, el hecho actual es imaginado como preparación para el siguiente. Sea o no que se prevea un punto final de esta cadena, lo cierto es que esta ilación lleva tiempo. Entonces uno se pregunta ¿por qué lleva tiempo?, o bien, se atesta que toma tiempo. La pregunta o su afirmación ponen a la vista la temporalidad. O visto de otra manera, nos descubren que la total simultaneidad nos ha sido negada.

La temporalidad es una condición constitutiva de los seres. No puedo salir del tiempo.[2] Estar totalmente deslindado del tiempo es la Eternidad. Pero yo no soy eterno. Ser temporal es una condición básica o primordial. Así se justifica la inquisición filosófica sobre la historia. Pues preguntar lo primordial es

---

1 RC, §76.

2 Parece una convicción compartida por el poeta: "El tiempo es la substancia de que estoy hecho. El tiempo es un río que me arrebata, pero yo soy el río...", Jorge Luis Borges, "Nueva refutación del tiempo", en *Otras inquisiciones*, Madrid, Alianza, 1989, p. 187.

tarea filosófica. No se pregunta sólo sobre el ente sino sobre el *deviniente* (el ente que está deviniendo). Pregunta, por cierto, que está en los orígenes del filosofar tanto de Heráclito como de Parménides. El asombro inicial del filósofo por el ser es también asombro por la temporalidad. "La largura de la historia del mundo no pone problemas nuevos. El problema —dirá Nédoncelle— es que haya una historia".[3]

La temporalidad es un dato de la sensibilidad, pero también forma parte de nuestros procesos de razonamiento. En efecto, la constatación del movimiento físico conlleva la percepción de la temporalidad. Además, es fácil advertir que entre la causa y el efecto hay pasos intermedios, de modo que se da un proceso que lleva tiempo hasta producirse el resultado. Esta simple observación es también lo que permite prever y programar nuestras actividades. Contamos con que una acción ahora será causa de un efecto que llegará después. Con todo, la causalidad física es el ejemplo más burdo de la previsión. Incluso los animales alcanzan este grado de previsión. De mayor relieve es la causalidad intersubjetiva. Mas también en ella se observa el mismo fenómeno del despliegue temporal.

Preguntarse por el sentido del tiempo sólo es posible desde la temporalidad. Si por hipótesis un ser afuera del tiempo considerara el despliegue temporal de los seres temporales, de suerte que se viera obligado a esperar su devenir para ver el desenlace, ese tal ser *ipso facto* no estaría fuera del tiempo. Así que si por un lado la verdadera atemporalidad, mejor llamada eternidad, no guarda relación temporal alguna con los seres temporales; por otro lado, el ser temporal sólo puede inquirir sobre la temporalidad porque está inmerso en ella. Con que preguntarme por el tiempo es preguntarme por mi propia condición.

Ahora bien, pienso que ha sido importante destacar cómo en el origen de toda reflexión, según el planteamiento de Nédoncelle con el cual coincido, está la experiencia de mi propia condición corporal. A tenor del itinerario descrito por Nédoncelle en su obra sobre la reciprocidad, aparece la conciencia, la cual, sin embargo, no es conciencia aislada (un *cogito* solitario), sino una

3 RC, §99.

reciprocidad de conciencias. Por otro lado, además, en el origen del *cogito* están las percepciones cenestésicas, las cuales, indudablemente llevarán a considerar la consistencia temporal de las cosas. Probablemente esto sea lo mismo que decía Kant al señalar las condiciones *a priori* de la sensibilidad; pero a mí me interesa ir notando que el resultado de la reflexión no se detiene en los objetos sino en el sujeto que yo soy. Comoquiera, pues, que en el origen de la reflexión están los objetos sensibles, y ciertamente ese objeto que es mi propio cuerpo, entonces también me aparece mi propia temporalidad. Pero, asimismo, si por hipótesis quitáramos los objetos sensibles, el mismo discurrir de la reflexión revelaría la temporalidad. En pocas palabras, la conciencia es consciente de estar desplegando un pensamiento: no es ciencia infusa (entendida como conocimiento inmediato y no discursivo). Así que en última instancia la reflexión misma sobre el pensar conducirá a preguntarse por el significado del despliegue temporal del pensamiento mismo. La conclusión, entonces, a la que deseo llegar con estas primeras afirmaciones es que, para quien filosofa, la pregunta por el sentido del tiempo no se puede evitar, so pena de ignorar la consistencia misma del pensar filosófico.

Aunque Nédoncelle sabe de las consideraciones sobre la temporalidad en razón de la propia condición sensible, sin embargo, su camino para abordar las cuestiones sobre el tiempo y la historia ha sido otro. A mi modo de ver, en efecto, las disquisiciones sobre el tiempo repartidas en el conjunto de la obra de Nédoncelle estudiadas en los capítulos precedentes son susceptibles de la siguiente interpretación: Maurice Nédoncelle al acercarse al pensamiento de Léon Brunschvicg y al de los anglohegelianos, especialmente al de Bosanquet, se vio en la tesitura de explorar el problema de la temporalidad. Ahora bien, estos pensadores estimaron que ciertamente la cuestión del tiempo no podía ser considerada desde fuera —desde una imposible e hipotética atemporalidad—, sino que por fuerza ha de ser meditada como pregunta por la propia condición temporal. "En efecto, escribía Brunschvicg, si el problema del tiempo se le plantea al hombre, es porque él es, a cada instante de la serie temporal, parte del problema".[4] En este orden de preocupaciones, sin embargo, el yo que

4 Léon Brunschvicg, *Les étapes de la philosophie mathematique*, París, Félix Alcan, 1912, 415; citado por Deschoux, *La philosophie de Léon Brunschvicg*, p. 131.

se pregunta por el tiempo sigue siendo el *cogito* cartesiano, aislado y solipsista por definición. No es de extrañar, entonces, que el problema del sentido del tiempo estuviera concentrado, como se trasluce en la obra de Bosanquet, en el valor y destinación de la conciencia individual. Así que una primera solución al problema del tiempo se encuentra en las consideraciones sobre el sentido de la existencia del sujeto. Al menos en los anglohegelianos, dicho sentido se resuelve en la realización del absoluto.

Ahora bien, pienso que una de las novedades del pensamiento de Nédoncelle es plantear el problema del tiempo en términos intersubjetivos. Esto significa que no percibo mi temporalidad aisladamente, sino desde el principio percibo nuestra temporalidad. La pregunta por el destino es desde el principio la pregunta por nuestro destino. Sólo así se explica que surja, casi como consecuencia lógica, una consideración general del devenir que abarque la totalidad de las relaciones interpersonales. De lo contrario, esto es, si el punto de partida es el yo solitario, las explicaciones sobre la historia se conciben como el choque más o menos afortunado de partículas cerradas y autónomas. Me parece que, precisamente para no caer en esta visión de una historia azarosa, Leibniz buscaba y pretendía encontrar en el *vinculum* una explicación satisfactoria que diera razón del devenir armónico y orquestado de todas las conciencias. Aunado a lo anterior las observaciones de Bergson permitieron a Nédoncelle mostrar la coherencia de un tiempo común, el cual no necesita de una conexión artificial, sino que se deduce de la relación entre las conciencias.

Otra explicación que campea en el horizonte es la de Hegel, para quien tampoco es concebible un caminar errático de piezas amontonadas, de modo que las organiza todas desde fuera con la potencia de un Espíritu conductor. Pero, al final, la coincidencia en la misma meta de cada uno de los individuos es eso, una mera coincidencia. O al menos uno se lleva la impresión de que Hegel ha hecho del Espíritu Absoluto la conciencia de todas las conciencias, de suerte que, independientemente de la conciencia subjetiva de la propia temporalidad, el tiempo es el mismo para todos. Así visto, empero, no resulta claro cómo puedan darse experiencias divergentes sobre el significado del tiempo, dado que sería el mismo y único espíritu el que las coordina todas.

Desde luego que a Hegel no se le ha escapado el mecanismo dialéctico que atraviesa todo el devenir. Sin embargo, ha hecho de esa dialéctica un recurso explicativo quizás demasiado fácil para justificar las tragedias y el derramamiento de sangre de tantos individuos. Este será uno de los problemas dejados por Hegel para ser retomados un par de siglos después.

Efectivamente, creo que uno no se equivoca si, al leer la *Reciprocidad de las conciencias*, percibe el eco de los problemas hegelianos, especialmente cuando el autor se las ve con el problema del mal, que a sus ojos aparece como una ausencia de armonía.[5] "Para salir del atolladero —dice Nédoncelle— se podría pensar en seguir a Hegel";[6] pero como ya se ha visto, no fue el camino seguido por nuestro autor. La solución hegeliana le parece, a semejanza de la de todos los deístas, un recurso elusivo que adelanta las respuestas a partir de unos datos, para nada evidentes. En efecto, es tentador atribuir a un Dios, causa de la existencia de los seres materiales, la previsión de un plan o proyecto para la humanidad. Con todo, las pruebas a favor de un Dios así concebido parecen conducirnos "hacia una pendiente peligrosa, hacia la dialéctica y llevarnos al dios de la imaginación natural, situado *más allá* de la última estrella".[7]

En el fondo se estaría dando por sentado que existe un designio o plan para todo lo que existe y que al inspeccionarlo todo no es difícil deducir la existencia del diseñador. Mas las observaciones recogidas en los capítulos anteriores dejan ver que una argumentación del estilo, a partir del análisis de la naturaleza, se saltaría a conclusiones que difícilmente se deducen de allí.

Mi argumentación al respecto ha sido que el problema del tiempo y su sentido, donde realmente se desvela, no es en la exploración de la naturaleza, sino en el de las relaciones personales. Esto es, que tiene razón Nédoncelle cuando coloca en el punto de partida un nosotros cuya relación es una voluntad de promoción, germinal en los inicios y plena en su término. La dinámica

5 Pucelle opina que respecto al tema de la armonía entre las conciencias Nédoncelle se muestra un tanto pesimista. Cfr. Jean Pucelle, "Maurice Nédoncelle (necrologie)", en *Les Études philosophiques* 20 (febrero-marzo de 1978): 122.

6 RC, §172.

7 RC, §76.

misma de la reciprocidad amante nos conduce a esperar razonablemente un final formado por la comunión de todas las conciencias reunidas en el amor. Siendo esto así, la interrogante radical es, si la anhelada voluntad de promoción —razón de ser de toda reciprocidad— tiene o no un sentido, y si llegará o no a verse realizada plenamente. En otras palabras, si el amor desembocará en la armonía de todas las conciencias o no. En este contexto, ¿acaso el tiempo no sería el despliegue mismo de las reciprocidades? La reciprocidad plena de las conciencias no podría darse desde el inicio porque eso supondría implantar la comunión sin la participación activa de los comunicantes. De ser esto así se haría de la comunión un mero ensamble de piezas, cayendo de nuevo en la concepción mecánica de las relaciones interpersonales. El tiempo es la estofa de la que está hecha el hacerse de la reciprocidad amante. Sólo quien desconociera la consistencia misma de nuestras conciencias, esto es, su condición discursiva en el conocer, pretendería que la comunión se diera sin discurrimiento.

Volviendo a la cuestión recién enunciada, pienso que se puede reconducir el problema sobre el devenir al asunto de la armonía de todas las conciencias. Sin embargo, antes de entrar en esta cuestión vale la pena detenerse en una objeción que se le ha puesto a Nédoncelle. Básicamente la objeción consiste en mostrar que Nédoncelle restringe de tal modo la reciprocidad a la díada, que luego no se ve modo de hablar de una auténtica reciprocidad de todas las conciencias. A final de cuentas no tendríamos historia, sino biografías de parejas.

9.1. Una objeción

Yves Labbé, en artículo ya citado,[8] se hace eco de la que parece ser una de las más recurrentes objeciones al pensamiento de Nédoncelle. Si bien la objeción versa sobre el problema de la reciprocidad, se debe tomar en cuenta que este problema se refleja también en las cuestiones sobre filosofía de la historia. Como he querido mostrar a lo largo de estas páginas, la filosofía de

8 Labbé, "Une relecture de Maurice Nédoncelle. Une philosophie religieuse de l'intersubjectivité", pp. 155-183.

la historia, si bien no es el centro de las cavilaciones del decano Nédoncelle, estaba en el horizonte de sus intereses filosóficos, tanto por los problemas que planteaba a su tesis sobre la reciprocidad, como por el hecho de que los autores con quienes entraba en polémica abordaban temas típicos de la filosofía de la historia.

En el artículo de Labbé la objeción se basa en el pensamiento de Jürgen Habermas y de Francis Jacques. Para Jacques la intersubjetividad gira en torno a una filosofía del discurso, esto es, de la interlocución y no tanto en torno a la conciencia. Por su parte Habermas, con una filosofía diferente sobre la acción comunicativa, busca alcanzar un sentido de la solidaridad y de la eficacia sociales. Dados los análisis de estos dos autores, Labbé encuentra un cuádruple límite al pensamiento de Nédoncelle que enuncia de la siguiente manera:

> *a)* La identificación de la reciprocidad intersubjetiva con el amor interpersonal, ¿acaso no entraña un olvido de las diferencias? *b)* Una atribución de la causalidad o de la creatividad a las personas, más que la relación misma entre ellas, ¿acaso no conduce a un repliegue hacia la singularidad en detrimento de la universalidad tanto como de la comunidad? *c)* La disociación mantenida entre comunión y comunicación, relación recíproca y relación transitiva, ¿acaso no condena a la filosofía a una malsana dicotomía entre el sujeto y el mundo? *d)* La reducción de la espiritualidad humana a un cara a cara, ¿no termina por abandonar a la sociedad y a la historia al sinsentido?[9]

A pesar del interés suscitado por todos estos límites, como es de esperar para este estudio interesa el último. En efecto, ¿cómo no preguntarse si la plenitud de la relación interpersonal, identificada con la díada, acaso no termina por hacer irrelevante al resto de la sociedad, y más aún vacía de sentido el devenir histórico? Para responder a esta interrogante, sin embargo, pienso que se deben clarificar algunas nociones.

9 *Ibid.*, pp. 181-182.

En primer lugar, opino que se debe distinguir entre la historia individual y la historia colectiva, para establecer enseguida que al hablar aquí de historia nos estamos refiriendo a la historia colectiva, o sea, a la historia de los pueblos y a la de la humanidad en general. Sobre esta historia versa la pregunta por el sentido del transcurrir temporal. Ciertamente, si todo el sentido del tiempo es establecer una relación recíproca limitada a la díada, resulta claro que el tiempo de los demás es accidental y queda relegado a un papel secundario. Esto es cuanto parece traslucirse en varios pasajes de Nédoncelle, especialmente aquellos donde muestra su desconfianza frente a la colectividad. Así que tendría razón Labbé al decir que la historia considerada en su conjunto es, en la práctica, irrelevante: lo único importante serían las historias de pareja.[10]

En segundo lugar, es menester clarificar la noción de sociedad a la que se refiere Labbé. Si se entiende por sociedad el grupo humano cuyo vínculo está formado por diversos elementos, es claro que Nédoncelle no pondría reparos al considerar que la sociedad está formada por muchas díadas que interactúan. En cambio, si se está entendiendo por sociedad un grupo humano con un proyecto común, previsto y querido, cuya meta se sitúa en el futuro, entonces ciertamente la tesis de Nédoncelle, que coloca en la díada y en su historia el único sentido del despliegue temporal, hace imposible hablar de un sentido del tiempo válido para la sociedad.

La razón por la cual Nédoncelle, explica Marie-Louise Martinez, no confía en las relaciones que rebasan la díada, es porque considera que existe ahí la amenaza de la multitud.[11] "Más allá de la amistad comienza la muchedumbre"[12] —ha escrito Nédoncelle— agregando además que Theodor Litt (1880-1962) se equivocaría cuando supone que el yo y el tú sólo llegan a la reciprocidad plena por la incorporación de una tercera persona.[13]

10 Se pueden recordar aquí estás palabras de Nédoncelle: "A la historia de las comunidades espontáneas, o incluso queridas deliberadamente, hemos puesto por encima la única historia que emana directamente del espíritu y que puede consolarle u orientarle: la sucesión de las biografías y el análisis de las conciencias", AP, p. 230.

11 Cfr. Marie-Louise Martinez, "Vers la réduction de la violence à l'école. Contribution à l'étude de quelques concepts pour une anthropologie relationelle de la personne en philosophie de l'éducation" (tesis inédita, Université de la Sorbonne-París III, 1996).

12 RC, §18.

13 Cfr. Litt, "Gemeinshaft", pp. 174-177. Citado en RC, §18.

De entrada, me parece que debe admitirse que nuestra capacidad de amar a los demás está limitada por las coordenadas de espacio y tiempo. "Yo no puedo, por ejemplo, amar a los chinos sino a través de los franceses, —escribía Nédoncelle— y trabajar por la prosperidad de nuestros descendientes, más que dedicándome a nuestros contemporáneos".[14] Sin embargo, Nédoncelle va más allá al asentar que la relación sólo es posible entre dos.[15]

> El nosotros subjetivo aparece en la humanidad restringido a la díada: la conciencia no alcanza a ser verdaderamente recíproca que entre dos seres personales. [...] Mas la existencia de una tríada o de una tetrada es muy problemática: yo entiendo una comunidad donde tres o cuatro conciencias personales son simultáneamente traslúcidas unas a otras de tal suerte que cada una se torna amorosamente hacia las otras como si no fuesen más que una y recibe de ellas una atención igual. La tríada tiene por fórmula; a-b, a-c, b-c; parece que la comunidad familiar nos proporciona el modelo elemental; pero, ¿quién puede sostener que el padre, la madre y el niño sean capaces de pensar cada uno en los otros simultáneamente, sin que decaiga uno de los tres? Dos seres pueden unirse personalmente en la devoción que tienen por un tercero: la díada acompañada de un "para él" es frecuente. Pero, ¿el tercero retorna hacia los otros dos con la misma finura de percepción y sin perder contacto? Esta repartición, si llega a darse, y si verdaderamente conlleva una voluntad de promoción, es ciertamente muy inestable.[16]

14 AP, p. 78.

15 La posición de Nédoncelle al respecto es nítida como se deduce de esta respuesta a C. Díaz: "Respondiendo a las cuestiones que usted tiene a bien plantearme, he de decirle que soy un animal *apolítico*. Sin duda se encuentran acá y allá en mis libros consideraciones sobre la moral social o sobre el esfuerzo civilizador. Pero creo que la vida colectiva es en gran parte infra-racional e infra-personal. La intersubjetividad personal me parece limitada muy frecuentemente a la díada (relación de dos) o a pequeños grupos", "Carta de M. N. a Carlos Díaz (7-II-1973)", en Díaz y Maceiras, *Introducción al personalismo actual*, p. 112. Los libros a los que se refiere Nédoncelle son *Conscience et Logos* y *Vers une philosophie de l'amour et de la personne*. Reitera su posición sobre política en otra carta: "No creo que la política pueda realizar la verdadera reciprocidad de las conciencias. Todo lo más puede acercar a ella eliminando ciertos obstáculos": "Carta de M. N. a Carlos Díaz (8-III-1973)", en Carlos Díaz, *Treinta nombres propios. Las figuras del personalismo*, Salamanca Persona, 2002, p. 76.

16 AP, p. 46; también, *La fidelidad*, pp. 47-49.

De estas palabras se deduce, sin duda, que Nédoncelle es bastante escéptico respecto a la sociedad, considerándola incapaz de instaurar una auténtica reciprocidad entre todos sus miembros. Díaz por su parte lamenta semejante desconfianza, afirmando que no se debe olvidar que "una colectividad no es una simple suma aritmética de los mismos (como acertadamente rebatiera Proudhon), sino que el nosotros es un yo que se ha elevado a nuevo estatuto de personalidad, sin dejar de ser un yo".[17] En su momento el profesor Carlos Díaz me compartió su punto de vista al inquirirle sobre los límites de la postura nedoncelliana en torno a la díada.[18] En la postura de Nédoncelle se descubre un hiato entre el amor, cuya plenitud está en la díada, y la colectividad, incapaz de ser sujeto de dicho amor.

Por más que Nédoncelle diga que quien ama persigue amar a todos (intención descrita como una perspectiva universal), dirá que en la práctica esto no se verifica. Al final sólo se ama de uno en uno, y eso en el mejor de los casos.[19] La díada es, desde su punto de vista, la sede exclusiva de la reciprocidad amante, mientras que la sociedad es incapaz de serlo.[20]

Con todo y lo dicho, creo que la objeción interpuesta surge en parte por la ambigüedad con que Nédoncelle se mueve en este punto.[21] Hay una oscilación,

17 Díaz y Maceiras, *Introducción al personalismo actual*, p. 131.

18 "La pretensión de ir a la universalidad sólo por la díada ignora que también se va a la universalidad por el 'nosotros'. El 'nosotros' no es la suma de tú-yo + tú-yo + tú-yo... Hay en el nosotros dimensiones del yo que sólo afloran en dicho 'nosotros'. Lo que se produce como resultado de la dinámica 'nóstrica' no resulta explicable tan sólo al nivel de la psicología, sino de la psicosociología. Dicho de otro modo: por ignorancia de esta dimensión todo nosotros está llamado al fracaso, *i. e.*: al 'nosotros'. Esta me parece la más grave deficiencia nedoncelliana", "Respuesta manuscrita de Carlos Díaz a Pedro A. Benítez (18-VI-2004)", Archivo personal.

19 "Es verdad que acabamos de tocar un problema muy grave: ¿Se puede amar varias veces con una plenitud tan absoluta? ¿No tiene cada corazón más que un solo vínculo electivo que le pueda unir de ese modo a otro ser y a ese únicamente? Dejemos aparte la unidad divina, que sabe ser necesaria y presente al ser humano; queda siempre que ese ser humano excluye todo rival humano. No se encuentra dos veces al compañero de la vida": Nédoncelle, *La fidelidad*, p. 163.

20 En palabras de Lacroix: "La Cité met en danger l'individu", en Lacroix, "La Philosophie Chrétienne de Maurice Nédoncelle", p. 109. De modo similar, aunque en contexto teológico, piensa Nédoncelle que la sociedad, incluida la Iglesia, es siempre un límite a la reciprocidad amante: "Allons même plus loin: en ce sens, on peut soutenir que l'Eglise est divine non pas parce qu'elle est sociale, mais bien qu'elle soit social", Maurice Nédoncelle, *Le chrétien appartient à deux mondes*, París, Le Centurion, 1970, p. 150.

21 Maurice Pradines atribuía a Nédoncelle una visión profundamente social del amor, justamente cuando Nédoncelle hablaba en sentido contrario. La recensión a la obra de Pradines le dio ocasión a Nédoncelle de

que me atrevo a clasificar, entre una reciprocidad metafísica y una psicológica. Si uno se fija en la capacidad psicológica del amante, quizás es patente que no puede concentrarse con la misma intensidad, y en este sentido amar, a más de uno. Además, en todo caso, su intención amante no estará repartida entre una gran multitud.[22] En cambio, si uno considera el amor en un sentido metafísico, como voluntad de promoción interpersonal, ciertamente se puede querer el bien de todos, aunque en la práctica las condiciones limitadas de la persona impiden que tenga la conciencia puesta en cada una las personas en el planeta. Algo similar al relojero que no está pensando en cada pieza, pero conforme las va encontrando las juzga aptas para integrarse al reloj en la medida que cada una llena los requisitos previstos en su intención general. Así, pienso que a fin de cuentas la intención de una reunión de todas las conciencias en el amor, no es de hecho un óbice a la decisión de concentrarse en unas pocas conciencias.[23] Opino que se debe admitir que nuestros recursos son limitados, especialmente el tiempo. Por lo cual, sólo quien desconoce la consumición ingente de tiempo requerido para amar, haría de la reciprocidad universal un hecho dado en un santiamén, por un mero decreto de la voluntad.

Ahora bien, en el contexto de una filosofía de la historia, se ha dicho que la meta del devenir temporal sería la reunión de todas las conciencias. Cabe pues concluir que, como quiera, ésta, en nuestra experiencia, jamás se verifica, entonces es una quimera; o bien que, no verificándose en las condiciones actuales, se la puede esperar en un futuro trascendente (más allá

clarificar su punto de vista. Véase Maurice Nédoncelle, reseña de "Maurice Pradines, *Traité de Psychologie génerale, t. II: Le génie humaine, Vol. 1 Ses oeuvres; Vol. 2 Ses instruments* (París, PUF, 1946)", *Revue des Sciences Religieuses* 21, núm. 3 (1947): 279-282.

22 Nédoncelle escribía: "O bien uno pasa rápidamente de una díada a la otra, o bien, la tríada desciende por debajo del nivel personal que yo considero pleno, y se degrada en una impresión de comunidad confusa, como en el sentimiento de grupo o de equipo", AP, p. 47. Ante lo cual yo le comentaba a Carlos Díaz que verificar esto tocaba a los psicólogos. A lo cual me respondía: "Corresponde a los antropólogos que estudian al ser-con-nosotros, no sólo a los psicólogos solipsisistas", "Respuesta manuscrita de Carlos Díaz a Pedro A. Benítez (18-VI-2004)", Archivo personal.

23 "Sin embargo, la unicidad de la elección no puede confundirse con un egoísmo de dos, pues exige que la díada se ponga al servicio de otros seres y se abra al universo entero de personas": Nédoncelle, *La fidelidad*, p. 163. Y un poco antes: "Cada uno de nosotros está invitado a tener más amigos que nunca, a no encerrarse en un círculo estrecho de relaciones", *ibid.*, p. 99.

de las condiciones espacio-temporales). En ambos casos, sin embargo, es una idea, deseable para unos e ilusoria para otros.

No se puede dejar de notar que Nédoncelle está entre quienes consideran alcanzable la meta de la gran reunión de todas las conciencias en una reciprocidad amante. Pero para ello se necesita de una intervención divina. Ya se ha mencionado cómo, por este camino, monseñor Nédoncelle ofrece una prueba plausible de la existencia de Dios. En todo caso, su posición pone al descubierto la insuficiencia de las conciencias para abrazarse todas mutuamente, de modo que sólo tamizadas por Dios encontrarían la unidad. Labbé piensa que Nédoncelle ha sostenido, al menos idealmente, una cercanía demasiado estrecha entre la "inmanencia humana de la persona y su trascendencia divina",[24] de suerte que, como piensa De Beer,[25] la comunicación entre las personas es siempre inferior y externa, respecto a la verdadera comunión que sólo existe en Dios, a través del cual ellas se comunican.

Dejando pues este punto sobre la díada, como un tema todavía por explorar, con vistas a una mejor explicación sobre una reciprocidad universal, podemos volver al asunto que nos ocupaba, esto es, el de la armonía. En efecto, el tema del sentido de la historia plantea la cuestión sobre la posibilidad o no, de que al final todo esté enderezado hacia una gran unidad o armonía de todas las personas.[26] Así que es conveniente considerar la armonía de la que se está hablando.

9.2. La armonía en cuestión

Probablemente, los últimos parágrafos de la parte final *de La reciprocidad de las conciencias* han sido los más desatendidos por los estudiosos de Nédoncelle. Plausiblemente se deba a que ahí Nédoncelle habla de Dios, así con mayúscula, e incluso de Jesucristo; dando la impresión de que ahora el autor ha pasado a consideraciones de filosofía religiosa, que poco tendrían que ver con las

24 Labbé, "Une relecture de Maurice Nédoncelle. Une philosophie religieuse de l'intersubjectivité", p. 182.

25 Cfr. Francis De Beer, "Nédoncelle", en *Catholicisme*, vol. 9, Letouzey et Ané, París, 1982, p. 1136.

26 Cfr. Yuval Noah Harari, *De animales a dioses. Breve historia de la humanidad*, México, Penguin Random House, 2014, p. 193.

partes previas centradas en las relaciones interpersonales. Sin embargo, pienso que esos últimos capítulos deben leerse en el horizonte de una filosofía de la historia. Que hable de Dios es coherente con los problemas sobre la temporalidad; además de que su planteamiento se concentra en la causalidad final, para descubrir así el sentido o destino de la reciprocidad de las conciencias. Para captar todo esto, tal vez es necesario mostrar primero la relación entre la temporalidad y la causalidad.

Ciertamente, percibimos el tiempo por su vinculación con el movimiento. A la vez el movimiento es resultado del influjo de una causa. Si esto vale para el movimiento físico o traslación, también es cierto que todo cambio se debe a una acción causal. Ahora bien, el efecto es siempre y necesariamente posterior a la causa. Lo cual nos lleva a imaginar a la causa existiendo antes del efecto. Esto ha llevado a colocar a la causa, una causa cualquiera, como formando parte de la serie temporal; o si se tratara de la primera causa sería el inicio de toda la serie, de modo que guarda relación con el devenir temporal, en cuanto es aquello que está antes del efecto. Así la temporalidad ha sido introducida en la consideración de las causas.[27] Una causa totalmente fuera del tiempo, pero causando un efecto que podamos percibir no la podemos imaginar. Sólo nos cabe nombrarla diciendo que la causa es antes del efecto, pero al decir antes estaríamos dándole categorías temporales a la causa, la cual, por definición hemos dicho que no está tocada por la temporalidad. De ello se sigue que un estudio sobre el tiempo considerado en su relación con el movimiento físico no permite establecer una causa primera extratemporal. En otras palabras, "la idea de causa, así entendida y aplicada no tiene ningún sentido"; pero además el puro movimiento material no implica postular un "problema de origen y que Dios, es decir, la Perfección, tenga alguna cosa que hacer en ese pretendido origen".[28] Más todavía, se debe advertir que la consideración del movimiento físico no basta para descubrir la razón de ser del tiempo que se toman las causas en producir sus efectos. El tiempo aquí sería sólo una condición de la materia, pero no revelaría ningún significado.

27 "La causalidad no es sino el análisis cronológico de la finalidad; pone en evidencia el carácter contingente del proceso y el valor de los eslabones en la totalidad", RC, §239.

28 RC, §76.

Con todo, uno podría proponer la tesis de que el tiempo existe en razón de la resistencia que la materia ejerce frente al cambio; cambio que se produciría por la acción de una causa sobre la materia misma. Incluso me parece que se pudiera decir que, donde se revela realmente la razón de ser del tiempo, es cuando la causa es una conciencia. Serían los espíritus los que, al ejercer su influjo en la materia con vistas a un fin que desean, producen un cambio; pero al encontrar resistencia al cambio en la materia misma, se tropiezan con el tiempo, al que incorporan en su misma conciencia y se ven en la necesidad de ponderarlo en su naturaleza y de considerar su realidad para no errar en sus fines propuestos. Una tal falta de consideración está en el origen de muchos fracasos espirituales. Un hombre que piensa que la materia se doblega a sus deseos instantáneamente puede encontrarse, hacia el final de su vida, con que la resistencia es mayor de cuanto había imaginado y que para vencerla hubiera tenido que empezar antes su proyecto de vida. Incluso en las relaciones interpersonales, los vínculos no se estrechan si no es pasando por las condiciones materiales (el cuerpo mismo y los objetos que sirven de mediaciones) de los individuos. También ahí la materia presenta resistencia y modificarla requiere tiempo. Un ejemplo puede ilustrarlo: para atraer la atención de alguien sobre mis pensamientos, como los que están escritos en estas páginas, requiero de estas páginas y del desgaste corporal de quien las lee para, pasado un tiempo, haber establecido un lazo mayor o menor entre su conciencia y la mía.

Ahora bien, la simple resistencia del mundo material no basta para concluir que el tiempo tiene significado. Únicamente se estaría diciendo que modificar la materia toma tiempo, pero no se estaría respondiendo a la pregunta, ¿por qué nos empeñamos en modificar la materia? Habida cuenta de ello, uno podría postular la tesis según la cual el significado del devenir temporal sería alcanzar tales modificaciones del mundo material que se llegara a un mundo a medida de nuestros deseos. Esta idea es la que estaría detrás de la edificación de nuevos edificios y proyectos urbanos que se presentan como la ciudad del futuro.[29] Semejante punto de vista haría de la arquitectura unida a las

29 Sintomática en este sentido la siguiente frase: "Y a la ciudad le corresponderá hacerse permanente", Charles Edouard (Lecorbusier), Jeaneret-Gris, *La ciudad del futuro*, 3a. ed., Buenos Aires, Infinito, 1985, p. 37.

artes plásticas, el criterio orientador del empeño humano en la historia. Sin embargo, no parece tan perentorio concebir la historia en función de una ciudad ideal. Esto, quizás, queda a la vista si se toma por hipótesis, como hace Nédoncelle, la posibilidad de que unos cuantos genios del arte tuviesen en sus manos la capacidad de modificar todo el mundo material a su gusto.

Supongamos, por un momento, que le diéramos una varita mágica a Homero o a Miguel Ángel. ¿Cómo la habrían usado?: "Hubieran tocado con la varita a hombres y animales metamorfoseándolos para concederles la ciudadanía en su obra".[30] A pesar del atractivo inicial que pudiese producir la imagen de una ciudad o de todo un mundo, moldeado por un gran artista, no garantiza que sea del gusto de todos. Entre los artistas mismos no habría acuerdo y cada uno se haría una imagen del mundo diferente a la del otro.

Curiosamente, pues, no obstante aparecer el tiempo ligado a la resistencia de la materia, doblegar la materia hasta construir una presunta ciudad ideal, no daría por terminado el trabajo del espíritu. Ya que en realidad no hay modo de definir cuál es el hogar ideal para todos los hombres. Buscar semejante meta es como perseguir hadas.

Esta simple consideración recién hecha da pie a una segunda tesis de mayor envergadura y que debe ser considerada. La armonía en cuestión no se daría por la construcción material de un espacio común, sino por el tejido de pensamientos que, a manera de red, nos acomuna. Se estaría afirmando que un sistema de pensamiento es capaz de sostener todos los intercambios de orden científico, artístico y moral, de modo que llegaríamos a la conclusión que tal sistema es el medio eficaz que nos permite convivir armónicamente, salvando a la vez las diferencias y consintiendo las coincidencias.

A mi modo de ver, esta postura es, en cierto modo, la que permite considerar la historia como un largo proceso cuya meta consiste en la unidad de la familia humana. Dicha unidad, desde luego, no sería la coincidencia física, sino el sistema de pensamiento común. A grandes rasgos, ésta es la postura de Francis Fukuyama, cuya obra brinda la ocasión de ponderar la historia bajo la perspectiva de una unidad de pensamiento. Así, descartada la idea

30 Nédoncelle, *Introduction à l'esthétique*, p. 39.

de una armonía como mera construcción de un mundo material ideal, opino que no queda sino considerar la armonía a un nivel más espiritual. Enseguida propongo examinar esta armonía como la concibe Fukuyama, esto es, a manera de un sistema de pensamiento que pone fin a la historia.

9.3. El fin de la historia

Francis Fukuyama publicó un artículo en 1989 donde, a manera de interrogación, se preguntaba por el fin de la historia. Su texto dio lugar a réplicas muy dispares. Así que en 1992 publicó *El fin de la historia y el último hombre* con la intención de explicar su tesis y defenderse de sus detractores. En este libro argüía fundamentalmente que "la democracia liberal podía constituir el punto final de la evolución ideológica de la humanidad, la forma final de gobierno, y que como tal marcaría el final de la historia".[31] Por supuesto si se entiende la historia como la sucesión de acontecimientos, no puede hablarse de fin de la historia; pero Fukuyama no piensa que cesan los acontecimientos, sino que la historia llega a su fin, es decir, "la historia entendida —tomando en consideración la experiencia de todos los pueblos en todos los tiempos— como un proceso único, evolutivo, coherente".[32]

Semejante concepción de la historia tiene sus raíces en el pensamiento de Marx quien, a su vez, la toma de Hegel. Uno y otro —recuerda Fukuyama— creían que la evolución de las sociedades encontraría su término al organizarse de tal manera que satisficieran todos sus anhelos. En este sentido ambos postulaban un fin de la historia, si bien para Hegel sería el Estado liberal, mientras que para Marx lo sería la sociedad comunista. Obviamente el ciclo natural de nacimientos y muertes, además de otros acontecimientos, dignos de mención, seguirían ocurriendo. En cambio "no habría nuevos progresos en el desarrollo de los principios e instituciones subyacentes, porque todos los problemas realmente cruciales habrían sido resueltos".[33]

31 Fukuyama, *El fin de la historia y el último hombre*, p. 11.

32 *Ibid.*, p. 12.

33 *Ibid.*, p. 13.

De estos autores Fukuyama retoma la idea de una historia orientada y coherente. Idea que, como ya se vio, estuvo en boga desde el siglo XIX, pero se fue apagando a lo largo del XX. Ahora bien, Fukuyama sostiene que la humanidad en su conjunto se dirige hacia un tipo de organización que será definitiva y por ende no tiene vuelta atrás. La teoría de Fukuyama consiste en decir que la historia sí tiene una dirección, y ésta es la que conduce a la democracia liberal.

Tal es en síntesis su tesis. Es nítida, es coherente, pero a la vez básicamente idealista. Con ello no quiero decir que sea ilusoria; sino que tiene su fundamento en un determinado modo de ver las cosas que es llamado idealista. Efectivamente, el mismo Fukuyama, en la segunda parte de su libro, muestra cómo no puede explicarse la historia sólo con base en una mecánica económica, dando paso a una tercera parte donde aborda una interpretación no materialista de la historia. Es a esta interpretación no materialista a la que me refiero cuando digo que es idealista. Se trata en el fondo de la interpretación hegeliana basada en la lucha por el reconocimiento.

Más arriba se mencionó la objeción de Nédoncelle a la postura que hace de la lucha por el reconocimiento el motor de la historia. No ve por qué este deseo ha de ser el preponderante y el que lo explica todo, cuando existen otros deseos cuya vehemencia puede dar mejores cuentas de las relaciones sociales. Desde luego que Nédoncelle ha puesto la reciprocidad amante en el quicio. En cambio, Fukuyama, al igual que Kojève, está convencido de que el problema medular del devenir histórico es el reconocimiento. "Lo que el hombre estuvo buscando a lo largo de la historia —lo que había motivado las anteriores etapas de la historia— era el reconocimiento. Lo halló finalmente en el mundo moderno y estaba completamente satisfecho".[34]

No pretendo aquí seguir a Fukuyama en todo el hilo de su argumentación, pues cuanto me interesa es mostrar su relación con nuestro estudio. De entrada, se puede preguntar: ¿por qué la democracia liberal habría de ser el sistema definitivo? ¿Acaso no está dando por supuesto que a la humanidad se le acaba la imaginación para idear otros sistemas? Cuando más arriba se

34 *Ibid.*, p. 23.

ha analizado el papel de la naturaleza en el devenir se ha concluido que ella por sí sola no define la dirección de la historia. Uno podía entonces preguntarse si las grandes genialidades de los sabios no serían el auténtico golpe de timón de la historia. A mi juicio, en efecto, Fukuyama da la impresión de que el sistema democrático liberal es sólo el resultado de una combinación de factores, cuando en realidad tiene sus progenitores y sus propagandistas. Lo mismo vale para otros sistemas. Pero además cabe preguntarse si el último de los sistemas es sin más el puerto al que se llega tras un largo andar de ensayos, errores y correcciones. Sin embargo, uno podría pensar que no hay, necesariamente, un progreso lineal entre las etapas de la historia, y que siempre se pueden dar pasos hacia atrás. Pero que también la que parece ser la última etapa podría ser superada con formas inimaginables. Más aún, el mismo Fukuyama parece abrir la puerta a nuevas posibilidades cuando, tras describir al *último hombre* (carente de orgullo), postula que el temor a convertirse en uno de ellos nos conduzca a maneras imprevistas y nuevas de alcanzar el reconocimiento.

En este último caso Fukuyama sigue pensando en la lucha por el reconocimiento como un dínamo de la historia. Una lucha, por cierto, marcada por las guerras y los combates sangrientos. Pero uno se pregunta si este es el único camino pensable. ¿Acaso no es aceptable la reciprocidad amante como motor del devenir? Pienso que uno puede constatar la aspiración de una sociedad basada en el amor[35] y no en la lucha, de suerte que las novedades nos llegarían —valga la expresión— del lado de los genios amantes. Por otro lado, además, creo que conviven en la misma época distintas maneras de expresar el deseo de reconocimiento. Aunque pudiera aceptarse que éste se encuentra soterrado en toda clase de relaciones, incluida la amorosa, no comparto la idea de que se trata siempre de una lucha.

Ahora bien, en todo caso Fukuyama ha concebido la historia como un proceso de pensamiento. En este sentido puedo estar de acuerdo con él, al no reducir el movimiento histórico a una locomoción material. Pero creo que cae en el error de concebir la historia como una historia mental. Aun así, gracias a

35 Véase Ferry, *Sobre el amor*; Max Scheler, *Ordo Amoris*, Madrid, Caparrós, 1996.

su estudio, se ha vuelto a plantear la pregunta por el sentido del devenir. Sus análisis sirven para mostrar que detrás del tiempo, tal como lo experimentamos los hombres, hay intencionalidades. Abandonar la pregunta por el sentido de la historia sería, a mi juicio, tanto como dejar de tener intenciones en el actuar. Alguno podría objetar que se pueden tener intenciones particulares (de pequeños grupos) sin que por eso se deba hablar de historia.[36] Eso, desde luego, es posible, pero lo que yo sostengo es que ante todo el pasado de la humanidad, aunque no pretendamos tener una respuesta, no podemos dejar de preguntarnos por su sentido. Y esa pregunta es una pregunta sobre la historia. El quehacer de un Polibio o de un Tucídides no deja duda sobre la validez de un cuestionamiento sobre la lógica del devenir.

Teniendo esto último a la vista se puede inquirir de nuevo sobre la razón histórica, es decir, sobre el quehacer de la razón sobre la historia. Con ello, retomo el discurso del inicio del capítulo donde me preguntaba básicamente qué sentido tiene considerar filosóficamente la historia.

9.4. La historia pensada

Si uno imagina que la razón del devenir temporal es únicamente el desarrollo de una idea, no cabe duda que imaginará asimismo que el tiempo ha sido dado al hombre para permitirle recorrer una muy larga serie de premisas de un gran silogismo e inferir al final las debidas conclusiones lógicas. Siendo este el caso, algunos considerándose privilegiados se exentarían de recorrer las premisas y estarían convencidos de haber llegado ya a las conclusiones. Sea como fuere, en este escenario el tiempo está al servicio de las ideas. Me parece que una concepción del género conduce a una reducción ideológica de la temporalidad. Esto significa que todo el quehacer humano estaría encaminado a introducir, en todas las mentes, las mismas conclusiones presumiblemente lógicas. Un tiempo largo habría sido dado a los más lentos de mente a fin de que puedan recorrer a su paso las proposiciones y llegar a las mismas conclusiones que, de un modo u otro, una ideología o sistema de pensamiento ya tiene por ciertas. El

36 Cfr. Javier Sádaba, "¿El fin de la historia? La crítica de la posmodernidad al concepto de historia como metarrelato", en *Filosofía de la historia*, vol. 5, por Manuel Reyes Mate, Madrid, Trotta, 2005, pp. 199-200.

tiempo aparece aquí reducido a condición de posibilidad del discurrir lógico. Si más atrás se vio de qué modo esta es la concepción de Bosanquet, ahora cabe añadir que lo es también —con sus variantes y matices— la de quienes colocan la meta o plenitud de la humanidad en alcanzar un determinado modo de pensar. Eso que he llamado las conclusiones lógicas.

Frente a una posición del estilo, es posible decir que se vuelve necesaria una reflexión profunda sobre la temporalidad para rescatarla de esta, que me ha parecido correcto llamar, reducción ideológica. Tal habría sido la reacción filosófica de Nédoncelle con su puesta sobre la mesa de la condición humana material. Corroboran esto que se acaba de decir las palabras de Nédoncelle en su libro sobre la reciprocidad cuando afirma que no han faltado quienes conciben el fin último como "el último término cronológico de una sucesión, y en particular de una historia mental".[37] Curiosamente imaginar el sentido del tiempo como una historia mental sería compartido tanto por idealistas como por positivistas, pues ambos apelarían a la razón como criterio definidor.

Existe otro modo de descargar el problema de la temporalidad, pero esta vez, no en la ilación ideal de las proposiciones, sino en la materia. En este caso se concibe una especie de código temporal repartido en piezas materiales. Dicho código sería el causante del devenir temporal de los seres. Se encontraría ínsito en la materia un ímpetu (*élan*) perceptible en la constante evolución de los seres, lo cual llevaría a concluir que su incesante devenir tiene una finalidad aún por descubrir. En este caso se presenta como incuestionable la idea de una meta de la evolución de la naturaleza orgánica. Justamente las diferentes teorías que asocian la historia a la naturaleza proyectan sobre la segunda algo que es más propio de la primera, a saber, la idea de comienzo y de fin. Consideradas, en general, dichas teorías hacen de la naturaleza el sujeto inconsciente de un propósito escondido cuya realización, empero, es inevitable.

Pese a todo ello, al mirar más atentamente la naturaleza uno no encuentra una línea ascendente y progresiva. Existen más bien repeticiones cíclicas, o bien, procesos frustrados y anomalías, además de extinciones a veces

37 RC, §239.

imprevisibles; de modo que no es obligatorio concluir que la naturaleza lleva en sí un propósito conducente a un término o realización. Con todo, para quienes ven en la naturaleza a un sujeto en marcha hacia una meta, el tiempo aparece como la condición necesaria para su consecución. Si bien es cierto que se antoja mostrar patentemente una racionalidad en la naturaleza y sus oscilaciones, también se debe tener precaución para no forzar las cosas. Por ello me ha parecido muy valioso el análisis de Nédoncelle sobre la naturaleza que ha permitido evitar esas conclusiones forzadas. La naturaleza, en efecto, no siempre parece obrar con un propósito, por más que esto nos parezca arbitrario. Efectivamente, considero que la idea de un tiempo cíclico, sea en su versión antigua o moderna, es un intento de salvar la racionalidad del devenir a la vista de la infinita variedad de permutaciones observables en la naturaleza. Por otro lado, la idea de un tiempo lineal no es fácilmente deducible de la observación de la naturaleza. Considerado lo anterior, se debe concluir entonces que a partir de la observación de los fenómenos no se infiere una finalidad o "tendencia hacia la realización de un plan en la historia del mundo",[38] pero que, si la hay, ésta ha de encontrarse en otro lado.

Ahora bien, antes de hablar de una meta propia de la evolución orgánica se debe considerar el hecho mismo de su devenir. Me parece que se puede hablar del tiempo a partir de la constatación del movimiento orgánico. Por más que esto haya sido dicho desde Aristóteles, sin embargo, no es inútil recordar que el tiempo está vinculado al movimiento de los seres materiales. Como quiera que no pueden estarse quietos, su condición material misma los obliga a pasar de un punto a otro, llámese movimiento local, o generación y corrupción, etc. Lo cierto es que descubrimos el tiempo como cualidad de los seres que se mueven. Aristóteles no pretendía inferir que todos sus movimientos tienen un propósito, o más todavía, que la suma de todos los movimientos de todos los seres materiales posee un propósito cuyo fin (*telos*) está situado al final. Evidentemente, tras el final cesan los movimientos.[39]

38 RC, §76.

39 Cfr. André Lalande, "Finalité (Principe de)", en *Vocabulaire technique et critique*, p. 358.

Estas consideraciones me parecen importantes para subrayar que la mera constatación del movimiento en la naturaleza —sea que se lo considere como cierta línea evolutiva progresiva, o como un ciclo iterativo, o bien, como un caminar errático— en ningún caso nos permite atribuir una finalidad considerada como realización o meta cuya consecución sería la explicación de la existencia de la temporalidad. La razón de ser del tiempo hay que buscarla en otro lado. En este orden de ideas se puede compartir la sagacidad de Nédoncelle quien a mediados del siglo XX podía escribir:

> Mientras haya filósofos, hablarán de causa, de substancia y de fin. Pero estas nociones desacreditadas por un fisicismo pasado de moda padecen hoy día una crisis y deben ser repensadas. La meditación de la persona y del vínculo entre las personas incita mejor que cualquier otra cosa a repensar. El estudio de ese vínculo ha sido descuidado hasta hace pocos años; mas ofrece a los fenomenólogos y los metafísicos un campo de observación y de reflexión casi inexplorado.[40]

En efecto, donde encontramos un discurso coherente sobre el devenir, no es en el estudio del movimiento mecánico, sino ahí donde hay causalidad personal. Donde se abre el estudio sobre el tiempo es en la conciencia.

Con razón se ha ensayado una respuesta al problema del tiempo al ubicarlo en la conciencia. Mi tesis aquí es que la reflexión conjunta de Nédoncelle y de Ricoeur sobre la historia, encaminada a elaborar una auténtica teoría de la historia, recupera el problema del tiempo, dejado en un *impasse* insuperable cuando se lo reduce a la mera constatación del movimiento material y su medición. Como se ha dicho, pretender atribuir unas intenciones, más o menos ocultas, a toda la evolución de los seres materiales, es imponer arbitrariamente una racionalidad que de por sí no es evidente. En cambio, lo que no podemos evitar es preguntarnos por el sentido de las relaciones interpersonales. Se constatan las relaciones causales y brota espontánea la pregunta: ¿habrá una causa de todas las causas? Así que la pregunta por el devenir temporal se

40 AP, p. 268.

convierte en la pregunta por la causalidad final. Dicho lo cual es preciso reiterar que una cosa será la causalidad final de los movimientos físicos y otra la de las causalidades libres y racionales. Sobre estas últimas versa la historia y su respectiva filosofía. Sin embargo, la similitud entre ambas causalidades ha estado en el origen de muchas confusiones sobre el sentido del tiempo y de la historia.[41] Se puede decir que a la pregunta por la causalidad final del movimiento físico no cabe responder más que atribuyendo una cierta intencionalidad global sin posibilidad de verificación a los seres físicos; mientras que si pasamos al plano de la causalidad personal las cosas cambian totalmente.

Cuanto nos ha enseñado el decano Nédoncelle es que, anterior a la pregunta sobre la causalidad derivada de la observación del influjo material de unos objetos sobre otros, está la causalidad que cada uno imprime en el mundo y sobre los demás. Ésta es la causalidad que nos lleva a preguntarnos en un sentido profundo y radical por el sentido del devenir. Ignorar esto es reducir la causalidad a un choque incesante de piezas colocadas en un río de flujo circular. Toda causalidad no sería más que cuestión de desplazamientos.

Si la historia no es, pues, una mera colisión de trenes, estamos obligados a pensarla racionalmente. Hemos de partir de la hipótesis de que, tanto como son racionales nuestras intenciones, asimismo el conjunto de las intenciones de los hombres que conforman la historia, ha de ser racional.

9.5. La historia filosóficamente considerada

Es conocida la desazón entre los filósofos para ocuparse de la historia. Como notaba Reyes Mate hace unos años, a la filosofía de la historia no le soplan buenos vientos.[42] El posmoderno, escribía Sádaba, desconfía de una lógica en la historia. "De ahí que cuestionar nuestra idea de historia es tanto como desconfiar de que tenga *una* lógica o desconfiar igualmente de su valor. La historia entonces no tendría por qué llevar a ningún sitio. La historia sería un

41 Un ejemplo contemporáneo de las confusiones a que da pie podría ser la teoría de Dawkins sobre el gen egoísta y el *meme.* Ante la cual no han faltado críticos. Véase Richard Dawkins, *El gen egoísta*, Barcelona, Salvat, 2000 y la crítica de Marvin Harris, *Teorías sobre la cultura en la era posmoderna,* Barcelona, Crítica, 2000.

42 Cfr. Reyes Mate (ed.), *Filosofía de la historia*, p. 11.

metarrelato más, una ilusión de verdad que escondería nuestro miedo a un mundo sin ley, imposible de apresar".[43]

La noción de metarrelato, sin embargo, suscita otros problemas que deben ser enfrentados. Por metarrelato se está entendiendo una narración junto a otras tantas, a la vez que se niega la existencia de un único relato histórico que sería el verdadero y definitivo. Con todo, el problema de la explicación del metarrelato es que requiere del mismo instrumental lógico usado por la historiografía en general, para ser comprensible. Con que, al final de cuentas, uno no ha conseguido deshacerse del problema planteado por la reflexión filosófica sobre la historia; todo lo que ha hecho es diseccionarlo en partes, donde cada parte contiene *in nuce* todo el problema sobre el sentido del devenir. A fin de captar esta problemática era necesario recoger el debate entablado por Blondel frente al historicismo. Por sorpresivo que parezca, quizás el posmodernismo como categoría propia de un relativismo histórico, no sea sino una nueva versión del historicismo positivista en su negativa a afrontar de lleno la ardua tarea de pensar filosóficamente la historia.

A mi parecer la tarea se hace difícil por dos motivos. En primer lugar, porque se está ante un panorama demasiado amplio lleno de variables. En segundo, porque implica aceptar una finalidad. Respecto a lo primero el problema había sido ya visto por Aristóteles. ¿Cómo hacer ciencia de lo variable? Uno requiere de una cierta fe en la racionalidad de unos asuntos que parecen aleatorios. A esto se refiere Nédoncelle cuando escribe:

> La fe puede intervenir en filosofía en un tercer sentido, como asentimiento a un testimonio personal. Es una intrusión mucho más sorprendente que las anteriores. Parece como si hiciera descender a la filosofía al nivel de los cambios de la conversación o de las conjeturas de la historia; a menos que el crédito del diálogo o de la crítica de los acontecimientos no se levanten hasta el nivel de la filosofía. Esta última hipótesis no habría sido aceptada jamás por Aristóteles, que opone constantemente el conocimiento de las generalidades a la opinión empírica, de la que, en

43 Sádaba, "¿El fin de la historia? La crítica de la posmodernidad al concepto de historia como metarrelato", p. 194.

> su vocabulario, es un sinónimo el saber "histórico". Su objeto es lo particular, el llegar a ser o el accidente. [...] Pero otros griegos instauraron una ciencia de esta clase, con ocasión de los testimonios. Los historiadores, por ejemplo, hicieron observaciones juiciosas sobre las reglas de validez de un relato; aconsejan la elección de un tema que forme un todo natural y que sea accesible a la observación en el tiempo y en el espacio. Un Polibio o un Tucídides comprueban y descarnan los hechos para captar su encadenamiento inteligible y objetivo. No vacilan acerca de la certeza de su arte ni de su alcance perpetuo.[44]

En estos renglones se refleja la tensión entre el saber sobre los objetos físicos y el que versa sobre los hombres. El camino fácil ha sido el de elaborar una metafísica concentrándose sólo en los objetos. Por nuestra parte, ya se han visto los reparos de Nédoncelle a una metafísica basada en las cosas y no en las personas. Cuando la metafísica se hace a partir de las cosas, pareciera que las únicas reglas válidas son las de los objetos; de suerte que por asimilación se busca colocar a las personas dentro de esas reglas. En el fondo de esta cuestión está la tesis aristotélica según la cual sólo se puede hacer filosofía sobre lo que es general y constante, pero jamás sobre lo particular y contingente.

Como quedó dicho, se puede imaginar la naturaleza como un conjunto de elementos en movimiento constante pero reiterativo. La naturaleza se repite incesablemente. Preguntarle si tiene algún destino o pretende obtener un resultado que supere sus propias reiteraciones sería absurdo. Así, el hombre anegado en esta corriente natural haría bien en dejar de preguntarse por una meta final y conformarse con ser parte de la repetición de formas y patrones. Pero lo cierto es que por más que se quiera el hombre, ni se conforma con repetirse —no seguimos en las cavernas— ni puede dejar de preguntarse por el sentido de su existencia y la de sus congéneres.

Ante las variables históricas se han podido detectar diversas posiciones de pensamiento. De un lado, por ejemplo, la de Raymond Aron para quien

44 Nédoncelle, ¿Existe una filosofía cristiana?, p. 132. Remite a Arnold Toynbee, *Greek historical thought, from Homer to the age of Heraclius*, Nueva York, New American Library, 1952.

habría algunos (los híper-racionalistas optimistas y los catastróficos), que detectando el avance errático de los avatares históricos piensan que se puede corregir dicho avance tomando las riendas del devenir temporal. El caso es que esta preocupación nace al constatar tantas rupturas en la consolidación de las sociedades, dando la impresión de que el tiempo dado a los hombres se derrocha inútilmente. Incapaces de usar el tiempo para obtener el bien deseado, los hombres, considerados individualmente o en grupo, se preguntan si el decurso de la historia no es más que un río de tiempo sin cauce ni estuario. Puede decirse con Nédoncelle que "el hombre es arrastrado por la pendiente vertiginosa de la naturaleza", pero no quiere decir que no pueda "cambiar el sentido cualitativo del tiempo, hacerlo absolutamente bueno".[45] A quien contempla el espectáculo del devenir temporal, es preciso advertirle que no se trata de un objeto espacial; que a diferencia de los objetos, el tiempo es cambiado preparando el porvenir: "Tal es sin duda el sentido de la encarnación de las conciencias y el objetivo de su rodaje por el mundo".[46] En otras palabras, resulta infecundo reducir el tiempo al espacio, de suerte que se imagine que cambiar el espacio es suficiente para preparar un futuro mejor. Puesto que la naturaleza física no es de "la misma estofa que nuestro psiquismo",[47] se debe afirmar que la simultaneidad del espacio con nuestra conciencia no es realmente simultaneidad si no es asumida por ésta.

De otra parte, pueden mencionarse los que se preguntan por el significado de la historia sabiendo que es errático, pero a los cuales no les importa ensayar reiteradamente la construcción de mundos mejores con sus respectivas alegrías y aventuras, sabiendo al mismo tiempo que todo puede ser destruido.[48] Preguntarse por el sentido del ciclo constante de nacimientos y muertes, no significa adoptar una postura optimista. Bien puede ser, por el contrario, una reflexión cuyas conclusiones, lejos de afirmar una recapitulación lógica —como quiere Hegel— afirman la disolución de toda lógica. La expresión *modernidad líquida* de Zygmut Bauman, ilustraría esta postura. Mientras que, ante

45 RC, §275.

46 RC, §275.

47 RC, §275.

48 Cfr. Marshall Berman, *Todo lo sólido se desvanece*, México, Siglo XXI Editores, p. 1.

el espectáculo de la historia, los pensadores del siglo XIX no dudarían en encontrar una lógica, aquella que afirma que el mundo avanza progresivamente hacia una meta; autores más recientes parecen encontrar una lógica bien diferente, la que no ve una meta por ningún lado. Heffernan, por mencionar una, opina que "el drama del final se ha agotado; vaciado de sentido, el final del mundo es ahora un espectáculo que se repite".[49] Sin embargo, sostener esta posición supone conocer todos los ciclos. La idea de que no hay meta, sino que todo se repite es tentadora, pero imposible de sostener sin una especie de sabiduría mística, que sabe a ciencia cierta que ya nada nuevo puede esperarse. Incluso, quienes renuncian a la idea de una línea ascendente, no pueden deshacerse de la idea de una cierta concatenación lógica, en este caso de unos ciclos. También los ciclos serían unidades comprendidas por la razón que ha captado cierta relación entre los eventos que lo componen. Así, concluyo que, a pesar de lo errático y cambiante de las variables, la reflexión sobre la historia se impone, pues no podemos dejar de ver ciertos patrones, incluso en la vorágine de los acontecimientos.

Dije antes que pensar la historia es arduo por dos motivos. El primero por la cantidad de variables, ante las cuales caben al menos las dos posiciones recién mencionadas. El otro motivo está en la inevitable idea de un fin, entendido como consumación. Sobre este segundo, Jean Baudrillard, en *La ilusión del fin,* explica que el problema de "hablar del fin (en particular del fin de la historia) es que uno debe hablar de lo que hay más allá del fin y también, al mismo tiempo, de la imposibilidad de finalizar".[50] Antony Flew, por su parte, destaca cómo otras ideas ajenas a la noción de fin, verbigracia, la de preexistencia o la de reencarnación, son casi imposibles de asimilar para la cultura occidental, pues no tienen cabida en el sistema de pensamiento teológico de las tres grandes religiones que están en su base. Ninguno de esos sistemas religiosos (judaísmo, cristianismo e islamismo) dejan espacio a un ciclo repetido sin fin.[51]

49 Teresa Heffernan, "Postmodern Apocalypse. Theory and cultural practice at the end", en Richard Dellamora (ed.), Pennsylvania, PUP, 1995, p. 171.

50 Jean Baudrillard, *La ilusión del fin*, Barcelona, Anagrama, p. 81.

51 Antony Flew, citado por Sádaba, "¿El fin de la historia? La crítica de la posmodernidad al concepto de historia como metarrelato", p. 193.

Conque, si por un lado la noción de fin o consumación de la historia se plantea como una esperanza, pero sobre la cual no podría hablarse estrictamente a partir de los datos presentes, por otro, está tan arraigada en nuestra cultura que las nociones contrarias no caben en nuestra visión de la historia.

La idea de una finalidad, tan espontánea al proponernos proyectos y embarcarnos en diversas actividades, aparece luego como una idea difícil de afirmar cuando uno se pregunta si la historia tiene un fin. Justamente dicha pregunta está presente en el quehacer de la filosofía de la historia; pero siendo tantos los problemas suscitados por ésta y, dado el desgaste de los ensayos al respecto a lo largo de los últimos siglos, quizás no es de extrañar que los autores más recientes renuncien a ello. Gilles Deleuze, entre otros, piensa que a fin de cuentas "toda filosofía de la historia es, o bien teológica, o bien historia de las contingencias y encuentros imprevistos".[52]

Que la filosofía de la historia se las vea con las contingencias ya lo vio Hegel. Precisamente a partir de ahí elaboró su filosofía de la historia. En su quehacer se preguntaba por la finalidad de todas esas permutaciones en apariencia inconexas. La idea de finalidad, sin embargo, tiene varias acepciones. En primer lugar, la finalidad entendida como medio con vistas a un fin. En este caso el presente es el medio para alcanzar el futuro. El futuro, por su parte, sería la meta por conseguir y tiene razón de fin en cuanto ha sido previsto por el agente. Si se concibe el fin de la historia en este sentido se cae en el reproche de Baudrillard, pues uno daría por supuesto que conoce el futuro. En segundo lugar, puede entenderse la finalidad simplemente como el último paso de una sucesión cronológica. Respecto a la sucesión el fin puede ser visto de dos maneras. O bien el último paso guarda una relación accidental con los anteriores y es meramente la cesación de un movimiento. Aquí, desde luego, la idea de finalidad casi se desvanece y hablamos más bien de un cese. O bien, el último paso es la recapitulación de todos los anteriores. Mas en este caso sólo se sabe al final que se está ante una recapitulación y que todo lo anterior ha ido preparando lo postremo.

52 Gilles Deleuze, *Derrames. Entre el capitalismo y la esquizofrenia*, Buenos Aires, Cactus, 2010, p. 45.

Para Nédoncelle este último caso, el de la finalidad *recapituladora*, es el que conviene aplicar a las relaciones interpersonales. Dando, pues, por sentada la causalidad intersubjetiva, Nédoncelle piensa que ésta no pude carecer de sentido. Ha sostenido que, a fin de cuentas, en este sentido recapitulador, se nos depara la armonía de las conciencias. Su tesis y la mía es que, si bien este fin no es demostrable es, sin embargo, esperable. No podemos, dirá, dar cuenta de él a partir de nuestras experiencias fragmentarias, pero podemos esperarlo. Esta esperanza, lejos de ser un deseo irracional, tiene carácter racional. Está en nosotros y forma parte de nuestra racionalidad. Se debe evitar el confinar a la esperanza a un rincón presuntamente irracional de nuestro ser. Por el contrario, pienso que justamente el análisis filosófico de la esperanza pondría a la vista la racionalidad de la reflexión sobre el sentido de la historia. Se podría decir, entonces, que la esperanza es por definición una esperanza racional y que "este es el marco en que podemos tratar de comprender nuestro destino y el del mundo en nosotros".[53]

Con base en lo anterior se podría argumentar que hay una estrecha conexión entre la esperanza y la historia. Que, si la esperanza es motor de muchas acciones, la historia muestra cuáles fueron las esperanzas detrás de las acciones. Una filosofía de la historia estará emparentada con una filosofía de la esperanza. En ambos casos la pregunta por la finalidad estará presente.

Ahora bien, cuanto he querido mostrar en este capítulo es que se puede pensar la historia y más todavía que la pregunta por el sentido de la historia es insoslayable. En mi opinión, la cuestión no es si se debe o no estudiar filosóficamente la historia, sino cuál es el camino filosófico adecuado. En estos últimos párrafos he querido apuntar una dirección de estudio al proponer que la esperanza guarda relación con la historia, a la vez que sostengo que la esperanza es racional y por ende se puede reflexionar sobre ella filosóficamente.

Todo considerado, he tratado de mostrar la pertinencia de reflexionar sobre la historia. A la pregunta, por qué pensar filosóficamente la historia, respondo que es necesario para evitar algunos errores. Mi argumentación parte del hecho que en la práctica actuamos con intenciones, como individuos y como

53 RC, §239.

sociedad, con vistas a un fin. Preguntas como, ¿a dónde vamos?, ¿qué futuro deseamos? o ¿qué sociedad queremos alcanzar?, ponen al descubierto la idea de una meta, cuya consecución es prevista para el futuro. A mi juicio, el filósofo está obligado a analizar críticamente la estructura de esta dinámica sobre el futuro y la consistencia de las *futurabilia* mismas. Pues sin duda, el que yerra en los fines yerra en los medios. A la vez, si se desconoce el orden que deben llevar los medios, también se equivoca en alcanzar el fin. En suma, el análisis de nuestros anhelos a futuro supone, para el filósofo, considerar nuestra propia temporalidad y la calidad de nuestros objetos de deseo que le dan sentido y razón de ser a los deseos mismos.

La mención de los anhelos y de los medios lleva a recordar que con razón se afirma que la esperanza es la virtud sobre los deseos y la prudencia lo es sobre los medios. Así que una prolongación lógica de este estudio sería uno que considerara la esperanza y la prudencia en el contexto de una filosofía de la historia.

Por último, creo oportuno explicar que no juzgo atinado plantear la reflexión sobre la historia como un ejercicio de pronósticos más o menos reservados. Al hablar de la esperanza y de la prudencia, no pretendo decir que el filósofo pueda conocer de antemano cuál es el fin de la historia, de suerte que lo conoce con la inteligencia, lo espera con la voluntad y lo construye con prudencia. Más bien he querido decir que el amor —la reciprocidad amante nedoncelliana— da razón de nuestra propia identidad y pone al descubierto la dinámica de las relaciones interpersonales. Esperar la armonía de todas las conciencias no significa asegurar su realización. Si por su parte Hegel afirma el triunfo del espíritu y por la suya los posmodernos no lo admiten por ningún lado, yo me colocaría en una posición intermedia. No se lo puede asegurar, pero no se puede negar que sea posible.

Este planteamiento que acabo de hacer desemboca, sin embargo, en problemas que Nédoncelle abordó en sede teológica.[54] No corresponde aquí lidiar con ellos, pero he querido señalar que incluso ahí Nédoncelle no dejó

54 Véase Maurice Nédoncelle, "Démythisation et conception eschatologique du mal", en *Le mythe de la peine*, por Enrico Castelli, París, Aubier, 1967, pp. 195-212.

de ocuparse de los asuntos propios que plantea la historia. Pensó sobre la historia de manera filosófica y lo hizo también teológicamente.

Conclusiones

Introducíamos este trabajo constatando cómo la reflexión sobre la historia y sobre la persona estuvo en el centro de los intereses de los filósofos, al menos en Francia, durante la primera mitad del siglo XX. Esta doble instancia permitía sospechar que también Maurice Nédoncelle, vinculado habitualmente al personalismo, habría incursionado en las reflexiones sobre el tiempo y sobre la historia.

Ha sido necesario a lo largo del texto hacer hincapié en que, con una investigación de este género, se perseguía ofrecer una contribución a la interpretación filosófica de Nédoncelle. La mayoría de los estudiosos se había detenido en las tesis más llamativas de su filosofar, *i. e.*, la persona, las relaciones interpersonales y otras del género, pero una aproximación al pensamiento nedoncelliano en clave de filosofía de la historia no había sido hecha. En la práctica esto se explica porque Nédoncelle no escribió ningún tratado sobre la historia en sí; pero eso no implicaba que la historia tuviera escasa relevancia en su quehacer intelectual. Más todavía, como se pudo comprobar, todas sus explicaciones sobre el amor sólo se sostienen si hay a la vez una tesis sobre el valor y destino de las relaciones amorosas. Poner en relación sus postulados sobre el amor y el significado del tiempo ha sido propiamente el trabajo realizado.

A decir verdad, ya su obra sobre la reciprocidad de las conciencias, que comienza con la atestación de la reciprocidad y culmina con las descripciones del destino espiritual, marcaba el horizonte en que se debían leer sus reflexiones. Precisamente la última parte de ese escrito —la que más habla sobre el sentido del devenir— ha sido, empero, la más relegada hasta ahora por los críticos. De todas formas, siendo propósito de este trabajo interpretar de una manera más cabal el pensamiento de Nédoncelle, es lógico que se tuvieran en cuenta los estudios críticos de nuestro autor que, si bien no siempre tratan directamente sobre la historia, permitían, sin embargo, mostrar las implicaciones de sus otros postulados para este asunto.

Efectivamente, al estudiar diversos conceptos manejados por Nédoncelle a la luz de una teoría sobre el sentido del tiempo, se iluminan otras partes de la teoría. Por ejemplo, la comunión de las conciencias se elucida al considerar que, tratándose de un dato originario, es también una meta por alcanzar, cuya realización justamente se despliega en el tiempo. Al examinar, con referencia al sentido del devenir textos apenas usados ahora con este propósito, se ha podido esclarecer también la pertinencia de esos textos en el conjunto de la obra nedoncelliana. Tal ha sido el caso de sus dos ensayos, uno sobre la reciprocidad en la historia y el otro sobre el devenir colectivo, incorporados a su obra sobre el amor.

Para llevar a cabo nuestro propósito, no bastaba reunir pasajes en los que se hablara sobre el tiempo o sobre la historia, pues incluso en otros donde el tema central es más bien el amor o el estatuto de la persona, están implícitas sus ideas sobre el significado del devenir temporal. Habida cuenta de todo lo anterior una conclusión general se impone, a saber, que del examen minucioso de los escritos de Nédoncelle, del rastreo atento de las fuentes de su pensamiento y del contraste adecuado con el contexto de las corrientes filosóficas de su época, es justo decir que Maurice Nédoncelle tiene una filosofía de la historia, tanto por ocuparse de los temas y autores comúnmente asociados a dicho asunto, como por el hecho —todavía más fundamental— de afrontar el problema mismo del tiempo y su significado.

Ahora bien, para quien está familiarizado con la corriente filosófica del personalismo, tal vez pueda sorprender el acercamiento que hemos hecho entre amor y tiempo. Mas no le llamará la atención que exista dicha relación; pues se da cuenta de que los dos términos invocados están conectados. Así, verbigracia, uno sabe que desde Platón la reflexión sobre el amor es también la reflexión sobre el sentido de la vida. En toda esa discusión sobre el *Eros*, Platón está colocando las cosas en la "dimensión del devenir",[1]

1 Giovanni Reale, *Eros, demonio mediador. El juego de las máscaras en el "Banquete" de Platón*, Barcelona, Herder, 2004, p. 204.

mostrando así el correlato entre las aspiraciones de los hombres y su desenlace en la eternidad.

Por lo que respecta al amor, uno sabe que hay diferencias notables entre los autores. A pesar del parentesco de vocablos, no es lo mismo hablar del amor como una suerte de *copula mundi*,[2] de la cual participarían también los hombres, que, por el contrario, colocar la esencia del amor en las personas y sólo alargando la analogía hablar de amor al señalar las fuerzas de la naturaleza. En medio de estas dos posiciones caben, desde luego, todos los matices del iris.

De manera similar uno sabe cuánto se ha reflexionado sobre el tiempo y su significado. En efecto, a la pregunta por el tiempo uno puede responder con la definición de la física de Aristóteles, o bien, colocarse tras la estela de san Agustín. También aquí caben muchas modalidades.

Frente a posturas diversas, el estudio realizado ha permitido valorar en su conjunto las soluciones ofrecidas a la serie de interrogantes que surgen al acomunar amor y tiempo.

A continuación, trataré de mostrar las conclusiones a las que nos ha llevado esta investigación. Están agrupadas en dos apartados. Uno sobre el amor y la persona, y otro sobre la relación entre el amor y el tiempo. A estas alturas, se habrá advertido que la filosofía de Nédoncelle, centrada en la persona, busca ser una visión amplia sobre toda la realidad. O bien, dicho de otra manera: tiene pretensiones metafísicas. Captar esta ambición nedoncelliana por "descubrir el origen y el destino de los seres a partir de un examen crítico de sus manifestaciones",[3] sólo era posible explicando antes el método seguido por nuestro autor en su aproximación al ser y la visión de ahí educida. Por lo demás, aunque por razones didácticas no podíamos abordar aquí toda su filosofía del amor,[4] dando por supuestas ciertas cosas, pensamos que ha quedado claro cuán inextricablemente imbricadas están ambas cuestiones, *i. e.*, amor y tiempo.

2 Cfr. *Ibid.*, p. 180.

3 Nédoncelle, *¿Existe una filosofía cristiana?*, p. 118.

4 Remitimos a nuestra obra, *Una filosofía del amor: Maurice Nédoncelle.*

1. Sobre el amor y la persona

Ante la afirmación de Nédoncelle de que la comunión de las conciencias es un hecho primigenio, uno no deja de preguntarse si se trata de una tesis defendible. Sin embargo, se la comprende al contrastarla con la tesis del *cogito* solitario. La cantidad de problemas irresolubles a los que conduce la idea de un *cogito* aislado, tales como la identificación del otro o la comunicación entre las personas, sólo se resuelven si se desiste de imaginar al yo como una mónada insular.[5] Así y con todo, el enunciado escueto de la comunión de las conciencias podría hacer pensar a alguno en una relación plena y psicológicamente intensa. Este modo de entender las cosas hizo que Martin Buber, entre otros, tuviera que ser más claro en sus asertos. Sólo desconociendo la gradación en las relaciones entre las conciencias, de la que habla este autor o para el caso el mismo Nédoncelle, supone identificar el hecho esencial de la reciprocidad con sus manifestaciones. Aun así, el malentendido no era gratuito, y uno sabe que otro autor personalista, Emmanuel Lévinas, ponía reparos a las atestaciones buberianas. En síntesis, Lévinas le reprochaba a Buber decir que el *tú* que hace existir al *yo*, no es la persona a la que le digo tú, sino el tú que yo pronuncio.[6] "He aquí —dice Nédoncelle— lo que despoja de repente, a mi juicio, a la intersubjetividad de su originalidad esencial".[7] Efectivamente, semejante respuesta de Buber daba la impresión de que las relaciones interpersonales no eran metafísicamente constitutivas, sino meramente psicológicas. Es justamente en este punto donde la ontología personalista de Nédoncelle mostraría toda su envergadura.

Es un hecho, o la relación interpersonal es una realidad primigenia, y entonces el nosotros es constitutivo del binomio yo-tú; o por el contrario, lo primigenio es sólo el yo, y entonces el tú sólo aparece por analogía. Ciertamente no viene al caso repetir la argumentación desarrollada capítulos antes, pero sí se pueden enunciar las ideas que, a mi juicio, se deben tener por válidas.

---

5 Cfr. Nédoncelle y Pucelle, "Je et Tu", pp. 1239-1241.

6 Véase Paul Arthur Schilpp y Maurice Friedman (eds.), *The philosophy of Martin Buber*, vol. XII, La Salle, Ill: Open Court, 1967, p. 697.

7 Nédoncelle, *Intersubjectivité*, p. 373.

En primer lugar, la necesidad de adherirse a una metafísica de la persona basada en la relación entre las personas. Sin duda se trata de un punto de partida para el acercamiento a la persona, pero a la vez es una conclusión que se impone desde el momento en que la misma reflexión personal está marcada por la relación con los demás. En este sentido, la misma duda cartesiana sólo es posible tras haber estado expuesto a las relaciones con el mundo exterior, incluidos los demás. Más todavía, la formulación misma de la duda sólo es posible por la apropiación de un lenguaje el cual, por definición, es lenguaje común. De esta observación al problema del intelecto único y las cuestiones anejas que se vieron, no había más que un paso. Evidentemente, sin embargo, la nuda realidad de nuestra condición de seres relacionales, no muestra qué tanto debe tomársele como punto de partida de una metafísica. He aquí donde está la novedad del intento del decano Nédoncelle por sistematizar en términos metafísicos la profundidad del nosotros. Uno puede decir entonces que, ante la experiencia de las relaciones interpersonales, Nédoncelle se decantó por una reciprocidad de base. A la vez, empero, el tipo de relaciones que experimentamos le llevó a notar que estas no se explican si no se admite que igualmente en la base hay ya una formalidad que define nuestras relaciones. Esta formalidad es el amor.

En segundo lugar, pues, se podía concluir que el amor es la forma de las relaciones interpersonales. Nédoncelle encontró en Platón, particularmente en el *Banquete* y en el *Fedro*, la base para recurrir al vocablo amor y usarlo como concepto explicativo de la reciprocidad de las conciencias.[8] Desde luego, esto no es algo que pudiera darse por descontado; sin embargo, otras explicaciones en torno al elemento constitutivo de las relaciones interpersonales no parecen dar cuenta de lo específico de la relación. De entrada, podía notarse que las relaciones entre las conciencias no son las de unas piezas yuxtapuestas; luego, podía advertirse también que esas relaciones no son estáticas, sino dinámicas. A partir de la observación que Nédoncelle no ha dudado en calificar de aproximación fenomenológica, era posible constatar la dinámica de las relaciones interpersonales y concluir que ésta es esencialmente amorosa.

8 Cfr. *Ibid.*

En síntesis, cuanto Nédoncelle sostiene es que la persona es relación, y esa relación es amor. Por ello dirá que hay una sinonimia entre reciprocidad y amor personal. Una vez que se ha abandonado la monadología solipsista, no cabe otra posibilidad que aceptar que la reciprocidad de las conciencias es un punto de partida;[9] lo que hace falta explicar luego es la dinámica de esa reciprocidad. Al llegar a este punto Nédoncelle no duda en hablar del amor y definirlo sin rodeos como una voluntad de promoción. Habiéndonos detenido sobre la validez de esta tesis en otro lugar,[10] dándola por buena ha sido posible mostrar la coherencia de sus demás asertos. Con todo, el interés con el que nos acercamos para evaluar la tesis del amor nedoncelliano, no se limitaba al análisis del amor, sino más todavía, a responder a los siguientes problemas: dada la reciprocidad de las conciencias, ¿puede acaso el amor dar cuenta del sentido y significado de la totalidad de las relaciones interpersonales? ¿Es el amor la explicación del existir mismo de las conciencias? Por último, ¿puede legítimamente hacerse un acercamiento entre el amor y el devenir temporal?

Las preguntas recién formuladas estuvieron de algún modo presentes en toda la investigación. Ahora bien, pienso que uno de los méritos de la obra de Nédoncelle estriba precisamente en haber abordado, sin rehuirlos, los problemas inherentes a las relaciones interpersonales y haber plasmado en sus escritos una visión articulada y razonada de todas esas cuestiones. Obligados, ahora, a decir en qué consiste esta visión nos parece posible decir que la propuesta nedoncelliana se articula en estos puntos:

Primero, una filosofía que parte de la persona. No sólo una filosofía sobre la persona; sino un filosofar que asume como constitutivo el hecho de que la filosofía es un acto de la persona. En la ya recordada expresión, *hic homo intelligit*, está contenida la fuerza de esta atestación. No existe, pues, un filosofar al margen de la persona.

---

9 "El pensador no es libre para disociar radicalmente una experiencia tan primitiva que oculta y sobrepasa simultáneamente la segmentación de métodos. La relación del y el tú entra como algo esencial en el ser del yo y el ser del yo es afirmado inevitablemente en todo pensamiento. Esta referencia, o más bien, este nudo de referencias, es tal que no podemos deshacernos de él más que de palabra. Es más, la percepción de este hecho primitivo tiene igualmente un alcance metafísico", AP, p. 240.

10 Pedro A. Benítez, *Una filosofía del amor.*

Segundo punto, que bien mirada la persona —objeto primero de la reflexión filosófica— solo se la encuentra y comprende dentro de una red de relaciones, a las que Nédoncelle llama reciprocidad. El término *reciprocidad* sirve, en efecto, para calificar todo su sistema, habida cuenta de sus dimensiones formales, materiales y metodológicas.[11]

Tercero, la tesis según la cual la reciprocidad es una relación de amor. El amor entre conciencias es el hecho primero que Nédoncelle estima privilegiado. Dada esta primacía, lo ha estudiado con detenimiento, encontrando que la mejor manera de definirlo es como una voluntad de promoción.

En un cuarto punto cabe decir que la voluntad de promoción, esto es, el amor, descubre ante nuestros ojos una influencia recíproca de tal magnitud que conviene hablar de una auténtica causalidad intersubjetiva.[12] Distinta de la causalidad física, es la causalidad que define las relaciones estrictamente personales. El alcance, la consistencia y las formas que adopta esta causalidad son justamente las cuestiones que abren el panorama de una reflexión sobre la historia.

Un quinto punto es el que se refiere a la condición temporal de la persona. Aquí debe considerarse que, si bien, la propia experiencia sensible (como se puso de relieve valiéndonos de algunos textos de Marechal) pone en evidencia la condición temporal; en Nédoncelle, como la persona es por definición relación recíproca, esa temporalidad no es meramente individual, sino comunal. No es mi tiempo, sino nuestro tiempo. De ahí que el mismo estudio sobre la persona desemboca en un estudio sobre la temporalidad de las relaciones interpersonales, esto es, sobre la historia. A fin de cuentas, la causalidad intersubjetiva es una explicación del aparecer y del sucederse de las conciencias, tanto como de su despliegue temporal. Frente a otra clase de explicaciones sobre el significado del tiempo, Nédoncelle ha vinculado las suyas a la persona. El tiempo no se explicará simplemente por el movimiento de las

11 Cfr. Valenziano, *Introduzione*, p. 10.

12 Puesto a describir la causalidad intersubjetiva Nédoncelle presenta la siguiente sucesión de hechos: "1) una intención activa del yo; 2) un comportamiento expresivo de esta intención; 3) la percepción por otro de este comportamiento; 4) la modificación del espíritu del otro y de su comportamiento como respuesta al acto del yo; 5) la percepción por parte del yo de dicha respuesta", Nédoncelle, *Intersubjectivité*, p. 147.

cosas físicas, sino que se dará razón de su existencia, por la dinámica misma de las relaciones personales. Dinámica que es, dicho por enésima vez, la del amor. En conclusión, pues, el tiempo se explica por el amor.

En vista de lo cual se pueden considerar un par de cuestiones que, a mi juicio, han quedado todavía por dilucidar. La primera, se refiere al acceso al ser personal y al establecimiento de la plena comunión interpersonal. A fuer de insistir en la incapacidad de las cualidades naturales para fincar el amor, uno se lleva la impresión de que para Nédoncelle siempre se está dando un rodeo en torno al otro, pero que nunca se lo alcanza. Esta impresión es todavía mayor al considerar que sólo a través de los valores se establece la comunión. Nédoncelle ha dicho que la reciprocidad se establece por la realización de valores de índole científica, estética y moral; máxime por estos últimos. No obstante, como ya se dijo, uno se ve obligado a aceptar que para Nédoncelle los valores morales realizados jamás constituyen ya el encuentro interpersonal pleno, sino que se debe esperar todavía un encuentro de tú a tú más allá de ellos, únicamente posible por la intervención divina. A pesar de ello, no considero que estemos en Nédoncelle todavía frente a un dualismo cartesiano.[13] Pienso más bien que el postulado de Nédoncelle, según el cual, la plena realización de los valores es imposible en las condiciones actuales, deja su filosofía abierta a acoger la existencia de un don que sólo se deduce por la insuficiencia de la reciprocidad alcanzable en este mundo.[14]

La otra cuestión se refiere al tema de la díada. El acotamiento que hace de las relaciones plenas a la díada terminaría por descalificar la plena comunión de todas las conciencias. Desde luego Nédoncelle ha querido salvar esta objeción apelando a una conciencia suprapersonal, garante de la armonía total. Aun así, me parece que, si se miran las cosas más cerca, se puede notar que Nédoncelle no piensa que sólo se establezca la reciprocidad una vez en la vida y con una sola conciencia. Habla de que la plena reciprocidad es rara, pero eso no quiere decir que sea un evento único. Con todo, le ha faltado mostrar

---

13 Es lo que piensa Álvarez-Lacruz: "En lo que respecta a la reflexión, su punto de partida es el mismo que en Descartes sólo que abierto a los otros. Supera así el solipsismo cartesiano, pero no supera su dualismo", en *Concepciones del amor*, p. 308, n. 12.

14 Cfr. RC, §224-225.

que aun y cuando la reciprocidad plena se diera sólo en la díada, habría ya, ahí, una presencia de más conciencias. A mi modo de ver, si se admitiera que las reciprocidades se van estableciendo a lo largo del tiempo, y que, si bien no es posible sostener la atención psicológica con muchas conciencias a la vez, sin embargo, los encuentros en profundidad dejan una especie de huella, puede entonces decirse que, al alcanzar una comunión más plena con alguien, estoy a la vez entrando en comunión con aquellos con quienes esa persona a su vez lo estuvo.[15] Y esto explica mejor el modo de establecerse la red de relaciones, la cual, en Nédoncelle, aparece como un punto de partida en la reciprocidad, pero parece diluirse conforme se sube en la escala de la comunión.

2. Amor y tiempo

Ambas cuestiones recién mencionadas tienen ciertamente su conexión con los problemas sobre la historia y su significado. En efecto, planteamientos como el de Hegel o el de Herder sobre la historia ponían a la vista cierta disyuntiva entre el individuo y la colectividad, en relación al progreso y al fin del devenir. Uno puede decir, en efecto, que la reflexión del Decano Nédoncelle tenía en el horizonte, no sólo los problemas del cartesianismo sobre el *cogito*, sino también las implicaciones que un determinado modo de concebir a la persona, suponen para explicar y dar cuenta del significado general del decurso histórico. Percibir esto, sin embargo, sólo era posible teniendo a la vista el complejo y vasto panorama de la filosofía de la historia. Todo considerado, me parece también a este respecto que la reflexión del Nédoncelle tiene su mérito, pues no deja de ser un esfuerzo loable por organizar una serie de planteamientos, a veces dispares, de los mismos temas. En efecto, posiciones como la de Hegel,

15 A modo de ilustración estas líneas de Lewis, con quien puedo estar de acuerdo: "Lamb dice que si de tres amigos (A, B y C) A muriera, B perdería no sólo a A, sino 'la parte de A que hay en C' y C pierde no sólo a A, sino también 'la parte de A que hay en B'. En cada uno de mis amigos hay algo que sólo otro amigo puede mostrar plenamente. Por mí mismo no soy lo bastante completo como para poner en actividad al hombre total, necesito otras luces, además de la mía, para mostrar todas sus facetas. Ahora que Carlos ha muerto, nunca volveré a ver la reacción de Ronaldo ante una típica broma de Carlos. Lejos de tener más de Ronaldo al tenerlo 'sólo para mí', ahora que Carlos ha muerto tengo menos de él": Clive Staples Lewis, *Los cuatro amores*, Madrid, Rialp, 2000, p. 73.

Marx, Hyppolite, Bultmann o Brunschvicg, por recordar algunos, son puestas en relación de forma articulada, permitiendo así una mejor comprensión de los problemas de fondo.

La segunda parte de nuestro estudio nos ha permitido comprobar cómo los problemas de filosofía de la historia tocan de cerca los problemas sobre las relaciones interpersonales. Aun así, ciertas visiones sobre el pasado histórico pretenderían ofrecer una consideración impersonal del devenir. Por el contrario, si se miran más atentamente las cosas uno puede notar que el devenir de la humanidad, eso que llamamos historia, es ciertamente la manifestación de las relaciones interpersonales, las cuales, como ha quedado dicho, son relaciones amorosas. Usando el lenguaje nedoncelliano, uno podría entonces concluir que la historia es la historia del amor, sea de su éxito o de su fracaso.

Por ello fue necesario mostrar la consistencia de una ontología personalista, para abordar, ya sin ambigüedades, las consideraciones sobre la reciprocidad de las conciencias en la historia. Al pasar revista a los textos nedoncellianos sobre la historia en general y sobre el alma colectiva, he querido mostrar cómo, a fin de cuentas, la tesis fundamental de la reciprocidad amante, encuentra una respuesta coherente al para qué de la reciprocidad, justamente en su visión sobre la historia.

Visto lo anterior parecía conveniente reconducir, en un último capítulo, todas las cuestiones a una reflexión final, donde se justificase la obra emprendida. En efecto, uno puede sostener que una reflexión filosófica sobre el ser personal, necesariamente toca las pregunta sobre el tiempo. En el contexto de la filosofía de Nédoncelle, dado el punto de partida de sus inquisiciones, *i. e.*, la persona y su condición amante, era casi obligado detectar el correlato entre esa reciprocidad amante y la condición temporal e histórica de las reciprocidades. Al final, hemos podido verificar que, en efecto, Maurice Nédoncelle profesó una filosofía de la historia.

La filosofía de la historia atraía la atención de los filósofos, incluso de los personalistas, a mediados del siglo XX. Uno se pregunta, luego, qué sucedió para que dejara de estar en el centro de las reflexiones. Al parecer la filosofía de la historia estuvo emparentada con los sistemas totalitarios de diversa índole, dando paso a un generalizado escepticismo ante las consideraciones filosóficas sobre la historia.[16] Por una explicable reacción se ha querido salvar a la filosofía de su querencia con la historia. Pudiera ser, en efecto, que ciertas filosofías de la historia hayan sido el caldo de cultivo para ideologías devastadoras, pero ¿acaso eso justifica la desatención filosófica sobre la historia? Justamente en las páginas precedentes he querido mostrar por qué vale la pena pensar filosóficamente la historia. Entre otras cosas porque es inevitable preguntarnos por el significado del tiempo; pero también porque, de algún modo, descubrimos que nuestras acciones no carecen de sentido y se encaminan a un fin que colmará todas nuestras esperanzas. Reflexionar filosóficamente sobre el devenir temporal sería, a mi juicio, también un modo de colocarnos críticamente ante la historia, previniendo de ese modo las reducciones ideológicas que desembocan en los indeseables totalitarismos.

Al estudiar de la mano de Nédoncelle tantos problemas que plantea la historia y su comprensión, me parece que uno puede concluir que es necesario encarar, pertrechados de una buena crítica filosófica, la realidad misma de nuestra temporalidad. Los análisis desarrollados en estas páginas permiten concluir que no se puede reducir la historia a una idea. Nuestra vida no es simplemente el camino para identificarnos con un modelo ideal de organización social. La democracia liberal como último sistema de organización social, no parece tomar en cuenta que el hombre puede ir cambiando de gustos y sentirse cómodo con otros sistemas de organización; para luego estar de nuevo insatisfecho y buscar otros más.

Uno puede concluir, más bien, que la voluntad de promoción —el amor—, que tiene siempre a la persona en la mira, puede encontrar variaciones casi infinitas en su modo de actuar. Querer al otro no significa atarlo en este o aquel sistema de relaciones. Por más bien intencionada que sea la *Utopía* de Moro, uno sabe que en sus concreciones espacio-temporales no es para todos. La alusión a la utopía hace pensar en un estadio último y perfecto de la humanidad, alcanzado el cual, cesaría la historia.[17] Todavía, si se miran las cosas con

16 Cfr. Reyes Mate (ed.), *Filosofía de la historia*, p. 11.

17 Todavía ahora se discute sobre este tema. Véase John Gray, *Misa negra. La religión apocalíptica y la muerte de la utopía*, Madrid, Sexto Piso, 2007.

mayor atención uno descubre que en el fondo late la pregunta por el sentido del tiempo y de la historia.

Para Plotino, por ejemplo, lo primero es la eternidad. La eternidad es perfecta y completa en sí misma, pero por motivos inexplicables Plotino introduce en ella una cierta inestabilidad, un desequilibrio causado por el deseo, y entre el deseo y su consecución hay un paso. Eso explicaría el origen del tiempo. El tiempo procedería de una caída (un mal paso entre el deseo y su consecución). "El tiempo nace de una caída. Y una caída no se define, se narra".[18] ¿Acaso no se percibe en este planteamiento una relación entre el tiempo y la esperanza? Quizás la visión plotiniana sea pesimista, pero deja entrever que el tiempo tiene que ver con la realización de un deseo.

Como se ha podido ver más arriba, el estudio de la naturaleza lleva a concluir que no está ahí el acceso directo al esclarecimiento del significado del tiempo. Esta me parece una de las conclusiones importantes a las que ha conducido la investigación. Así que es necesario mirar más bien la dinámica de nuestra voluntad para hallar respuestas sobre el tiempo y la historia. Si Nédoncelle ha reflexionado sobre el tiempo es porque ha reflexionado primero sobre la causalidad intersubjetiva. Es, en efecto, en el análisis de los quereres interpersonales que uno va columbrando el tiempo, en un sentido más profundo, como la medida del actuar de las conciencias. Teniendo a la vista esta definición del tiempo, uno podría explicar mejor que el tiempo no cesa jamás, porque no cesa la actividad de las conciencias. Ahora bien, uno vaciaría el tiempo de significado si pensara que suprimidas las luchas, como imaginaba Kojève, la actividad del hombre queda reducida al ocio. ¿Acaso no es más coherente pensar que el tiempo sigue teniendo sentido, porque sigue habiendo voluntad de promoción?

Ciertamente uno puede mirar el tiempo como la condición de posibilidad de un desarrollo plagado de obstáculos a la manera de Hegel. Superado el último obstáculo desaparecería el tiempo. Quizás no el tiempo físico, pero sí ese otro tiempo que era necesario para alcanzar la meta prevista. Los obstáculos se van superando en medio de luchas sangrientas y eso significa que

18 Guitton, *Le temps et l'éternité*, p. 59.

de algún modo el tiempo está vinculado a la lucha. Tal vez en un desliz inconsciente uno asociaría la ausencia de tiempo a la ausencia de luchas. O, por decirlo de otra forma, la ausencia de luchas es el fin de la historia. No faltan, en efecto, posturas como la de Plotino que explican el origen del tiempo por un mal inicial (una especie de pecado original metafísico); por lo que la superación del mal sería a la vez la superación del tiempo y el retorno a la eternidad inmutable.

Como ya se vio, uno puede explicar la historia por la lucha por el reconocimiento. Pero, ¿qué no tenemos otras experiencias que nos dicen lo contrario? Como se dijo, el estudio sobre la persona nos lleva a concluir que el amor es realmente constitutivo de la identidad personal. Esa voluntad de promoción es, a mi juicio, mejor explicación sobre el devenir temporal. Lejos, entonces, de definir la historia (y con ella el tiempo) como una lucha sangrienta, bien puede mirarse como el caminar de las voluntades hacia la plena realización de la relación de todas las conciencias.

El conjunto del estudio realizado me lleva a considerar que se puede explicar mejor el sentido de la historia si se la mira como el despliegue de la voluntad de promoción. Así miradas las cosas pienso, además, que se puede mostrar mejor la verdadera naturaleza de nuestras esperanzas. Como he querido indicar más arriba, la filosofía de la historia conduce a una filosofía de la esperanza.

Desde luego, sería ingenuo suponer que la historia está exenta de turbulencias y que las luchas sangrientas le son accidentales. Con todo, el análisis de los quereres nos llevaría a concluir que no se quiere simplemente la supresión de los conflictos, se quiere algo más. El estudio de nuestras intenciones, de nuestros modos de querer e ir en pos de ciertas metas, nos daría una idea mejor del significado del tiempo. Si, como se ha dicho, hay quienes hacen caso omiso de la voluntad de los individuos explicando la historia como una evolución de la naturaleza impersonal; y los hay que la explican a partir de un querer más universal que subsume las intenciones de los sujetos; pienso que se puede explicar mejor si se toma en cuenta nuestra propia condición originaria. Efectivamente, si es un hecho originario la reciprocidad de las conciencias, cuya dinámica es la voluntad de promoción, uno puede dar cuenta de la historia, como la historia de las voluntades *promotoras*. Los verdaderos artífices de la historia son los que, elevando a otros a su más alta realización, se elevaron también a sí mismos. Así, las mejores historias serían las de quienes quisieron lo óptimo y lo consiguieron, las peores las de quienes mal quisieron y no consiguieron nada. En medio caben todas las permutaciones.

En todo caso, se ve necesario mirar más de cerca la relación entre las intenciones y el tiempo. A decir verdad, este acercamiento entre la identidad del hombre como sujeto originariamente en relación de amor con otros sujetos y la historia como cierta narrativa de las relaciones interpersonales, ha permitido concluir que, en efecto, la historia se explica mejor si se esclarece la causalidad intersubjetiva.

Según lo visto, el pensamiento de Hegel ha marcado la reflexión filosófica sobre la historia. En esa línea se busca identificar las leyes del devenir de la humanidad o como se "prefiere decir ahora, su significado".[19] Todo considerado se respondía que el fin de todo el decurso histórico es el Absoluto. Ahora bien, la idea de finalidad campea en el horizonte de estas reflexiones. Por un lado, da la impresión de que uno conoce el fin y por eso lo espera. El fin es una idea conocida, pero no realizada. Por otro, se podría imaginar el fin simplemente como el término de un proceso cronológico. No hace falta conocer cuál será el fin, simplemente acontecerá. Lo único conocido sería la idea de un fin, es decir, la cesación del devenir. Aquí cabe suponer, de una parte, que el último estadio del proceso sólo tiene una relación accidental con los anteriores. Así visto el fin, es sólo la cesación. Pero si aplicamos esta idea a la historia, ¿acaso no estaríamos identificándola con el mero movimiento físico? De esta manera, hace falta proponer una idea de fin diferente. La idea de una finalidad recapituladora es, al parecer, la más coherente.

Uno no puede sino sostener que la historia es realmente el entretejido de las conciencias, con sus quereres. De ahí que uno se pregunta si todas las intenciones de todas las personas no desembocan en nada. ¿Cómo suponer que simplemente nos desvanecemos en la nada y dejamos de existir? Si seguimos existiendo tras la muerte, ¿cómo sostener que desaparece nuestra

19 Marrou, *De la connaissance historique*, p. 11.

voluntad? ¿Qué clase de persona es aquella que por definición está privada de voluntad? Más parece que esa tal, ya no es persona. Todo esto, desde luego, lleva a otro tipo de consideraciones, pero el recorrido hecho ha permitido ver que hay una estrecha relación entre el modo de concebir nuestra condición personal y la historia. El personalismo nedoncelliano de algún modo hace frente a las consideraciones anglohegelianas que disuelven al individuo y nos deja ante la coherencia de suponer que nuestras voluntades no dejan de querer. Mejor dicho, que su anhelo más profundo no es una flecha disparada al vacío. Querer la armonía de todas las conciencias es, en el fondo, una, si no la única, postura congruente con el análisis de nuestra condición amante.

Si, por lo demás, propiamente hablando no existe el yo en solitario, sino un nosotros; ¿cómo no concluir que la conciencia de mi devenir temporal también lo es de la del otro? ¿Cómo no concluir, además, que si la esencia de la relación interpersonal es la voluntad de promoción (el amor), entonces la historia es el despliegue de esas voluntades? Y, ¿cómo no suponer, luego, que esos amores son racionales, deliberados, auténticos actos del hombre, encaminados a un fin que se espera alcanzar, y no meros ímpetus ciegos lanzados al aire? ¿Cómo no ver, entonces en la historia, el conjunto de quereres (genuinas causalidades intersubjetivas) cuya relación no es marginal, sino constitutiva? La historia se muestra entonces como un auténtico nudo de relaciones.

Pensar la historia es, a la vez, admitir que, más allá de las relaciones inmediatas y conscientes, mi propia identidad forma parte de una red mucho más amplia, cuya conexión supera con creces la mera causalidad física.

Nédoncelle ha mostrado que hay una voluntad de promoción ahí donde hay una conciencia del yo. Ese yo jamás existe en solitario, sino como un yo por relación a un tú. Con todo, el tú percibido es querido de maneras diversas, desde el nivel ínfimo cuando lo querido es sin más la existencia del otro, hasta el querer ver en el otro la realización de los valores. Al momento que el yo conscientemente se dirige a la promoción del tú, por fuerza habrá la esperanza de alcanzar esa realización. El análisis de nuestras intenciones hace aparecer la esperanza, esto es, ese movimiento de la voluntad hacia un bien ausente pero posible de alcanzar. Si, efectivamente, la reflexión de Nédoncelle sobre la historia obliga a considerar la consistencia de nuestra temporalidad y el despliegue de nuestros actos de voluntad, uno puede concluir que hay una estrecha relación entre la historia y la esperanza.

Uno puede compartir, incluso con los positivistas Langlois y Seignobos, que el conocimiento histórico pasa por la aprehensión de las intenciones de los actores. Lo que ha sido más discutible es el camino por el que pretendían acceder a esas intenciones. En todo caso, el conjunto de los autores repasados apunta en esta dirección: la historia existe como despliegue de unas intenciones. Si para unos la intención es una y está ínsita en la naturaleza, mientras que para otros las intenciones son muchas y tan dispares que sólo forman un conjunto arbitrario, para otros más la intención está por encima de la naturaleza y de los hombres y es implacable.

Ahora bien, uno se pregunta por qué si damos por válido que los hombres actuamos por un fin,[20] ¿por qué luego habría que descargar en la naturaleza, cuyo automatismo es patente, la conciencia de un fin más consciente y más eficaz que el de nuestros quereres? De igual manera, ¿por qué pensar que, si en las condiciones actuales nuestros quereres están llenos de la esperanza de vernos realizados en el amor, luego el esperar una realización todavía más plena, más completa y más amplia, sería una esperanza irracional?

Todas estas preguntas y otras más son las que han llevado a concluir que existe la filosofía de la historia y la de la esperanza están conexas. La esperanza es, al decir del Aquinate, el deseo de algo bueno, futuro, arduo y posible.[21] La palabra arduo no es sinónimo de difícil, sino que agrega a lo difícil la idea de algo grande, elevado y eminente.[22] Así, en este contexto, ¿qué más arduo que la realización de la armonía de todas las conciencias? Con razón uno podía concluir que la consideración sobre la historia conducía a descubrir su génesis en los quereres de los hombres, en sus intenciones y esperanzas. Frente a las consideraciones generalizadoras de la historia, uno puede mirar las cosas de otra forma para encontrar en las aspiraciones de los hombres el fuelle que despliega el tiempo. De ahí que, quizás, no era tan de

20 Cfr. Tomás de Aquino, *Suma Contra Gentiles*, III, 2; Aristóteles, *De anima*, Madrid, Gredos, 1978, III, 12, 434a.

21 Cfr. Tomás de Aquino, *Suma Teológica*, I-II, q. 40, a. 1.

22 Cfr. René Antoine Gauthier, *Magnanimité. L'ideal de la grandeur dans la philosopie païenne et dans la théologie chrétienne*, París, Vrin, 1951, pp. 322-327.

extrañar que un autor que se ocupa del amor y de la persona, se hubiera de ocupar también de la historia, pues la esperanza de ver realizada la voluntad de promoción en su máxima extensión, cosa ardua, pero por ello esperable, es también la razón de ser del devenir histórico.

Ciertamente uno no puede aquí detenerse a estudiar filosóficamente la esperanza, pero sí puede notar que no es un movimiento irracional. Que si el querer más primigenio, ese querer llamado amor, es perfectamente racional, pues responde a lo que nos constituye como personas, también la esperanza de ver realizado nuestro más alto querer, será también racional. Sin duda, esto daría pie a muchas otras reflexiones. El estudio realizado nos lleva a concluir que hace falta continuar las investigaciones en esta línea.

Ahora bien, para terminar, es menester decir que el examen de la obra de Nédoncelle no ha sido infructuoso. Pienso, en efecto, que se ha podido contribuir a una mejor interpretación de la filosofía de este autor. Luego, además, considero que es justo decir que el pensamiento del decano Nédoncelle sobre el amor y la persona, sólo se comprende de forma cabal si se lo encuadra igualmente dentro de su visión sobre el tiempo y la historia. Sin duda que, por los estudios realizados a la fecha sobre Nédoncelle, uno podrá decir que ésta es una interpretación novedosa. Ciertamente cabe admitirlo; sin embargo, lo importante no es saber si es novedosa, sino si es correcta.

Bibliografía

1. Fuentes. Escritos de Maurice Nédoncelle

1.1. *Monografías*

Maurice Nédoncelle, *La philosophie religieuse en Grande-Bretagne de 1850 à nos jours*, París, Bloud & Gay, 1934.
———, *La pensée religieuse de Friedrich von Hügel (1852-1925)*, París, J. Vrin, 1935.
———, *Les leçons spirituelles du XIXe siècle*, París, Bloud & Gay, 1937.
———, *La réciprocité des consciences, essai sur la nature de la personne*, París, Aubier, 1942. (En castellano: *La reciprocidad de las conciencias. Ensayo sobre la naturaleza de la persona*, Madrid, Caparrós, 1996.)
———, *La Philosophie Religieuse de John Henry Newman*, Strasbourg, Sostralib, 1946.
———, *De la fidelité*, París, Aubier Montaigne, 1953. (En castellano: *La fidelidad*, Madrid, Palabra, 2002.)
———, *Existe-t-il une philosophie chrétienne?*, París, A. Fayard, 1956. (En castellano: *¿Existe una filosofía cristiana?*, Andorra, Casal i Vall, 1958.
———, *Vers une philosophie de l'amour et de la personne*, París, Aubier-Montaigne, 1957.
———, *Conscience et logos: horizons et méthodes d'une philosophie personnaliste*, París, Éditions de l'Épi, 1961.
———, *Personne Humaine et Nature. Étude logique et métaphysique*, 2a ed., París, Aubier Montaigne, 1963. (En castellano: *Persona humana y naturaleza. Estudio lógico y metafísico*, Madrid, Fundación Emmanuel Mounier, 2005.)
———, *Introduction à l'esthétique*, 5a ed., París, PUF, 1967.

——, *Explorations personnalistes*, París, Aubier, 1970.
——, *Le chrétien appartient à deux mondes*, París, Éditions du Centurion, 1970.
——, *Intersubjectivité et ontologie. Le défi personnaliste*, Lovaina-París, Nauwelaerts-Béatrice-Nauwelaerts, 1974.
——, Sensation séparatrice et dynamisme temporel des consciences, Bélgica, Bloud & Gay, 1977.

1.2. *Artículos y reseñas*

Desbiens (Nédoncelle), Maurice, "Le mouvement philosophique en Allemagne", en Henri Bremond, *La querelle du pur amour*, París, Bloud & Gay, 1932.
——, "Trois livres à retenir", en *Saint Agustin* por Maurice Blondel y Paul Archambault, París, Bloud & Gay.
Nédoncelle, Maurice, "M. Blondel's Philosophy", en *Theology* 38 (marzo de 1939): 223-228.
——, Reseña de "Maurice Pradines, *Traité de Psychologie génerale, t. II: Le génie humaine, vol. 1. Ses oeuvres; vol. 2. Ses instruments* (París, PUF, 1946)", en *Revue des Sciences Religieuses* 21, núm. 3(1947): 279-282.
——, Reseña de "Jean Hyppolite, *Genèse et structure de la 'Phenomenologie de l'Esprit' de Hegel* (París, Aubier, 1946)", en *Revue des Sciences Religieuses* 21, núm. 3(1947): 273-276.
——, "Prosopon et persona dans l'Antiquité classique, essai de bilan lingüistique", en *Revue des Sciences Religieuses* 22, núm. 1(1948): 277-299.
——, "L'indigence spirituelle du devenir collectif et de son histoire", en *Revue des Sciences Religieuses* 23, núm. 3(1949): 302-315.
——, "La philosophie", en *Cinquante ans de pensée catholique française*, París, Fayard, 1955.
——, "Bultmann ou l'individualisme eschatologique", en *Ephemerides Theologicae Lovanienses* 37(1961): 579-596.
——, "Intentionnalité de la conscience", en G. Jacquemet (dir.), *Catholicisme hier, aujourd'hui, demain*, vol. 5, París, Létouzey et Ané, 1962.
——, "Avant Propos", en Friederich von Hügel, *Lettres à sa nièce*, trad. Agnès Joly, París, Montaigne, (1964): 7-11.

———, "Nota autobiográfica sulle influenze ricevute (13 febbraio 1959)", en Crispino Valenziano, *Introduzione alla filosofia dell'amore di Maurice Nédoncelle*, Roma, PUG, 1965.
———, "Démythisation et conception eschatologique du mal", en Enrico Castelli, *Le mythe de la peine* París, Aubier, 1967.
———, "Culture et personne", en *Communication pour le XVI Congrès des sociétés de philosophie française sur la Culture*, Reims, 1974.
———, Reseña de "*Il personalismo*, Armando Rigobello (ed.) (Roma, Città Nuova, 1975)", en *Revue des Sciences Religieuses* 52, núm. 1(1978): 89-90.
———, Reseña de "Franz Grégoire, *Aux sources de la pensée de Marx: Hegel, Feuerbach* (París, Vrin, 1947)", en *Revue des Sciences Religieuses* 22, núm. 1(1948): 182-183.
———, Reseña de "Henri Duméry, *La philosophie de l'action. Essai sur l'intellectualisme blondéliene.* Avec une préface de M. Blondel (París, Aubier, 1948)", en *Revue des Sciences Religieuses* 23, núm. 1 (1949): 183-185.
———, Reseña de "François Houang, *Le néo-hegelianisme en Anglaterre. La philosophie de Bernard Bosanquet 1848-1923* (París, Vrin, 1954)", en *Revue des Sciences Religieuses* 29, núm. 2(1955): 185-187.
———, Reseña de "Paul Asveld, La pensée religieuse de jeune Hegel. Liberté et aliénation (París, Vrin, 1953)", en *Revue des Sciences Religieuses* 30, núm. 1(1956): 97-98.
Nédoncelle, Maurice y Jean Dagens, *Entretiens sur Henri Bremond*, París-La Haya, Mouton, 1967.
Nédoncelle, Maurice y Jean Pucelle, "Je et Tu", en Andrè Lalande, *Vocabulaire technique et critique de la philosophie*, 7a. ed., París, PUF, 1956.

2. Estudios

2.1. *Sobre Nédoncelle y su filosofía*

Agüer, Julia, "Introducción", en *Introducción a la estética* por Maurice Nédoncelle, trad. B. S. Escudero de Arancilia. Buenos Aires, Troquel, 1966.

Álvarez Lacruz, Alfredo, *Concepciones del amor en el siglo XX. Estudio comparativo de libros que jalonan la reflexión filosófica sobre el amor humano*, Saarbrüken, Académica Española, 2012.

Amadini, Monica, *Ontologia della reciprocità e riflessione pedagogica: saggio sulla filosofia dell'amore di Maurice Nédoncelle*, Milán, Vita e pensiero, 2001.

Benítez, Pedro A., *Una filosofía del amor: Maurice Nédoncelle. Estudio sobre el amor humano*, Saarbrücken, Académica Española, 2018.

——, "Maurice Nédoncelle, especialista en Newman", en Rosario Athié (ed.), *J. H. Newman y su legado en filosofía teología, literatura y educación*, San José, Promesa, 2017, pp. 31-41.

——, "Maurice Nédoncelle, A Newman Scholar", en *Newman Studies Journal* 11, núm. 1 (2014): 18-31.

——, "Una prueba personalista de la existencia de Dios: Maurice Nédoncelle", en *Tópicos. Revista de Filosofía* 32, núm. 1 (2007): 9-37.

Betancourt, Rubén, "Fundamentos ético-religiosos de la fidelidad. Una interpretación a partir de Tomás de Aquino y Maurice Nédoncelle", en *Efemérides Mexicana* 34, núm. 100(2016): 30-55.

Braun, Lucien, "Ouverture de Colloque", en *La pensée philosophique et religieuse de Maurice Nédoncelle*, París, Tequi, 1981.

Brelet, J. M., "La philosophie de Maurice Nédoncelle", en *Giornale di Metafisica* 3(1960): 269-282.

Centro de Estudios de Gallarate, "Nédoncelle", en *Diccionario de filósofos*, Madrid, Rioduero, 1986 (Firenze, 1976), p. 938.

"Chronica", en *Ephemerides Theologicae Lovanienses* 39, núm. 1, pp. 375-376.

Cot, P., "Maurice Nédoncelle", en J. F. Mattei (dir.), *Encyclopédie Philosophique Universelle. Les ouvres philosophiques*, vol. 3/2 París, PUF, 1992.

De Beer, Francis, "Maurice Nédoncelle", en *Filosofía cristiana en el pensamiento católico de los siglos* XIX *y* XX. Emerich Coreth (ed.), Walter Neidl y Georg Pfligersdorffer, 3 vols., Madrid, Encuentro, 1997.

———, "L'être parmi nous. A propos d'intersubjectivité et ontologie de Maurice Nédoncelle", en *Revue des Sciences Religieuses* 2, núm. 3(1977): 148-168.

Devivais, Charles, "La réciprocité des consciences chez M. Nédoncelle", en *Les Études Philosophiques* 1 (julio-diciembre de 1946): 218-224.

Díaz, Carlos y Maceiras, Manuel, *Introducción al personalismo actual*, Madrid, Gredos, 1975.

Domingo Moratalla, Agustín, *Un humanismo del siglo XX: el personalismo*, Madrid, Ediciones Pedagógicas, 1985.

Dufrenne, Mikel, Reseña de "Maurice Nédoncelle, *Introduction à l'esthétique* (París, PUF, 1953)", en *Revue philosophique de la France et de l'étranger* 1, núm. 3(1954): 130-131.

Dumery, Henri, "La phenomenologie en France", en M. Faber (dir.), *L'activité philosophique contemporaine en France et aux Étas Unis*, vol. 2: La philosophie Française, París, PUF, 1950, pp. 246-251.

Fernández-González, Jesús, "Antropología dialéctica. Estatuto metafísico de la persona según Maurice Nédoncelle", tesis de doctorado, Madrid, Universidad Complutense, 1982.

Ferrater Mora, José, "Maurice Nédoncelle", en *Diccionario de filosofía*, vol. 3, Madrid, Alianza, 1988.

Flores, Carolina, "La posibilidad de reflexión sobre el otro fuera de los parámetros de la fenomenología trascendental de Husserl: una propuesta a partir de Scheler y Nédoncelle", en *Efemérides Mexicana* 34, núm. 100(2016): 80-99.

García-Cuadrado, José Ángel, "Introducción", en *La fidelidad*, por Maurice Nédoncelle, trad. Antonio Esquivias, Madrid, Palabra, 2002, pp. 7-28.

Guy, A., "Personalismo francés", en *Diccionario de pensamiento contemporáneo*, por Mariano Moreno Villa (dir.), Madrid, San Pablo, pp. 950-956.

Hayen, André, Reseña de "Maurice Nédoncelle, *Vers une philosophie de l'amour et de la personne* (París, Aubier, 1957)", en *Revue Philosophique de Louvain* 56, núm. 50(1958): 328-332.

Isasi, Juan María, Domínguez Prieto, Xosé Manuel y Vázquez Borau, José Luis, *Blondel, Zubiri, Nédoncelle*, Salamanca, Fundación Emmanuel Mounier, 2003.

Jacques, Éttienne, Deschepper, Jean Pierre y Léonard, André, "Chronique de l'Institut Supèrieur de Philosophie", en *Revue Philosophique de Louvain* 67, núm. 96(1969): 679-696.

Jerphagnon, Lucien. 1978. "L'histoire de la notion de personne dans l'ouvre de Maurice Nédoncelle", en *Revue de théologie et de philosophie* 28, núm. 110, pp. 99-109.

——, "De l'idealisme au personnalisme: Maurice Nédoncelle", en *Revue Philosophique de Louvain* 69, núm. 1(1971): 397-406.

Jolivet, Regis, "Maurice Nédoncelle", en M. F. Sciacca (dir.), *Les grands courrants de la pensée mondiale contemporaine. Les tendances principaux*, vol. 1, Milán, Mazzoti, 1961, pp. 759-760.

Kienzler, K., "Maurice Nédoncelle", en *Kirchenlexikon*, vol. VI, Herzberg, Traugott Bautz, 1993, pp. 549-551.

Kruszewski, Jan, *El matrimonio como comunidad de vida y amor: hacia el sentido de la expresión en el pensamiento personalista francés de Nédoncelle*, tesis de doctorado, Navarra, Universidad de Navarra, 1993.

Labbé, Yves, "Une relecture de Maurice Nédoncelle. Une philosophie religieuse de l'intersubjectivité", en *Revue des sciences religieuses* 83, núm. 2(2009): 155-183.

Lacroix, Jean, "L'ontologie personnaliste de Maurice Nédoncelle", en *La pensée philosophique et religieuse de Maurice Nédoncelle*, París, Téqui, 1981.

——, *El personalismo como anti-ideología*, Madrid, Guadiana, 1973.

——, “La Philosophie Chrétienne de Maurice Nédoncelle”, en *Panorama de la Philosophie Française Contemporaine*, París, PUF, 1966.

——, *Panorama de la philosophie française contemporaine*, París, PUF, 1966.

Liddle, Vincent T., “The personalism of Maurice Nédoncelle”, en *Philosophical Studies: An International Journal for Philosophy in the Analytic Tradition* 15(1966): 112-130.

Lorda, Juan Luis, *Antropología. Del Concilio Vaticano II a Juan Pablo II*, Madrid, Palabra, 1996.

Mannath, Joseph, “Love as the key to understanding the person”, en *Journal of Dharma* 21, núm. 1(1996): 94-103.

Marini, Mario, *La relazione interpersonale e l'incontro con Dio in Maurice Nédoncelle*, Brescia, Morcelliana, 1976.

Marioni, Paolo, *La ricerca di Dio nel filosofo Maurice Nédoncelle*, tesis de doctorado, Roma, Pontificia Universitá Gregoriana, 1966.

Martinez, Marie-Louise, *Vers la réduction de la violence à l'école. Contribution à l'étude de quelques concepts pour une anthropologie relationelle de la personne en philosophie de l'éducation*, tesis de doctorado, París, Université de la Sorbonne-París III, 1996.

Moller, S., “Maurice Nédoncelle”, en S. Brown *et al.* (eds.), *Biographical Dictionary of Twentieth-Century philosophers*, Nueva York, Routledge, 1966, p. 565.

Muñoz Ortiz, Diego, “Consideraciones críticas sobre la ontología personal de Maurice Nédoncelle”, en *Efemérides Mexicana* 34, núm. 100(2016): 100-119.

Nguyen van Chien, Jean Battiste, *La philosophie de la personne et de l'amour chez Maurice Nédoncelle*, Louvain, PUL, 1969.

Paoletti, Domenico, “La visione di Nédoncelle dell'amore come ‘reciprocitá amante’. Un contributo filosofico alla comprensione dell'enciclica ‘Deus caritas est’ di Benedetto XVI”, en *Miscellanea Francescana* 106, núm. 107(2006-2007): 38-66.

Petrini, F. Reseña de “Maurice Nédoncelle, *Vers une philosophie de l'amour et de la personne* (París, Aubier, 1957)”, en *Giornale di Metafisica* 2(1959): 284-286

Pucelle, Jean, "Maurice Nédoncelle (necrologie)", en *Les Études philosophiques* 20 (enero-marzo de 1978): 116-123.
——, Reseña de "Maurice Nédoncelle, *Vers une philosophie de l'amour et de la personne* (París, Aubier, 1957)", en *Archives de Philosophie* 1, núm. 1(1959): 140-141.
Rafferty, Kevin, "Nédoncelle's personalist way to God", en *Philosophical Studies: An International Journal for Philosophy in the Analytic Tradition* 20, núm. 1(1971): 22-50.
——, *The personalist way to God according to Maurice Nédoncelle*, tesis inédita, Lovaina, Université Catholique de Louvain, 1967.
Ramos, Fernando, "A ontologia personalista de M. Nédoncelle", en *Revista filosófica de Coimbra* 3, núm. 2(1993): 169-210.
Renaud, Bernard, "Monseigneur Maurice Nédoncelle (1905-1976). Doyen honoraire de la Faculté", en *Revue des Sciences Religieuses* 2, núm. 3(1977): 145-147.
Rossi, Giorgio, "La persona come reciprocità in Maurice Nédoncelle", en *Giornale di Metafisica* 29(1974): 151-174.
Sellés, Juan Fernando, *La antropología trascendental de Maurice Nédoncelle*, Madrid, Apeiron, 2015.
——, "La relación personal del hombre con Dios según Nédoncelle", en *Metafísica y persona. Filosofía, conocimiento y vida* 6, núm. 11 (enero-junio 2014): 11-33.
——, "Si la libertad, el conocer y el amor son según Nédoncelle 'Trascendentales personales'", en *Metafísica y persona. Filosofía, conocimiento y vida* 5, núm. 10 (julio-diciembre 2013): 37-53.
——, "La distinción entre 'persona' y 'naturaleza' humana según Nédoncelle", en *Metafísica y persona. Filosofía, conocimiento y vida* 5, núm. 9 (enero-junio 2013): 11-32.
Université des sciences humaines de Strasbourg (ed.), *La pensée philosophique et religieuse de Maurice Nédoncelle. Actes de colloque organisé par la faculté de théologie catholique, la faculté de philosophie, le centre des religions les 21-22 mars 1979*, París, Téqui, 1981.

Valdés, Luis Fernando, *De la inmanencia a la trascendencia. La apertura del espíritu a lo sobrenatural en Maurice Blondel y Henri de Lubac*, México, Cruz O., 2008.
Valenziano, Crispino, "Maurice Nédoncelle filosofo per il nostro tempo", en *Filosofia e Vita* 3(1965): 60-70.
——, *Introduzione alla filosofia dell'amore di Maurice Nédoncelle*, Roma, PUG, 1962.
Vargas, Alfredo, "La intersubjetividad como base del desarrollo filosófico y teológico de Maurice Nédoncelle", en *Efemérides Mexicana* 34, núm. 100(2016): 56-79.
Vázquez Borau, José Luis, *Introducción al pensamiento de Maurice Nédoncelle*, 2a ed., Madrid, Instituto Emmanuel Mounier, 1992.
Vincellete, Alan, *Recent catholic philosophy. The Twentieth Century*, Milwaukee, Marquette, 2011.

2.2. *Otros estudios complementarios*

Aron, Raymond, *Introduction à la philosophie de l'histoire. Essai sur les limites de l'objectivité historique*, París, Gallimard, 1938.
Bergson, Henri, *Essai sur les données immédiates de la conscience*, 144a. ed., París, Presses universitaires de France, 1970.
——, *Durée et simultanéité, à propos de la théorie d'Einstein*, 2a ed., París, Félix Alcan, 1923.
Blondel, Maurice, *Historia y dogma*, trads. César Izquierdo y Silvia Kot, Madrid, Cristiandad, 2004.
——, *La Acción* [1893], trad. Juan María Isasi y César Izquierdo, Madrid, BAC, 1996.
——, *L'Être et les êtres*, París, Alcan, 1935.
——, *Une énigme historique: Le 'vinculum substantiale' d'après Leibniz et l'ebauche d'un rèalisme supérieur*, 2a ed., París, Beauchesne, 1930.
Bosanquet, Bernard, *The value and destiny of the individual. The Gifford Lectures for 1912 delivered in Edinburgh University*, Londres, Macmillan, 1913.

——, *The principle of individuality and value. The Gifford Lectures for 1911 delivered in Edinburgh University*, Londres, Macmillan, 1912.

Brunschvicg, Léon, *Les âges de l'intelligence*, París, Félix Alcan, 1934.

——, *L'experience humaine et la causalité physique*, París, Félix Alcan, 1922.

Buford, Thomas y Oliver, Harold (eds.), *Personalism revisited*, Amsterdam-Nueva York, Rodopi, 2002.

Bultmann, Rudolph, *Jesus Christ and Mythology*, Londres, SCM, 1958.

Burgos, Juan Manuel, *Reconstruir la persona. Ensayos personalistas*, Madrid, Palabra, 2009.

——, "Sobre el concepto de naturaleza en el personalismo", en *Espíritu* 54(2005): 295-312.

——, *El personalismo: autores y temas de una filosofía nueva*, 2a ed., Madrid, Ediciones Palabra, 2003.

Burkhardt, Jacob, *Reflexiones sobre la historia universal*, México, FCE, 1961.

Colomer, Eusebi, *El pensamiento alemán de Kant a Heidegger*, vol. 2: El idealismo: Fichte, Schelling y Hegel, 3 vols., Barcelona, Herder, 1986.

Collingwood, Robin George, *Idea de la historia*, 2a ed., trad. Edmund O'Gorman y Jorge Hernández, México, FCE, 1965.

Congar, Yves-Marie, "Histoire", en G. Jacquemet (dir.), *Catholicisme hier, aujurd'hui, demaine*, vol. 5. París, Létouzey et Ané, 1962.

De Finance, Joseph, "La présence des choses à l'éternité d'après les Scolastiques", en *Archives de Philosophie* 1 (enero de 1956): 24-62.

Deleuze, Gilles, *Derrames. Entre el capitalismo y la esquizofrenia*, 2a ed., Buenos Aires, Cactus, 2010.

Derrida, Jacques, *Espectros de Marx. El estado de la deuda, el trabajo del duelo y la nueva internacional*, 3a ed., trads. José Miguel Alarcón y Cristina de Peretti, Madrid, Trotta, 1998.

Deschoux, Marcel, *La philosophie de Léon Brunschvicg*, París, PUF, 1949.

Descombes, Vincent, *Lo mismo y lo otro. Cuarenta y cinco años de filosofía francesa (1933-1978)*, 2a ed., trad. Elena Benarroch, Madrid, Cátedra, 1988.

Dondayne, Albert, "L'historicité dans la philosophie contemporaine", en *Revue Philosophique de Louvain* 54, núm. 41(1956): 5-25.

Duméry, Henri, "Les trois grands de la philosophie", en *Vie Intellectuelle* 3, núm. 1(1959): 354-361.
Dupont. Yves Christian, *Receptions of phenomenology in French Philosophy and religious thought: 1889-1939*, tesis de doctorado, University of Notre Dame, Indiana, 1997.
Embree, L. *et al.*, *Encyclopedia of Phenomenology*, Netherlands, Kluwer Academic Publishers, 1997.
Farber, Marvin (ed.), *L'activité philosophique contemporaine en France et aux États-Unis*, París, PUF, 1950.
Favraux, Paul, "*D'Histoire et Dogme* aux *Exigences philosophiques du christianisme*: nécessité d'un réalisme supérieur", en *Blondel entre l'Action et la Trilogie. Actes du colloque international sur les 'ècrits intermédiaires' de Maurice Blondel tenu à Rome du 16 a 18 novembre 2000*, Marc Leclerc, Bruxelles, Lessius, 2003.
——, "El segundo Blondel y su influencia", en *Filosofía cristiana en el pensamiento católico de los siglos* XIX *y XX*, vol. 3. Emerich Coreth, trad. Ildefonso Murillo, Madrid, Encuentro, 1997.
Fernández Pereira, José Javier, "Ser y acción en la obra del primer M. Blondel", en *Azafea. Revista de Filosofía* 6(2004): 195-218.
Ferry, Luc, *Sobre el amor. Una filosofía para el siglo XXI*, trad. Núria Petit, Barcelona, Paidós, 2013.
Fessard, Gaston, "L'Histoire et ses trois niveaux d'historicité", en *Sciences Ecclésiastiques* 18, núm. 3(1966): 329-357.
Fichte, Johann Gottlieb, *Die Grundzüge des gegenwärten Zeitalters*, vols. 1-8, Berlín, Veit & Comp., 1845-1846.
Fisher, Herbert, *A History of Europe*, Londres, Edward Arnold, 1936.
Flint, Robert, *History of the philosophy of history: Historical philosophy in France, French Belgium and Switzerland*, Londres, Blackwood and Sons, 1893.
——, *La philosophie de l'histoire en Allemagne*, trad. Ludovic Carrau, París, Germer Ballière, 1878.
Fromm, Erich, *Marx y su concepto de hombre*, trad. Julieta Campos, México, FCE, 1962.

Fukuyama, Francis, *El fin de la historia y el último hombre*, trad. Pablo Elías, Barcelona, Planeta, 1992.

Gaos, José, "La filosofía actual y el personismo", en *Luminar* 4, núm. 2(1940) 157.

Garaudy, Roger, *Perspectivas del hombre*, Barcelona, Fontanella, 1970.

Garfitt, Toby, "Newman at the Sorbonne, or the vicissitudes of an important philosophical heritage in Inter-war France", en *History of European Ideas* 40, núm. 6(1970): 788-803.

Goldmann, Lucien, "Pensée dialectique et sujet transidividuel", en *Bulletin de la Société française de philosophie* 64, núm. 3 (julio-septiembre de 1970).

Gregoire, Franz, Ètudes hégéliennes: les points capitaux du système, Lovaina, PUL, 1958.

——, *La pensée communiste*, 3 vols., Louvain, Anc. Libraire Desbarax, 1953-1955.

Guitton, Jean, *Le temps et l'éternité chez Plotin et Saint Augustine*, París, Vrin, 1971.

Habermas, Jürgen, *The future of human nature*, Cambridge, Polity, 2003.

——, *Verdad y justificación. Ensayos filosóficos*, trads. Pere Fabra y Luis Díez, Madrid, Trotta, 2002.

Halévy, Daniel, *Essai sur l'acceleration en histoire*, París, Iles d'Or, 1948.

Hamelin, Octave, *Essai sur les élements principaux de la répresentation*, 2a. ed., París, Alcan, 1925.

Henrici, Peter, "Maurice Blondel (1861-1948) y la 'Filosofía de la Acción'", en Emerich Coreth, *Filosofía cristiana en el pensamiento católico de los siglos* XIX *y XX*, vol. 1, trad. Eloy Rodríguez Navarro, Madrid, Encuentro, 1993.

Herder, Johann Gottfried, *Filosofía de la historia para la educación de la humanidad*, trad. Elsa Tabering, Sevilla, Espuela de Plata, 2007.

Honneth, Axel, *La lucha por el reconocimiento. Por una gramática moral de los conflictos sociales*, trad. Manuel Ballesteros, Barcelona, Grijalbo Mondadori, 1997.

Hurtado, Guillermo, "La filosofía en México en el siglo XX", en Margarita Valdés, *Cien años de filosofía en Hispanoamérica (1910-2010)*, México, FCE/UNAM-IIF, 2016.

Hyppolite, Jean, *Introduction à la philosophie de l'histoire de Hegel*, París, Seuil, 1983.

———, *Genèse et structure de la Phénomenologie de l'Esprit de Hegel*, París, Aubier, 1946.

Izquierdo, César,"Estudio introductorio", en Maurice Blondel, *Historia y dogma*, trad. César Izquierdo y Silvia Kot, Madrid, Cristiandad, 2004.

Kojève, Alexander, *Introducción a la lectura de Hegel*, trad. Juan José Utrilla, Buenos Aires, La Pléyade, 1972.

Lalande, André (ed.), *Vocabulaire technique et critique de la philosophie*, 7a. ed., París, PUF, 1956,

Langevin, Paul, "L'evolution de l'espace et du temps", en *Scientia* 10(1911): 31.

Langlois, Charles Victor y Seignobos, Charles, *Introducción a los estudios históricos*, trad. Jaime Lorenzo Miralles, Salamanca, Universidad de Alicante, 2003.

Le Brun, Jacques, *El amor puro de Platón a Lacan*, trad. Silvio Mattoni, Tucumán, Ediciones Literales/El Cuenco de Plata, 2004.

Levesque, Georges, *Bergson. Vida y muerte del hombre y de Dios*, Barcelona, Herder, 1975.

López-Quintás, Alfonso, "La intimidad personal. ¿Qué significa y cómo es posible?", en *Diálogo Filosófico* 51(2001): 473-490.

———, "Historicismo", en *Gran enciclopedia Rialp*, vol. 12, Madrid, Rialp, 1981, pp. 36-39.

Löwith, Karl, *Meaning in History*, Chicago, University of Chicago Press, 1949.

Malevez, Léopold, *Histoire du Salut et Philosophie. Barth, Bultmann, Cullmann*, París, Cerf, 1971.

Maréchal, Joseph, *El punto de partida de la metafísica. Lecciones sobre el desarrollo histórico y teórico del problema del conocimiento*, trad. Francisco Font y Sebastián Heredia, vol. 5: El tomismo frente a la filosofía crítica (5 vols.), Madrid, Gredos, 1959.

Marías, Julián, *Antropología metafísica. La estructura empírica de la vida humana*, Madrid, Revista de Occidente, 1970.
Maritain, Jacques, *Pour un philosophie de l'histoire*, París, Seuil, 1959.
——, *La personne et le bien commune*, París, Desclée de Brouwer, 1947.
Marrou, Henri Irénée, *De la connaissance historique*, París, Seuil, 1956.
——, *L'ambivalence du temps de l'histoire chez saint Augustin*, Montreal-París, Conférences Albert le Grand, 1950.
Mehl, Roger, "Philosophie de l'Histoire ou Théologie de l'Histoire?", en *Revue d'Histoire et de Philosophie Religieuses* 30(1950): 93-120.
Meinecke, Friedrich, *El historicismo y sus génesis*, trad. José Mingarro y Tomás Muñoz, México, FCE, 1943.
Milbank, John, *Teología y teoría social. Más allá de la razón secular*, trad. Marciano Villanueva, Barcelona, Herder, 2004.
Moratalla, Domingo, *El humanismo del siglo XX: el personalismo*, Madrid, Ediciones Pedagógicas, 1985.
Mounier, Emmanuel, *El personalismo. Antología esencial*, Salamanca, Sígueme, 2002.
——, "El personalismo", en *Obras*, vol. 3, trad. Carlos Díaz, Madrid, Sígueme, 1990.
——, "¿Qué es el personalismo?", en *Obras*, vol. 3, trad. Carlos Díaz, Juan Carlos Vila y José Luis Martín, Salamanca, Sígueme, 1990.
Ortega y Gasset, José, "Proemio", en Oswald Spengler, *La decadencia de Occidente: bosquejo de una morfología de la historia universal*, trad. Manuel García Morente, Madrid, Espasa-Calpe, 1966.
Peirce, Charles Sanders, *El amor evolutivo y otros ensayos sobre ciencia y religión*, trad. Sara Barrena, Barcelona, Marbot, 2010
Pérez-Soba, Juan José, *El amor. Introducción a un misterio*, Madrid, BAC, 2011.
——, *La pregunta por la persona. La respuesta de la interpersonalidad*, Madrid, Publicaciones de la Facultad de Teología de San Dámaso, 2005.
——,. "¿Personalismo o moralismo? La respuesta de la metafísica de la comunión", en José Zumaquero, *El primado de la persona en la moral*

contemporánea. XVII Simposio Internacional de Teología, Pamplona, Servicio de Publicaciones de la Universidad de Navarra, 1997.

Pinker, Steven, *La tabla rasa. La negación moderna de la naturaleza humana*, trad. Roc Filella, Barcelona: Paidós, 2012.

Pucciarelli, Eugenio, "Introducción", en Johann Gottfried Herder, *Filosofía de la historia para la educación de la humanidad*, trad. Elsa Tabering. Buenos Aires, Espuela de Plata, 2007.

Rangel Guerra, Alfonso, "Alfonso Reyes y su idea de la historia", en *Universidad* 14, núm. 15(1957): 31-43.

Reale, Giovanni, *Eros, demonio mediador. El juego de las máscaras en el 'Banquete' de Platón*, trads. Rosa Rius y Pere Salvat, Barcelona, Herder, 2004.

Renouvier, Charles y Louis Prat, *La nouvelle monadologie*, París, Armand Colin, 1899.

Reyes, Alfonso, *Obras completas*, vol. 22, México, FCE, 1989.

Reyes Mate, Manuel (ed.), *Filosofía de la historia*, Madrid, Trotta, 1993.

Ricoeur, Paul, *Hermenéutica y acción. De la hermenéutica del texto a la hermenéutica de la acción*, 3a. ed., Buenos Aires, Prometeo, 2008.

——, *Amor y justicia*, trad. Tomás Domingo Moratalla, Madrid, Caparròs, 2001.

——, "Approches de la personne", en *Esprit* 160(1990): 115-130.

——, "Meurt le personnalisme, revient la personne", en *Esprit*, enero de 1983.

——, Préface, en Rudolf Bultmann, *Jésus, mythologie et démythologisation*, París, Seuil, 1968.

Rigobello, Armando, *Il personalismo. Scelta antologica*, Roma, Città Nuova, 1978.

Rockmore, Tom, *Heidegger and French Philosophy. Humanism, antihumanism and being*, Londres-Nueva York, Routledge, 1995.

Roth, Michael S., *Knowing and History. Appropriations of Hegel in Twentieth-Century France*, Ithaca-Londres, Cornell University Press, 1988.

Rousselot, Pierre, *Pour l'histoire de problème de l'amour au Moyen Age*, Münster, Aschendorff, 1908.

Rutherford, Donald, "Metaphysics: The late period", en Nicholas Jolley, *The Cambridge companion to Leibniz*, Cambridge, Cambridge University Press, 1994.

Scheler, Max, *Ordo Amoris*, trad. Xavier Zubiri, Madrid, Caparrós, 1996.

——, *Esencia y formas de la simpatía*, 3a ed., trad. José Gaos, Buenos Aires, Losada, 1957.

Schilpp, Paul Arthur y Friedman, Maurice (eds.), *The philosophy of Martin Buber*, La Salle, Ill, Open Court, 1967.

Sciacca, Michele Federico, *La filosofía hoy*, 2a. ed., Barcelona, L. Miracle, 1956.

Seifert, Josef, "Personalism and Personalisms", en Cheik Mbacke Gueye, *Ethical Personalism*, Heusenstamm bei Frankfurt, Ontos, 2011.

Spengler, Oswald, *La decadencia de Occidente: bosquejo de una morfología de la historia universal*, trad. Manuel García Morente, vol. 1. (2 vols.), Madrid, Espasa-Calpe, 1966.

Spiegelberg, Herbert, *The phenomenological movement, a historical introduction*, 2 vols., Hague, Nijhoff, 1960.

Taylor, Charles, *Fuentes del yo. La construcción de la identidad moderna*, trad. Ana Lizón, Barcelona, Paidós, 2006.

——, *Hegel y la sociedad moderna*, trad. Juan José Utrilla, México, FCE, 1983.

Thyssen, Johannes, *Historia de la filosofía de la historia*, trad. Francis Korell, Buenos Aires-México, Espasa Calpe, 1954.

Tilliete, Xavier, *L'intuition intellectuelle de Kant à Hegel*, París, Vrin, 1995.

Toynbee, Arnold, *Greek historical thought, from Homer to the age of Heraclius*, Nueva York, New American Library, 1952.

——, *La civilización puesta a prueba*, trad. M. C., Buenos Aires, Emece, 1949.

——, *A study of history. Abridgement of volumes I-VI by D. C. Somervell*, vol. 1. Oxford, Oxford University Press, 1946.

Urdanoz, Teófilo, *Historia de la filosofía*, vol. 8, Madrid, BAC, 1998.

Wattiaux, Henri, Reseña de "Jean Lacroix, *Le personnalisme. Sources, fondements, actualité*, Lyon, Chronique Social, 1981", en *Revue Théologique de Louvain* 14, núm. 1: 125-126.

Esta primera edición consta de 500 ejemplares
y se imprimió el 13 de mayo de 2019,
(Fiesta de la Bienaventurada Virgen María de Fátima),
en la imprenta MGDISEÑO,
Av. Erasmo Castellanos Quinto 171-1,
Col. Educación, alcaldía Coyoacán,
C. P. 04400, Ciudad de México.
contacto@mgdiseno.com

www.ingramcontent.com/pod-product-compliance
Ingram Content Group UK Ltd.
Pitfield, Milton Keynes, MK11 3LW, UK
UKHW040023200726
13854UKWH00001B/320